文物保护与传承利用

乔亭　胡娜　著

吉林文史出版社

图书在版编目（CIP）数据

文物保护与传承利用 / 乔亭，胡娜著. -- 长春：
吉林文史出版社，2025.4. -- ISBN 978-7-5752-1150-5

Ⅰ. G26

中国国家版本馆CIP数据核字第2025CC1459号

文物保护与传承利用

WENWU BAOHU YU CHUANCHENG LIYONG

著　　者　乔亭　胡娜

责任编辑　高丹丹

装帧设计　百悦兰棠
　　　　　〔BAIYUE LANTANG〕

出版发行　吉林文史出版社

地　　址　长春市福祉大路5788号

邮　　编　130117

网　　址　www.jlws.com.cn

开　　本　787mm×1092mm　1/16

印　　张　21

字　　数　300千字

印　　刷　北京一鑫印务有限责任公司

版次印次　2025年4月第1版　2025年5月第1次印刷

书　　号　ISBN 978-7-5752-1150-5

定　　价　80.00元

前　言

文物保护不仅是对文物本身的呵护，还是对人类历史记忆的守护。每一件文物都蕴含着独特的故事，保护它们，就是让这些故事得以延续。

传承是文物保护的核心要义。通过传承，文物所承载的文化、技艺、精神能够代代相传。这种传承并非只是简单的物质传递，还是一种价值观和认同感的延续。它让人们在快速发展的现代社会中始终保持与历史的联系，找到自己的精神家园。合理地对文物进行开发利用，能让它们从静态的陈列走向大众生活。通过展览、教育活动、文创产品等形式，文物能够激发人们对历史文化的兴趣和热爱。这不仅有助于提升公众的文化素养，还能促进文化产业的发展，为社会带来丰富的文化效益和经济效益。

本书系统研究了文物的保护与传承利用，分别包括石碑石刻的保护修复、古建筑修缮与维护、文物档案资料整理与数字化保护、古树木保护与利用、古墓葬的保护与开发利用、文物古迹保护利用和田野文物的保护与开发。我们希望通过本书的介绍，为读者在文物保护与传承利用研究方面提供帮助。

本书由乔亭、胡娜共同编著，乔亭主要编写了第一章、第二章、第三章、第六章及第八章第四节的内容（约124千字），胡娜主要编写了第四章、第五章、第七章及第八章第一、二、三节的内容（约123千字）。由于水平有限，疏漏之处在所难免，衷心希望广大读者批评指正。

在写作过程中，笔者参阅了相关文献资料，在此，谨向其作者深表谢意。

著者

2024 年 8 月

目　录

第一章 文物保护与传承利用概述

第一节 文物保护与传承利用的重要性

一、文物保护的基本概念

（一）文物的定义与分类

1. 文物的定义

文物是指具有历史、艺术、科学价值的实物，它包括古代器物、建筑、书画等。文物是人类历史文化遗产的重要组成部分，其定义涵盖了具有历史、艺术和科学价值的实物。从古代器物到建筑、书画，文物不仅是历史的见证者，更是文明发展的象征。古代器物可以通过其材质、工艺和使用痕迹反映出当时的社会经济状况、科学技术水平及文化风俗。建筑则以其独特的结构和装饰风格展示了历代建筑艺术的发展脉络。书画作品不仅是艺术创作的结晶，也是文化传承的重要载体，一般通过文字和图像传递丰富的历史信息和文化精神。

2. 文物的分类

文物根据其属性和用途可以被分为历史文物、艺术文物、自然文物等。历史文物主要包括反映特定历史时期和事件的实物，例如青铜器、陶瓷、古籍等，这类文物是研究历史和考古的珍贵资料。艺术文物则涵盖了绘画、雕塑、工艺品等，这类文物主要体现了艺术家的创作才能和美学思想，是艺术史研究的重要对象。自然文物则包括动植物标本、矿物化石等自然界遗存，这类文物不仅是自然史研究的对象，还为科学研究提供了丰富的实物资料。

（二）文物保护的内涵与目标

1. 文物保护的内涵

文物保护是一个涉及多学科、多领域的复杂过程，旨在对历史文化遗产进行科学的保护、管理和修复。这一过程不仅仅是简单的物理保护，还包括化学、生物和环境科学的综合运用，通过定期的检查和维护，延长文物的寿命，确保其能够在未来继续传承。文物保护工作需要结合现代科技手段，如使用高光谱成像技术进行无损检测，以及应用先进的材料和工艺进行修复。这些科学手段的运用不仅能有效保护文物的物质形态，还能保持其历史和艺术价值。

2. 文物保护的目标

防止文物损毁是文物保护工作的核心目标。文物在自然环境和人为因素的作用下，容易受到各种损毁，如物理破损、化学腐蚀和生物侵蚀等。制定科学的保护方案，采取有效的防护措施，能够有效减少文物损毁的风险。例如，博物馆和文物保护机构常常采用恒温恒湿的环境控制系统，以减少文物因温湿度变化而受到的损害。此外，我们还可以通过物理屏障、化学保护层等手段，为文物提供多重保护。

修复受损文物是文物保护的重要任务。修复工作需要在尊重文物原貌和历史价值的前提下，采用科学的方法和材料进行。修复过程中，我们不仅要考虑文物的物质形态，还要关注其历史、艺术和文化内涵。因此，修复工作常常需要多学科专家的共同参与，以确保修复的科学性和合理性。例如，古建筑的修复需要结合建筑学、材料科学和历史学的知识，才能达到最佳的修复效果。

提升公众对文物的认识和保护意识，是文物保护工作的长期目标。通过开展丰富多样的文物宣传和教育活动，能够让更多的人了解文物的历史价值和保护的重要性。例如，博物馆可以通过展览、讲座和工作坊等形式，向公众传播文物知识和保护理念。同时，媒体也可以发挥重要作用，通过纪录片、新闻报道和社交媒体等渠道，提升公众的文物保护意识。文物保护不仅是专业人员的责任，更需要全社会的共同参与和支持。

二、文物保护的历史价值

（一）文物的历史见证性

作为实物载体，文物承载着历史事件的真实记录，具有无可替代的历史价值。文物不仅可以通过其材质、形态和工艺反映出当时的生产力水平，还能通过其所处的环境、出土的背景和相关的文献记载，揭示历史事件的细节与全貌。例如，考古发掘出的古代战争遗址不仅记录了战争的发生地点、参战双方和交战情况，还可以通过遗存的武器装备、基础设施等，进一步了解当时的技术和战术。通过对文物的深入研究，考古学家得以还原历史事件的真实面貌，从而填补历史文献中的空白，校正历史记载中的误差。

在社会变迁中，文物同样具有重要的见证作用。在人类社会发展过程中，政治、经济、文化等各方面都经历了不同的变迁，而这些变迁往往都会在文物上留下痕迹。例如，不同朝代的青铜器、陶瓷器和建筑风格，都反映了当时社会的审美观念、技术水平和文化特征。通过对这些文物的研究，我们可以揭示社会变迁的轨迹，了解不同历史时期人们的生活方式和社会结构。文物以其独特的方式，记录着社会的发展与变迁，为我们提供了宝贵的历史研究资料。

文物不仅仅是历史事件的见证者，更是社会、文化和科技发展的记录者。每一件文物都蕴含着丰富的信息，向我们展示了不同时期的社会面貌和文化特征。例如，古代的书画、雕塑、建筑等艺术品，不仅反映了当时的艺术水平和审美情趣，还揭示了社会的价值观念和文化传统。这些文物通过其独特的艺术形式和技艺，记录了不同时期的文化发展，为我们提供了古代文化研究的重要资料。

文物还通过其技术特征，反映了不同时期的科技发展水平。不同历史时期的生产工具、生活用具和建筑材料，都体现了当时的科技水平和工艺技术。例如，青铜器的冶炼技术、陶瓷器的烧制工艺和建筑的结构设计，都是不同时期科技发展的重要标志。通过对这些文物的研究，我们可以了解古代的科技成就和技术创新，揭示科技发展的历程。文物作为科技发展的实物记录，为我们研究古代科技提供了宝贵的实物资料。

（二）文物中的历史信息

文物蕴含着丰富的历史信息。这些信息不仅包括文字记载，还涵盖了古代的工艺技术和生活习俗等多方面内容。文字记载是最直接的历史信息载体，如甲骨文、铜器铭文和碑刻书法等，通过解读这些文字，我们可以深入了解当时社会的政治、经济和文化状况。工艺技术是另一重要的历史信息载体，不同历史时期的文物展示了当时的工艺水平和技术特点，如青铜器时代的冶炼技术、陶瓷器的烧制工艺和织锦的纺织技术，这些不仅反映了当时的生产力水平，也展示了古代工匠的智慧与创造力。生活习俗同样是重要的历史信息内容，古代的器具、服饰、装饰品和建筑等文物，反映了当时人们的生活方式、审美情趣和社会风尚。

研究文物是获取历史知识和文化信息的重要途径。文物作为历史的实物记录，具有直观性和真实性。通过科学研究，我们可以获得大量宝贵的历史资料：通过分析陶器、青铜器和铁器等文物，可以了解古代的生产技术和生产力水平；通过研究古代书籍、碑刻和简牍等文字资料，可以了解古代的文学、法律和教育等方面的知识；通过发掘和研究古代建筑、墓葬和城市遗址，可以再现古代的社会结构和文化面貌。文物中的艺术作品，如绘画、雕塑和工艺品，展示了古代的艺术成就和审美趣味；服饰、饰品和生活器具等，揭示了古代人们的生活习惯和社会风尚。

（三）文物对历史研究的贡献

1. 直观了解历史

通过对文物的研究，我们可以对历史事件、历史人物及其活动有更直观的了解。例如，秦始皇陵兵马俑的发现不仅证实了文献中关于秦始皇陵的记载，还通过兵马俑的排列、形象和装备等信息，展示了秦朝军队的编制、武器装备、军事组织等方面的详细情况。这些实物资料在文献中难以详细描述，却通过出土文物得以全面呈现，为历史研究提供了宝贵的资料。

2. 弥补记载空白

文物还可以弥补文献记载的空白。某些古代文明由于种种原因没有留下文字记载，或其文字尚未被解读清楚，但通过文物的考古发现和研究，我们可以对这些文明有一定的了解。

3. 还原历史真相

文物是历史的实物遗存，可以帮助我们还原历史的真实面貌。通过对文物的分析，我们可以重建过去的社会、文化、经济等各个方面，深入理解历史进程。例如，通过对汉代墓葬中出土的丝织品、漆器和陶俑等文物的研究，我们可以了解到汉代的服饰风格、手工艺水平以及社会阶层的划分，从而更加全面地理解汉代社会的结构和文化。

4. 修正历史记载错误

文物的研究还能够揭示历史事件的真相，修正历史记载中的错误。历史文献有时会因政治、思想意识等因素而存在偏见或错误，而文物作为物证，能够提供客观的证据。通过对古战场遗址的考古发掘和研究，可以核实历史记载中的战役过程、参战方的装备和战术等细节，从而为历史事件的研究提供更加准确和翔实的依据。

5. 探索长期发展规律

文物研究还能够探索历史的长期发展趋势和规律。通过对不同时期、不同地区文物的比较研究，可以揭示某些历史发展的共性和规律。通过对中国古代青铜器的研究，我们可以发现青铜器制作工艺的发展演变，从中窥见技术进步、社会变迁等历史进程。这种对历史规律的探讨不仅有助于我们理解过去，也能为当代社会的发展提供借鉴和启示。

三、文物保护的文化意义

（一）文物的文化象征

文物不仅仅是历史的见证，更是民族精神和文化的具体体现。每一件文物背后，往往蕴含着一段不可磨灭的历史记忆和文化传承。文物通过其独特的存在形式，向世人展示了一个民族在特定历史时期的智慧与创造力。通过对这些文物的保护和传承，我们可以更好地理解和尊重各个民族的文化差异与共性，促进文化交流与合作。

文物还具有教育和启迪的功能。年轻一代通过了解和研究这些文物，可以更深入地认识到自己民族的历史和文化，从而增强民族自豪感和责任感。博物馆、展览馆等文化机构通过展示和解读文物，使公众能够接触到这些珍贵的历史遗产，进一步激发他们对文化遗产保护的兴趣和热情。文物不仅是历史的遗存，更是活的文化资源。通过不断的研究、展示和传播，我们能够不断地赋予其新的生命力和时代意义。

每一件文物的出现都不只是偶然，它们通过其独特的艺术风格和工艺，展示了特定历史时期的文化特征。文物的艺术风格往往反映了当时社会的审美观念和生活方式。

（二）文物与文化认同

文物作为历史和文化的见证，承载着一个民族的记忆和情感，它们不仅是物质遗产，更是精神财富。通过对文物的保护和研究，人们能够深刻理解本民族的历史进程、文化传统和社会变迁，从而增强民族自豪感和认同感。文物所展现的独特艺术风格、技术水平和审美价值，能够激发人们对本民族文化的热爱与敬仰。尤其是在多民族融合的国家，文物的存在有助于维系和加强各民族之间的文化纽带，促进民族团结和社会稳定。

在博物馆、纪念馆和考古遗址等文化场所，通过展示和讲解文物，公众特别是青少年能够直观地感受到本民族的辉煌历史和传统文化。这种教育方式不仅能够增长人们的历史文化知识，还能激发他们对保护和传承文物的责任感和使命感。文物作为文化认同的重要载体，其无声的语言能够穿越时空，与现代人进行心灵的对话，增强全社会对共同历史和文化的认同。

（三）文物对文化多样性的体现

文物不仅是历史的见证者，还是文化多样性的真实载体。每一件文物都承载着特定时期、特定地域的人类智慧和创造力。无论是古老的陶器、精美的丝绸，还是雄伟的建筑，这些文物都反映了人类在不同历史阶段所达成的技术成就和艺术风格。通过对这些文物的研究，我们不仅可以了解某一文化的特质，还可以看到不同文化之间的相互影响和交融。

保护文物有助于传承和弘扬多元文化，促进文化的相互理解和尊重。保护文物的过程不仅是保存物质遗产的过程，也是对文化记忆的保护。通过对文物的保护和展示，我们可以将不同文化的历史和价值传递给后代，帮助人们更好地了解和尊重其他文化。多元文化的共存和互鉴，是人类社会进步的重要动力。

文物作为文化的载体，能够帮助我们理解不同文化的独特性以及它们之间的共同点，从而在全球化背景下促进文化的相互理解和尊重。

四、文化遗产对社会发展的意义

（一）文化遗产的社会功能

1. 教育功能

文化遗产作为一种独特的资源，具备丰富的教育功能。博物馆、历史遗址和文物展览等文化遗产场所，通过展示和解说，使公众深入了解历史的脉络、文化的变迁和人类文明的发展。文化遗产不仅是课堂教学的有效补充，更是社会教育的重要组成部分。参观和参与文化遗产相关活动，尤其能增强青少年的历史意识和文化认同感，培养其爱国主义精神和社会责任感，从而实现教育功能的最大化。

2. 美学价值

文物和历史建筑蕴含着丰富的美学价值，其形态、色彩、装饰和工艺水平，都是人类智慧和创造力的结晶。观赏这些文化遗产，不仅能够提升公众的审美素养，还能激发人们对美好事物的追求和向往。在现代城市生活中，历史街区、古建筑和艺术品展示等文化遗产场所，成为人们放松心情、陶冶情操的重要地方，极大地丰富了人们的精神生活。

3. 娱乐功能

通过举办各类文化活动、节庆和展览，文化遗产场所成为重要的社交和娱乐地点。例如，传统节日庆典、历史剧表演、工艺展示等活动，不仅丰富了文化遗产的表现形式，还吸引了大量游客和公众的参与。这些活动不仅促进了文化遗产的保护和传承，还为地方经济的发展注入了新的活力，形成了文化与经济双赢的局面。

4. 记载功能

文化遗产作为历史文化的载体，记录了人类社会的发展历程，是人类文明的重要见证。通过对文化遗产的保护和传承，我们可以让后人了解和继承前人的智慧和经验，从而促进社会文化教育的发展。文化遗产不仅是历史的见证者，更是历史的传播者，它们通过物质形态和精神内涵，向公众传递着历史文化信息，教育和启迪后人。

5. 建设功能

文化遗产在精神文明建设中发挥着重要作用。我们通过对文化遗产的保护和利用，激发公众的文化自信和民族自豪感，增强社会凝聚力和向心力。文化遗产中的优秀传统文化和价值观，能够引导社会成员形成正确的价值观和行为规范，促进社会的和谐与进步。同时，通过对文化遗产的保护和传承，我们可以树立良好的社会风尚，培育公民的文化素养和道德品质，为社会的精神文明建设提供坚实的基础。

（二）文化遗产与社会进步

文化遗产不仅是物质文化的体现，更是精神文化的载体。通过保护和传承文化遗产，我们能够从中汲取智慧和经验，推动社会的持续进步。历史，每一次文化的复兴和创新都离不开对过去文化遗产的继承与发展。保护文化遗产不仅是对历史的尊重，也是对未来的负责。

通过文化遗产的保护和传承，能够增强人们的文化认同感和自豪感，进而促进社会的和谐与稳定。文化遗产作为共同的精神财富，可以在一定程度上弥合社会的分歧，增强社会的凝聚力和向心力。通过对文化遗产的保护和传承，我们能够使不同社会群体在共享文化资源的过程中，增进理解与包容，推动社会的和谐发展。

文化遗产的保护和传承还能够推动旅游业的发展，带动地方经济的增长。许多国家和地区通过对文化遗产的有效保护和合理利用，吸引了大量的国内外游客。这不仅带动了当地的经济发展，还促进了文化交流和传播。文化遗产作为旅游资源的核心竞争力，其保护和传承直接关系到旅游业的可持续发展以及地方经济的繁荣。

对文化遗产的研究和利用能够为社会提供丰富的文化资源和智力支持。通过对文化遗产的深入研究，我们可以揭示历史的真相，解读文化的内涵，挖掘传统文化中的智慧与经验，为当代社会的发展提供借鉴和启示。文化遗产研究不仅是学术界的任务，也是全社会的责任。通过科学研究和普及教育，更多的人能够了解和重视文化遗产，这也是推动社会进步的重要途径。

文化遗产的研究和利用还能够丰富人们的精神生活，提升社会的文化品位。通过对文化遗产的保护和利用，我们可以打造一系列具有独特文化内涵的文创产品和文化活动，满足人们日益增长的精神文化需求。文化遗产作为文化创意产业的重要资源，其研究和利用可以促进文化产业的发展，推动社会的文化繁荣。

文化遗产的研究和利用还能够为社会提供智力支持，推动科技进步和创新发展。许多文化遗产中蕴含着古代智慧和科学知识，通过对这些文化遗产的研究，可以为现代科学技术的发展提供重要参考和启示。例如，传统建筑中的生态智慧、古代医学中的诊治方法等，都可以通过研究和利用，为现代社会的发展提供智力支持。

（三）文化遗产与社会和谐

文化遗产作为一个民族的集体记忆和文化符号，承载着丰富的历史信息和文化价值。通过对文化遗产的保护和传承，人们可以增强对自身文化的认同感和归属感。这种认同感不仅有助于个人建立自我身份认同，还能在群体中形成强大的凝聚力，促进社会的和谐稳定。例如，传统节日、手工艺品、历史建筑等文化遗产通过教育、展示和参与活动，能够让不同年龄、不同背景的人们共同参与，增进彼此的理解与信任，从而减少社会矛盾和冲突。文化遗产的保护和传承还可以为社会发展提供正能量。文物保护和文化活动的举办，可以向人们传递积极向上的价值观和生活态度，培养人们的历史责任感和社会责任感。文化遗产在增强文化认同的同时，也在潜移默化中影响着社会的价值体系和行为规范，促进社会的良性发展。

文物保护和文化传承不仅是文化自信的重要体现，也是提升社会文化品位和文明程度的关键途径。通过对文物的保护和合理利用，我们能够展示和传播优秀的传统文化，丰富社会的文化内涵和精神追求。博物馆、文化遗产展示馆等文化场所，通过系统的展示和讲解，使公众能够深入了解和感受文化遗产的独特魅力，从而提升公众的文化素养和审美水平。文化传承的过程也是教育和启迪的过程。文化遗产的保护和传承，可以促进文化教育的发展，使更多人接受传统文化的熏陶和教育。学校、社区等教育机构可以通过开设文化遗产课程、组织文化活动等形式，让学生和居民在参与中学习和传承文化遗产的精髓，增强文化自觉和文化自信。文化教育的普及和深化，不仅提升了个人的文化素养，也在整个社会范围内形成了尊重和保护文化遗产的良好氛围。文物保护和文化传承还可以促进社会创新和文化产业的发展。对文化遗产的研究和利用，可以激发人们的创造力和创新精神，推动文化产业的发展和繁荣。文化产业的发展不仅为社会提供了丰富的文化产品和服务，也为经济发展注入了新的活力。文化遗产与现代科技、现代生活的结合，可以创造出更多具有时代特色和市场竞争力的文化产品，提升社会的文化品位和文明程度。

五、文物保护对文化传承的作用

（一）文物保护与文化教育

文物作为历史的见证物，承载着丰富的文化信息和历史价值。它们不仅是过去文明的遗存，更是直接而生动的教材。通过保护和研究文物，教育者可以在教学中引入具体的实物，增强学生对历史事实的感知和理解。例如，历史书本上有关古代陶器、青铜器和书画作品的图片能够让学生直观地感受古代生活的细节和艺术的精妙，从而加深对历史文化的认识。此外，文物保护项目的参与也为学生提供了亲身体验历史的机会。通过考古实习、文物修复等实践活动，学生可以深入了解文物保护的过程和意义，激发他们对历史和文化的兴趣和热爱。通过多学科的融合，文物保护不仅丰富了教育内容，还促进了跨学科的综合学习，提升了学生的综合素养和创新能力。

博物馆作为文物展示和教育的重要场所，承担着普及历史文化知识的重要职责。通过系统的文物展示和精心策划的教育活动，博物馆能够将深奥的历史文化知识以通俗易懂的方式传递给公众。展览中的文物不仅展示了历史事件的具体细节，还通过文字说明、图像和多媒体技术，生动地再现了历史情景，使观众在参观过程中能够深刻理解和感受历史文化的魅力。这种直接的视觉和触觉体验，远比单纯的文字描述更具吸引力和感染力，有助于提升公众的文化素养。各种专题讲座、工作坊、亲子活动和互动展览，为不同年龄段和兴趣的观众提供了丰富的选择。通过与文物的近距离接触和互动，观众可以更加深入地理解文物背后的历史和文化内涵。例如，通过参与文物修复体验活动，观众可以了解文物保护的技术和方法，感受到保护文化遗产的重要性；通过历史情景再现和角色扮演活动，观众可以亲身体验历史事件，增强对历史文化的认同感和自豪感。这些多样化的教育活动不仅丰富了公众的文化生活，还培养了他们的历史意识和文化素养。

（二）文物保护与文化传承的途径

1. 修复

修复工作不仅是对文物物质载体的保护，更是对历史信息的重建。修复文物需要遵循"最小干预"原则，确保不对文物的原始结构和历史痕迹造成破坏。这种高精度、高技术含量的工作，使得文物能够以较为完好的状态展示于公众面前，从而实现文化的传承。修复后的文物不仅是物质文化的再现，更是历史记忆的延续，通过它们，后代可以直观地感受和理解前人的生活、思想和文化。

2. 展示

展示是文物保护的重要途径。通过博物馆、展览馆等文化机构，将修复后的文物呈现在公众面前。这些展示不仅仅是对文物的静态陈列，更是通过多媒体技术和互动体验，使观众能够更深刻地理解文物所承载的文化内涵。展示的目的不仅在于传递知识，更在于激发观众对文化遗产的兴趣和保护意识，从而形成文化传承的良性循环。

3. 研究

研究是文物保护的核心环节。通过对文物的科学研究，不仅可以揭示其历史背景、工艺技术和文化价值，还可以为文物的修复和保护提供科学依据。研究成果通过学术论文、专著等形式发表，不仅丰富了文化遗产的学术研究，也为公众提供了了解文物的渠道。研究工作的深入开展，为进一步的文物保护和文化传承奠定了坚实的基础。

（三）文物保护对文化可持续发展的影响

通过对文物的保护，文化遗产得以保存，进而保持文化的多样性和连续性。文物保护的过程不仅是对物质文化遗产的保护，更是对非物质文化遗产的保护，因为每一件文物背后都有其独特的历史背景和文化内涵。通过保护文物，我们可以更好地理解和传承这些文化精髓，从而丰富现代社会的文化生活。文物保护还对文化的可持续发展起到了重要的推动作用。文化的可持续发展不仅需要依托文化遗产，还需要不断传承和创新。文物作为文化的载体，通过保护和研究，可以为现代文化提供丰富的灵感和资源。同时，文物保护工作也促进了文化交流和互动，不同地区和国家的文化通过文物的展示和交流，得以相互了解和借鉴，促进了全球文化的多样性和繁荣。

通过科学的保护和合理的利用，文物资源得以长久保存，为未来的发展提供文化基石。科学的保护是文物长久保存的基本保障，涉及文物保护技术、材料科学、环境控制等多个方面。通过不断的研究和创新，文物保护技术得到了极大的发展。例如，现代的文物修复技术可以在不破坏文物原貌的前提下，最大限度地恢复其历史原貌。同时，环境控制技术的应用可以有效防止文物的自然老化和损坏，延长文物的寿命。合理利用也是文物保护的重要环节，通过合理的展示和利用，可以让更多的人了解和感受文物的价值。例如，对于博物馆和文化遗产地的建设和运营，可以通过展示文物，让公众更直观地了解历史和文化，增强文化认同感和自豪感。此外，还可以通过数字化和虚拟现实技术，打破时间和空间的限制，让更多的人有机会接触和了解文物，从而更好地传承和弘扬文化。文物资源作为文化的基石，不仅承载着过去的辉煌，还为未来的发展提供了丰富的资源和灵感。

六、文物保护教育宣传的重要性

（一）文物保护的教育意义

文物保护具有重要的教育意义，可以传播文化知识，提高公众的文化素养。通过对文物的修复、展示和研究，公众可以了解文物的历史背景、文化内涵和社会价值，从而提高自身的文化素养和历史认知能力。文物保护活动还可以促进教育多样化。学校和教育机构可以通过与博物馆和文物保护单位的合作，开展形式多样的教育活动，如文物展览、专题讲座和现场参观等。这些活动不仅丰富了教学内容，也增强了学生的实践能力和创新精神。通过亲身体验和实践，学生们可以更深刻地理解和认同历史文化，从而激发他们对文物保护的兴趣和热情。文物保护还具有潜移默化的教育功能，通过对文物的保护和正确解读，我们可以培养公众的历史责任感和文化认同感。文物作为文化传承的重要载体，其保护过程本身就是一种文化教育。通过参与和关注文物保护活动，公众可以更加珍惜和尊重历史文化遗产，增强社会的文化凝聚力和向心力。

　　教育机构和博物馆在文物保护教育中扮演着重要角色。博物馆通过展示和讲解文物，使公众能够直观地接触和了解历史文化遗产。通过详细的讲解和丰富的展览内容，观众不仅可以了解到文物的艺术价值和历史背景，还可以了解到文物保护的方法和意义。教育机构可以将这些知识纳入课堂教学内容，使学生在学习过程中形成文物保护的基本意识。博物馆还可以通过多媒体技术和互动展示等现代手段，提升文物展示的效果和吸引力。同时，博物馆可以通过举办专题展览、知识竞赛和体验活动等形式，增强公众对文物保护的参与感和责任感。教育机构和博物馆还应注重培养专业人才，提升文物保护的科学水平。通过开设文物保护专业课程和培训项目，培养一批具有专业知识和技能的文物保护人才。这些人才不仅可以从事文物修复和保护工作，还可以在教学和科研中发挥重要作用，推动文物保护事业的持续发展。

（二）文物保护的宣传方式

1. 传统媒体报道

　　传统媒体报道如电视、报纸、广播等，因其广泛的受众覆盖面和较强的公共影响力，成为文物保护宣传的重要方式之一。通过这些渠道，社会大众可以全面了解文物保护的重要性和相关知识，从而提高文物保护意识。

2. 展览展示

　　展览展示通过让公众直接接触和感受文物的历史文化价值，成为另一种重要的宣传方式。各类文物展览不仅增强了人们对文物的认知，还激发了他们对文物保护的兴趣与热情。文化活动，如文物保护讲座、文物修复体验和文物考古发掘模拟等，让公众特别是青少年群体能够亲身参与到文物保护的过程中，从而加深他们对文物保护的理解和重视。

3. 社交媒体传播

新媒体技术的迅猛发展为文物保护宣传开辟了新的天地。社交媒体如微博、微信、抖音等平台，以其快速传播和互动性强的特点，成为文物保护宣传的重要工具。通过这些平台发布文物相关的资讯、故事、视频等内容，不仅能够迅速吸引公众的注意力，还能通过互动增强他们的参与感和归属感。

4. 虚拟现实技术呈现

虚拟现实技术则为文物展示提供了全新的体验方式。公众可以"身临其境"地参观无法实地到访的博物馆和文物遗址，这种沉浸式体验能够显著提升公众对文物的兴趣和保护意识。同时，虚拟现实还可以用于文物的数字化保护，通过三维扫描和建模技术，将文物的形态、纹饰等信息永久保存，为未来的文物研究和保护提供重要的数字资料。

（三）文物保护的公众参与

通过志愿服务和社区活动，公众能够直接参与文物保护，从而增强他们的保护意识。志愿服务活动，如文物修复志愿者项目和文物保护宣传活动，不仅能让公众近距离接触文物，了解其历史价值和文化内涵，还能通过实际操作提高他们的保护技能和意识。社区活动，如文物知识讲座和历史文化展览，也在引导公众认识到文物保护的重要性方面发挥了重要作用。通过互动和参与，公众从被动接受转为主动参与，同时能够更深刻地理解和支持文物保护工作。

鼓励公众参与文物保护，可以提升全社会对文物保护的关注和意识。通过多种渠道，如社交媒体和新闻媒体的宣传报道，以及开展全民参与的文物保护日等活动，动员更多的社会力量投入文物保护事业中来。如此不仅集聚了更多的资源和力量来保护文物，还在全社会范围内形成了一种共同的价值观，即文物是全人类的共同财富，需要共同保护和传承。这种良好的氛围促使更多的人关心和参与文物保护工作，使文物保护从专业领域扩展到社会各个层面，从而实现文物保护的可持续发展。

公众参与文物保护还有助于提高文物保护工作的透明度和公信力。公众的广泛参与和监督，可以有效防止文物保护中的腐败和不作为现象，确保文物保护工作的公开、公平和公正。同时，公众的积极参与也能为文物保护提供更多创新思路和方法。例如，一些地方通过众筹的方式筹集资金用于文物修复和保护。这种方式不仅解决了资金问题，还增强了公众的参与感和责任感。

第二节　文物保护的历史背景与现状概述

一、古代文物保护举措

（一）古代文物保护方法的演变

古代文物保护方法在历史的长河中经历了多次演变。这些演变不仅反映了社会生产力的发展，也体现了人们对文化遗产保护意识的逐步增强。早期人们对于文物的保护措施较为简单，往往仅限于对损坏部分进行基本修补。例如，在古埃及和古希腊时期，工匠们会使用石膏或石灰对破损的雕像和建筑进行填补和修复。然而，这种方法并未考虑到材料的原始性和文物的长久保存，更多的是一种应急性的修补。

随着时间的推移，文物保护方法逐步从单纯的修补演变为更加系统的保护。唐宋时期，中国的工匠们开始探索使用传统技艺与材料对文物进行修复，这些方法更注重保护文物的原始风貌和历史价值。例如，传统的木结构建筑修复技术便是通过更换局部受损的木材来达到保护的目的，同时尽可能保留原有的材料和结构。此时，文物保护开始从单纯的技术行为逐步上升为一种文化行为，强调对文物原貌和历史信息的尊重与保护。

近代特别是 19 世纪末和 20 世纪初，随着考古学和历史学的发展，文物保护方法迎来了新的飞跃。科学技术的发展为文物保护提供了更多的手段和方法，现代化的科学检测和分析技术使得保护工作更加精细和准确。例如，利用化学分析方法可以确定文物的材质成分，从而选择最适宜的保护材料和方法；利用三维扫描和数字化技术，可以精确记录文物的现状，为修复工作提供详尽的参考数据。这一时期的文物保护已经从简单的修补过渡到了系统的保护，强调预防性保护和整体保护的理念。

工匠技艺的发展是文物保护方法不断演变的重要推动力。工匠们通过长期的实践积累了丰富的经验和技艺，这些技艺不仅用于日常的建筑和器物制造，更在文物修复中发挥了重要作用。例如，中国古代工匠的木工技艺、漆器修复技艺、金属加工技艺等都是文物修复的重要技术支撑。工匠们通过代代相传的技艺，对文物进行修复和保护，保证了其历史信息的延续和传承。

科学知识的积累也为文物保护提供了重要的支持。虽然古代的科学技术尚不发达，但通过长期的观察和实践，人们逐渐积累了一些科学知识，这些知识在文物保护中得到了应用。例如，通过对材料性质的了解，工匠们能够选择合适的修复材料；通过对环境影响的认识，人们能够采取相应的保护措施，防止文物进一步损坏。随着科学知识的不断积累，文物保护的方法也变得更加科学和系统。

在现代，科学技术的迅猛发展更是为文物保护提供了前所未有的技术支持。现代科学检测技术，如 X 射线、红外线、显微镜分析等，使得文物的内部结构和成分得以清晰呈现，为制定科学的文物保护方案提供了依据。同时，现代材料科学的发展也为文物修复提供了更加耐久和稳定的修复材料，例如高分子材料、纳米材料等，这些材料具有良好的物理化学性能，能够有效延长文物的寿命。

（二）古代文物保护的成效

古代文物保护措施在延长文物寿命方面的贡献不可忽视。以中国古代为例，早在秦汉时期，统治者和官员们就开始关注文物的保护问题。他们通过建筑专门的藏书阁、石刻保护碑等方式，极大程度上延长了文物的寿命。这些措施不仅使得大量珍贵文物得以保存，亦使后人能够窥见古代社会的文化面貌。例如，敦煌莫高窟的壁画和雕塑得益于历代修缮和保护，至今成为世界文化遗产的典范。

在古代社会，针对书籍和文献的保护措施同样值得称道。古代学者和官员们常常采用特殊的加工技术，如防虫、防潮等手段来延长书籍的寿命。南北朝时期的《齐民要术》详细记载了如何防止书籍被虫蛀的方法，这些技术不仅在当时发挥了重要作用，也为后来的文物保护提供了技术参考。此外，古人也通过抄写和刻版印刷等方式，确保重要文献的多重保存，这些措施有效地防止了信息的丢失。

古代文物保护的成功经验为现代文物保护提供了诸多启示。在面对自然灾害和人为破坏时，古代文物保护的应对策略仍具有重要的借鉴意义。例如，通过现代科学技术的验证，古代建筑的防震、防火设计仍具有科学性与有效性。现代文物保护工作者可以从中汲取经验，结合现代科技手段，如利用先进材料和工程技术，进一步提升文物的抗灾能力。

古代文物保护在管理和制度建设上也有许多值得学习的地方。历代政府设立的文物管理机构，如唐代的"观象台"、明清时期的"内府"等，负责文物的收藏与保护，并制定了一系列严格的管理条例。这些制度不仅确保了文物的安全保存，也为现代文物保护提供了制度性保障。现代文物保护工作者可以借鉴古代的管理经验，通过完善法规和加强机构建设，提高文物保护的科学化和规范化水平。

二、近代文物保护的发展

（一）近代文物保护的背景

近代社会，工业革命和科技革命带来了深刻的社会结构变化。科技的迅猛发展为文物保护注入了新的活力。数字化技术的应用使得文物的三维重建和虚拟展示成为可能，这不仅提高了文物的保护水平，还为公众提供了更多接触和了解文物的机会。此外，材料科学的发展也提升了文物的保存效果和寿命。新型保护材料和技术的应用，使得文物的保存更加科学和有效。现代化的交通和通信手段，使文物保护工作在全球范围内更加协调和高效。国际间的合作交流得到加强，保护理念和技术在不同国家和地区之间迅速传播。国际组织如联合国教科文组织的成立及其相关公约的实施，推动了世界文化遗产保护体系的建立和完善。

文化遗产被视为民族记忆和文化身份的重要载体，其保护和传承成为社会共识。近代以来，随着社会文化的发展和教育水平的提高，人们对文化遗产的认识和重视程度逐渐提升。从国家层面来看，各国政府逐步建立完善的法律法规体系，通过立法保护文物不受破坏和非法交易。社会公众的参与和支持是文物保护事业发展的重要力量。各类文物保护组织和非政府组织的兴起，使公众能够更直接地参与到文物保护的具体行动中来。通过社会宣传、教育活动和志愿者项目等形式，公众的保护意识和责任感不断增强。文化遗产保护已经从专业领域走向公众视野，成为全民参与的社会事业。

（二）近代文物保护的主要措施

1. 制定法律法规

法律法规的制定为文物保护提供了强有力的法律保障和制度支持。各国通过立法程序，确立了文物保护的基本原则和具体操作规范。例如，《中华人民共和国文物保护法》等国内外重要法律文件，不仅明确了文物的定义、分类和保护范围，还规定了文物保护的责任主体及其职责。这些法律法规的出台和完善，有效遏制了文物走私、破坏等违法行为，提高了全社会对文物保护的重视程度，形成了全民保护文物的良好社会氛围。

2. 建立保护机构

保护机构的建立是近代文物保护措施的重要组成部分。随着文物保护任务的日益繁重，各国相继成立了专门的文物保护机构，如国家文物局、各级文物保护单位等。这些机构不仅负责具体的文物保护工作，还承担着政策制定、监督执法、科研开发等多重职能。例如，国家级的文物保护机构通常会设立专门的研究所，负责文物的修复、保存和研究等工作，同时还会组织和协调各地的文物保护活动。这种专业化的机构设置，使得文物保护工作更加科学、有序。

3. 应用科学技术

科学技术的应用极大地推动了近代文物保护水平的提升。现代科学技术在文物保护中的应用，主要体现在文物修复、实施环境监测以及信息化管理等方面。先进的修复技术，如非接触式检测、数字化扫描、纳米材料修复等，提高了文物修复的精度和效率。环境监测技术则通过对温湿度、光照、空气质量等因素的实时监测，保障了文物保存环境的稳定性。此外，信息化管理系统的应用，使得文物档案的管理和数据的共享更加便捷，有效提升了文物保护的整体水平。

4. 培养专业人才和国际交流合作

近代文物保护水平的提升离不开专业人才的培养和国际交流合作。各国通过设立专门的文物保护专业教育机构，如大学的文物保护专业、职业培训学校等，培养了一大批具有专业知识和技能的文物保护人才。这些人才不仅精通文物保护的理论知识，还具备丰富的实践经验，能够在实际工作中解决各种复杂的文物保护问题。例如，中国的敦煌研究院、意大利的罗马文物保护研究中心等机构，都是培养和输送文物保护专业人才的重要基地。国际交流合作在近代文物保护中扮演了重要的角色。各国通过参加国际会议、学术交流、合作项目等方式，分享文物保护的最新研究成果和技术经验。例如，联合国教科文组织主导的世界遗产保护项目，不仅促进了各国间的交流合作，还推动了全球文物保护工作的规范化和科学化。这种国际间的合作不仅提升了全球文物保护的整体水平，还为各国提供了宝贵的经验和参考。

（三）近代文物保护的影响

近代文物保护的成效是显而易见的，许多重要的文化遗产在这一时期得以保存和修复。通过科学的方法和技术手段，古建筑、文物和艺术品得到了有效的保护。例如，中国的故宫博物院正是由于经历多次大规模的修缮，才使得其重要的历史和文化价值得以完整保存。类似的保护工作在世界各地亦有开展，如埃及的金字塔和印度的泰姬陵等，均在近代文物保护机构的努力下得以保存和维护。近代文物保护的成效不仅体现在物质文化遗产的保存上，也包括非物质文化遗产的保护。例如，传统手工艺、戏剧、音乐等非物质文化遗产通过记录、传承和传播得以延续。许多国家通过建立相关法律法规和保护机构，确保文化遗产在现代社会中的传承和发展。近代文物保护工作的深入开展，使得文化遗产的保存不再是孤立的行为，而成为社会共识，形成了广泛的文化保护氛围。

近代文物保护工作为现代文物保护奠定了坚实的基础，提供了宝贵的经验和有效的模式。近代保护工作中积累的技术方法，如文物的科学修复、保护环境的控制、文物的监测和评估等，均为现代文物保护提供了重要的参考。现代文物保护在近代经验的基础上，继续发展和创新，如应用数字技术进行文物的三维扫描和虚拟展示，极大地提高了文物保护的水平和传播效果。近代文物保护还为现代文物保护工作提供了组织和管理的模式。例如，许多国家在近代建立了专门的文物保护机构和法律体系，这些机构和法律体系在现代继续发挥作用，成为文物保护工作的有力保障。近代文物保护的经验表明，政府的支持、社会的参与和科学的管理是文物保护成功的关键因素，这些经验为现代文物保护提供了宝贵的实践指导。通过近代文物保护的努力，现代社会对文化遗产的认识和重视程度显著提高。文物保护工作不再仅仅是专业人士的责任，而是全社会的共同任务。现代文物保护在近代工作的基础上，形成了更加系统和全面的保护体系，至此文化遗产得以代代相传，持续发挥其历史和文化价值。

三、现代文物保护面临的挑战及解决途径

（一）现代文物保护的复杂性

现代文物保护是一个复杂的过程，涉及自然、社会和经济等多方面因素。自然因素对文物的影响尤为显著。气候变化引发的极端天气，如暴雨、干旱和温度的剧烈变化，可能导致文物的风化、腐蚀和损坏。地震、洪水和火灾等自然灾害不仅可能瞬间摧毁文物，还会引发长期的次生灾害，进一步加大文物保护的难度。环境污染也是一个不可忽视的问题，空气中的污染物如酸雨和工业废气，也会对石雕、壁画和古建筑等文物造成不可逆的损害。

社会因素也对文物保护提出了多样化的挑战。现代社会的快速城市化和频繁的基础设施建设，常常导致文物所在地的环境发生剧变，一些文物甚至面临被拆迁或掩埋的危险。虽然社会经济的发展带来了大量旅游活动，旅游业能够为文物保护筹集一定的资金，但过度的旅游活动会导致文物磨损、人为破坏和环境污染的加剧。文化认知的变化和社会价值观的多样化，使得部分文物的文化和历史价值被忽视，文物保护的意识和教育亟须加强。

经济因素对文物保护的影响同样深远。尤其是高科技保护手段的应用、专业保护人员的培养和大型保护工程的实施，都需充足的经费支持。然而，许多地区的经济发展水平有限，文物保护资金短缺，导致保护工作难以持续和深入。市场经济的影响也使得一些文物遭到非法盗窃和交易，黑市交易和文物走私现象屡禁不止，对文物资源造成了极大的损失和破坏。

文物保护任务的繁重还体现在文物数量庞大和种类繁多上。文物种类繁多，从古建筑、石雕、壁画、文献典籍到现代遗产，各类文物的保护方法和技术需求各不相同。古建筑需要定期的维护和修缮，石雕和壁画需要防风化和防腐蚀处理，而文献典籍则需要防潮、防虫和数字化保存。每一种文物的保护都有其独特的需求和技术难点，需要专业的知识和技能进行精细化管理。

（二）现代文物保护的技术难题及解决途径

1. 现代文物保护的技术难题

文物保护技术是维护历史文化遗产的重要手段，但这一领域面临诸多难题。材料老化是其中一个主要制约因素。许多历史文物由于材料本身的自然老化现象，如金属氧化、纺织品纤维断裂、纸张脆化等，导致其保存状态不断恶化。这些老化现象不仅使文物的物理结构遭受破坏，也影响其文化和历史信息的传承。此外，环境污染也是一个不可忽视的因素。空气中的污染物，如二氧化硫、氮氧化物和颗粒物，会加速文物材料的老化和劣化。湿度和温度的波动也会造成文物材料的膨胀和收缩，进一步加剧其损坏。

科技手段不足是文物保护技术面临的另一重大难题。尽管近年来文物保护技术有了显著的进步，但仍存在许多技术瓶颈。例如，对于一些复杂的文物材料，现有的分析和修复技术还无法达到理想的效果。特别是对于复合材料文物，如何在不破坏其原始结构和材料的前提下进行有效修复，仍是一个巨大的挑战。此外，许多先进的科技手段面临成本高、操作复杂、技术普及度低等问题，难以广泛应用于文物保护工作。

2. 解决途径

提升文物保护技术，需要不断进行技术创新和研究。加强材料科学的研究，通过开发新型保护材料和技术手段来延缓文物材料的老化过程，显得尤为重要。例如，纳米技术在文物保护中的应用，可以提高保护材料的渗透性和稳定性，从而达到更好的保护效果。积极探索环境监测与控制技术，通过精确的环境监测和调控手段，降低环境因素对文物的负面影响。

跨学科合作是推动文物保护技术创新的重要途径。文物保护不仅需要材料科学和化学的支持，还需要物理学、生物学、工程学等多学科的共同参与。例如，激光清洗技术的应用就是物理学和工程学在文物保护领域的一次成功合作，通过精确控制激光能量和波长，可以有效去除文物表面的污染物而不损伤其本体。此外，信息技术的发展也为文物保护提供了新的思路和方法，如虚拟现实和三维扫描技术，可以在文物修复前进行精确的数字化建模和模拟，减少修复过程中的风险和不确定性。

（三）现代文物保护的资源限制及解决途径

1. 现代文物保护的资源限制

文物保护是一项复杂且耗资巨大的工作，它不仅需要高度专业化的人力资源，还需要先进的技术设备和充足的财力支持。然而，现实情况是，许多国家和地区在文物保护方面的资源配置严重不足。无论是历史悠久的古建筑，还是考古新发现的文物，都需要长期的、系统的保护和修复。尤其是在一些经济欠发达地区，文物保护的资金更是捉襟见肘，难以满足实际需求。这种资源不足的问题，不仅制约了文物保护工作的质量和效率，还导致许多珍贵文物面临损毁的风险。

在实际操作中，文物保护所需的经费用途广泛，包括日常维护、专业人员培训、先进保护技术的应用、紧急修复项目等。截至目前，全球范围内，许多文物保护项目由于资金不足而被迫中断或延迟，导致文物进一步受损甚至无法挽救。这不仅是文物保护领域的巨大损失，也是人类文化遗产保护的重大挑战。

2. 解决途径

为了应对文物保护中的资金短缺问题，我们需要探索多种筹资渠道，并合理配置现有资源，以确保文物保护工作的持续性和有效性。首先，政府应加大对文物保护的财政投入，并制定长期的预算规划，以保障文物保护项目的稳定资金来源。政府的支持不仅能提供直接的财务保障，还能通过政策引导和法律保障，促进社会各界对文物保护的关注和参与。其次，社会资本的引入是解决文物保护资金问题的重要途径。通过建立公益基金会、吸引企业赞助和个人捐赠等方式，可以广泛动员社会资源。这不仅能缓解资金压力，还能通过多元化的投入形式，激发社会对文物保护的责任感和参与热情。此外，国际合作也是筹集资金的有效途径之一。许多国际组织和基金会都设有专门的文物保护项目，通过与这些机构的合作，我们可以获取技术支持和资金援助，提升文物保护的整体水平。最后，合理配置资源是确保文物保护工作高效开展的关键。在资源有限的情况下，我们需要优先保护那些历史价值和文化意义重大的文物。同时，通过科学的资源管理和高效的项目管理，我们可以最大限度地提高资金使用效率，避免资源浪费。只有不断完善文物保护的管理机制，提升专业技术水平，确保每一笔资金都能物尽其用，才能为文物保护事业提供坚实保障。

四、文物保护的技术进步与创新

（一）文物保护技术的发展

随着科技的迅猛发展，文物保护技术也在不断进步，尤其是在新材料、新工艺和新设备的应用方面。现代科学技术的突破为文物保护带来了前所未有的机遇。例如，无机纳米材料不仅能有效修复文物表面的损伤，还能提供长期的保护，防止再次受损。激光清洗技术的引入也显著提升了文物修复的精度，这种技术能够细致地去除文物表面的污垢和氧化层，而不破坏文物的内在结构。三维扫描技术和高分辨率显微镜的使用，使得文物的微观结构得以精确分析，为科学保护方案的制定提供了坚实的依据。这些技术的进步大大提高了文物保护的质量和效率，为后世留下宝贵的文化遗产。

科学研究和技术创新一直是推动文物保护事业发展的重要力量。近年来，考古学与材料科学的交叉研究不断深入，为文物到保护带来了许多新的方法。例如，通过 X 射线荧光光谱分析技术，可以无损检测文物的化学成分，帮助研究人员了解其制作工艺和历史背景。这种技术能够在不破坏文物的前提下，提供详尽的化学成分分析，为修复和保护文物提供科学依据。分子生物学技术的引入，如 DNA 分析，可以揭示有机文物的来源和年代，为文物的保护和修复提供更加精准的科学依据。此外，数字化技术的应用，如虚拟现实（VR）和增强现实（AR），不仅为文物的修复提供了新的视角，还极大地提升了文物展示和教育的效果，使公众能够更加直观地了解和体验文物的历史和文化价值。这些技术创新为文物保护事业注入了新的活力，为未来的发展奠定了坚实的基础。

（二）新技术在文物保护中的应用

1.3D 扫描技术

3D 扫描技术成为现代文物保护中的一项重要工具。高精度的三维扫描，可以精确地记录文物的形状、纹理和颜色信息。这不仅为文物的数字化存档提供了可靠的数据支持，还为后续的修复工作提供了翔实的参考依据。此外，3D 打印技术也可以与 3D 扫描技术相结合，用于复制文物，从而减少对原件的直接接触和损伤。

2. 激光清洗技术

激光清洗技术在文物表面清洁方面展现了其独特的优势。传统的清洗方法往往难以控制清洁力度和范围，容易造成文物表面的磨损或化学腐蚀。激光清洗通过精准控制激光束的能量和频率，能够有效去除污垢和污染物，而不会对文物的材质和结构造成损害。其高效、无污染的特性，使其在古建筑、金属器物和石质文物的清洁中得到了广泛应用。

3. 纳米材料

纳米材料在文物保护中的应用也引起了广泛关注。纳米材料因其优异的物理和化学特性，成为文物修复和保护的新宠。例如，纳米氧化钛和纳米氧化硅等材料可以用作防护涂层，以提高文物表面的耐候性和抗污染能力。纳米材料还可以用于修复裂隙和孔洞，通过渗透和固化，增强文物的结构强度。此外，纳米技术还可应用于文物的防腐和杀菌处理，有效延长文物的寿命。

（三）技术创新对文物保护的推动

技术创新在文物保护领域中发挥了至关重要的作用。随着科学技术的不断进步，许多技术手段被引入到文物保护工作中，使得许多过去因技术限制而无法修复的珍贵文物重获新生。例如，高分辨率的三维扫描技术和激光成像技术的应用，可以对文物进行精确的数字化记录和建模，从而为其修复提供翔实的数据支持。通过这些技术，保护人员能够对文物的形态、材质和结构进行全面的分析，制定更加科学合理的修复方案，极大地提升了文物修复的精度和效果。纳米技术和新材料科学的发展也为文物保护带来了新的契机。纳米材料具有独特的物理和化学性质，可以用于修复和保护各种类型的文物。例如，纳米钙、纳米硅等材料被广泛应用于石质文物的修复中，有效地增强了文物的强度和稳定性。纳米涂层技术也被应用于金属文物的防腐保护中，文物表面形成的致密的保护层，可以阻止外界环境对文物的侵蚀，从而延长其寿命。技术创新推动了文物保护事业的发展，使得更多的珍贵文物得以保存和修复。

技术创新不仅在文物保护实践中发挥了重要作用，还对相关学科的发展产生了深远的影响。文物保护是一门综合性学科，涉及考古学、化学、物理学、材料科学等多个领域。随着技术的不断进步，这些相关学科也获得了新的发展机遇。例如，考古学中应用的地理信息系统和遥感技术，不仅提高了考古发掘的效率和准确性，也为文物保护提供了重要的数据支持和分析工具。化学和材料科学领域，在文物保护需求的推动下，出现了许多专门针对文物保护的新材料和新方法。科学家们开发出了低毒、环保的清洗剂和修复材料，可以在保护文物的同时，减少对环境的污染。分子生物学技术的应用也为有机质文物（如纸张、纺织品、皮革等）的保护提供了新的思路。通过 DNA 分析和生物降解等手段，我们可以更加精确地了解文物的材质和保存状况，从而制定更加科学的保护措施。技术创新不仅提升了文物保护的水平，也促进了相关学科的发展和进步。

第二章 石碑石刻的保护修复

第一节 石碑石刻的历史价值与文化内涵

一、石碑石刻的定义与分类

（一）石碑的定义与分类

1. 石碑的定义

石碑作为一种刻有文字或图案的石制纪念物，是人类历史文化的重要载体之一。这些石碑通常用于记录历史事件、纪念人物或标志重要地点。石碑上的文字和图案不仅是历史记录的媒介，还起到了文化传承的重要作用，能够为后人提供丰富的历史信息和文化背景。无论是在古代还是现代，石碑都在记录和传承中发挥着不可替代的作用，让历史与文化得以延续和传播。

2. 石碑的分类

根据用途，石碑可以被细分为功德碑、墓碑和纪念碑等类型。功德碑通常用于记录个人或集体的善行义举，具有表彰和纪念的双重功能。这样的石碑不仅记录了行善者的事迹，还起到了激励后人的作用。墓碑则主要用于标识墓地，记录逝者的生平事迹和家族信息，是对逝者的一种纪念和尊敬。纪念碑多用于纪念重大历史事件或人物，具有重要的历史和文化意义，通过这些纪念碑，后人能够铭记历史，缅怀先人。

根据形状，石碑可以被分为方碑、圆碑和三角碑等类型。方碑因其稳重的形态，常用于正式场合，具有庄重的纪念意义。圆碑则因其圆润的造型，多见于纪念性质的场所，象征着圆满和永恒。三角碑以其独特的三角形状，具有较高的辨识度和纪念意义，往往用于某些特定场合。

以曲阜为例，曲阜是国务院首批公布的 24 个全国历史文化名城之一，碑刻资源丰富，类型有圣旨碑、记事碑、历代衍圣公及孔氏后裔墓碑、神道碑、奉天敕命碑、墓志铭碑、诗碣碑及部分碑楼刻石等，种类繁杂，数量较多。据不完全统计曲阜现存碑刻有 6000 余通，分布于曲阜孔庙及孔府、孔林、颜庙、周公庙等文物景区及汉魏碑刻陈列馆等区域，分布范围较广，在中国石碑石刻史上占有举足轻重的地位。

（二）石刻的定义与分类

1. 石刻的定义

石刻是指在石材上雕刻的文字、图案或雕塑。这种艺术形式不仅具有极高的艺术价值，还承载着丰富的历史文化信息。石刻作品通常具有坚固耐久的特点，能够保存数百年甚至上千年，成为后人了解古代社会、文化、经济等方面的重要资料。石刻广泛应用于建筑装饰、碑刻、摩崖石刻等领域，不仅起到装饰美化的作用，还能够记录重要事件，传达特定的信息和思想。

2. 石刻的分类

石刻根据内容可以被分为碑刻、墓志铭和摩崖石刻等。碑刻通常是立在地面上的石碑，用于纪念或说明某些事件、人物，如功德碑、纪念碑等。墓志铭则是刻在墓地或墓碑上的文字或图案，用于记录墓主人的生平事迹及家族关系。摩崖石刻是直接刻在自然岩壁上的文字或图案，多见于名山大川、古道遗址，常常具有文化或历史意义。

石刻根据技法可以被分为浮雕、阴刻和阳刻等。浮雕是在石材表面雕刻出凸起的图案或文字，使其从背景中突显出来。阴刻则是将文字或图案刻凹入石材表面，形成凹陷效果。阳刻是在石材表面刻出突起的笔画，常用于碑文等。不同的技法不仅决定了石刻作品的视觉效果，也影响其在不同环境下的保存和传承。

二、石碑石刻在历史中的记录功能

（一）石碑的历史记录作用

在古代社会，石碑不仅是用来标记重要地点和纪念伟大人物的一种形式，还被广泛用于记录重大历史事件、国家的典章制度以及重要人物的生平事迹。

石碑具有耐久性强、不易损毁的特点，因此它成为一种理想的记录媒介，并且比纸质文献更持久地保存了历史的真实面貌。通过研究石碑上的文字内容，我们能够重现当时的社会风貌、政治结构以及文化背景，为历史研究提供第一手资料。

石碑的历史记录作用不仅限于记录重大事件和人物，还包括对社会制度和法律的记载。许多石碑上刻有古代的法律条文、行政命令和政策法规，这些内容为后人研究古代法制史和行政管理提供了宝贵的资料。一些石碑还记载了重大建设工程的竣工情况、庆典活动的具体内容，甚至是战争的胜利与失败。这些记录不仅丰富了历史的细节，也为考古学家和历史学家提供了重要的参考依据。

石碑不仅通过文字记录历史，还常常结合图案以增强其表达效果。文字和图案的结合，使石碑不仅成为历史事件的记录者，更成为艺术和文化的传承者。石碑上的图案通常包括人物肖像、建筑物和自然景观等，这些图案不仅具有装饰作用，还能传达出丰富的文化信息。通过对石碑上图案的研究，我们可以了解当时的服饰、建筑风格和艺术审美观念。

（二）石刻的历史记录作用

石刻艺术是一种通过雕刻在石头上的图案和文字来记录历史事件和文化活动的独特形式。它承载了丰富的历史信息，具有重要的历史价值。通过石刻的雕刻艺术，人们能够直观地了解古代社会的重大历史事件。例如，在古代中国的石碑、摩崖石刻和墓志铭中，我们常常可以看到对战争、政权更迭、重大政策颁布等事件的记载。这些内容不仅为后世提供了宝贵的历史资料，也为史学研究提供了重要的实物依据。这些石刻不仅是历史事件的见证者，还通过其艺术表现力生动再现了当时的社会生活，反映了古代社会的方方面面。

石刻艺术作品不仅是历史事件的记录者，还反映了当时社会的风貌和民间习俗。通过石刻艺术作品，人们可以深入了解当时社会的经济、政治、文化等各方面的情况。石刻中的人物形象、服饰、器物等细节，生动再现了古代社会的生活场景，揭示了当时人们的生活方式和社会习惯。同时，石刻中的铭文、题记等文字内容，也反映了当时的语言文字发展情况，以及社会各阶层的思想观念和价值取向。通过这些细节，现代人可以更直观地感受到古代社会的氛围和文化。

三、石碑石刻的艺术风格与审美价值

（一）石碑的艺术风格

石碑的艺术风格呈现多样性和丰富性。简洁朴素的碑文反映了古人对文字的崇敬和对历史记录的严谨态度，这种风格强调内容的严肃与庄重，不追求过多的修饰，以简洁的文字传达深刻的历史信息。精美繁复的雕刻在石碑中也占有重要地位，这种风格多用于纪念性和装饰性较强的石碑，通过复杂的纹样、图案和人物雕刻展示出艺术家的精湛技艺和丰富的想象力。尤其是富有民族特色的装饰，更是体现了不同民族文化的独特魅力，如少数民族地区的石碑常见的龙凤、花鸟等装饰图案既美观又具有浓郁的民族风情。

石碑上的书法艺术历来被视为中国书法艺术的一部分，具有极高的审美价值。不同历史时期的石碑书法风格各异。秦汉时期的石碑多以篆书和隶书为主，字体庄重古朴，线条刚劲有力；魏晋南北朝时期，楷书逐渐流行，书法风格趋向简洁、清秀；唐代是楷书发展的高峰期，繁体字的运用和楷书的规范化使得石碑书法达到了一个新的高度；宋元时期，行书和草书在石碑中有所体现，书法风格更加自由和奔放；明清时期，石碑书法则呈现出多样化的发展趋势，各种书体并存，艺术风格丰富多彩。这不仅反映了书法艺术的发展演变，也记录了不同时代的文化氛围。

（二）石刻的技法和艺术风格

1. 石刻的技法

石刻的技法种类繁多，主要包括阴刻、阳刻等多种形式。

阴刻是将图像或文字凹刻在石材表面，形成内凹的线条或图案。这种技法在光线的照射下由于阴影的作用，能突出细节，增强质感。阳刻则是将图像或文字以外的部分凹刻，保留图像或文字的部分凸起于石材表面，这种技法常用于碑文和铭文，能确保文字在长时间的风化和侵蚀中仍然清晰可辨。各类技法

的灵活应用使石刻艺术作品在表现手法和视觉效果上具有极高的艺术价值。

2. 石刻艺术风格的多样性

石刻艺术风格的多样性不仅体现在技法的丰富上，还显著地反映了不同历史时期和地域的文化特征。各个朝代的石刻作品都带有明显的时代印记。例如，汉代石刻多以现实主义的手法表现历史事件和人物，造型庄重朴实，线条刚劲有力；唐代石刻则以其精美细腻的雕刻技艺和富有动感的造型著称，反映出盛唐时期的繁荣与开放。地域上，北方的石刻多以雄浑壮丽的风格为主，反映出北方民族豪放的性格特征；而南方的石刻则细腻秀美，表现出江南水乡的柔美风情。这些风格的变化不仅展示了石刻艺术的多样性和丰富性，也为我们理解不同历史时期和地域的文化、社会背景提供了重要的视觉材料。

（三）石碑石刻的审美价值

石碑石刻的审美价值不仅体现在其历史与文化的传承上，更凸显于其独特的艺术形式。这些石碑石刻作品常常通过精美的造型和独特的构图，表现出一种典雅而庄重的美感。古代工匠们在创作过程中，不仅展示了他们对材料的巧妙运用，还反映了他们在构图、线条和空间处理上的高度艺术造诣。石碑石刻的艺术形式，不仅仅是单纯的视觉享受，更是对于古代艺术风格和审美观念的深刻体现。

雕刻技艺是石碑石刻审美价值的重要组成部分。古代工匠们通过娴熟的雕刻技艺，将坚硬的石材化为栩栩如生的艺术品。他们不仅需要精通各种雕刻工具的使用，还需要对石材的质地和纹理有深入的了解，以便准确地表现出所需的艺术效果。这种技艺的精湛程度，不仅体现在文字的雕刻上，还包括对图案的细致处理和整体布局的和谐统一。石碑石刻在创作过程中，常常需要经历长时间的打磨和雕刻，才能达到理想的艺术效果，而工匠们再此过程中表现出来精益求精的精神，则赋予了石碑石刻以超凡的艺术魅力。

石碑石刻的文化内涵则是其审美价值的核心。每一块石碑石刻不仅是一个艺术品，更是一个文化载体，承载着丰富的历史信息和文化意义。石碑上的文字和图案，往往记录了某一历史事件、人物或文化现象，具有极高的历史和文化价值。人们在欣赏石碑石刻艺术美感的同时，也能够深刻体会到其中蕴含的历史文化内涵。通过这些石碑石刻作品，我们可以窥见古代社会的风貌、人们的思想观念以及历史发展的脉络。

通过文字和图案的结合，石碑石刻展现了古代工匠的精湛技艺和艺术创造力。文字的雕刻不仅要求工匠具备高超的技艺，还需要他们对书法艺术有深刻的理解，才能在石材上表现出优美的书法作品。而图案的雕刻则更需要工匠具有丰富的想象力和创造力，通过细腻的雕刻手法，将图案表现得生动逼真。这种文字与图案的结合，使得石碑石刻不仅具有高度的艺术性，还具备了极高的观赏价值。每一件石碑石刻作品，都凝聚了工匠们的智慧和心血，成为历史上不朽的艺术瑰宝。

四、石碑石刻在文化传承中的作用

（一）石碑石刻的文化传承意义

石碑石刻作为文化遗产，承载了丰富的历史文化信息，是文化传承的重要载体。这些石刻通过文字、图像和纹饰等形式，记录了各个历史时期的政治、经济、文化等方面的信息，成为研究历史的重要材料。它们被形象地称为"石头上的历史书"，为后人提供了宝贵的历史文献资料。

石碑石刻在文化传承中起到了重要的桥梁作用。作为历代文化积淀的实物见证，它们不仅记录和保存了各个历史时期的文化成果，还具有教育和启迪后人的功能。石碑石刻通过直观的文字和图像，向后人传递前人的智慧和经验，使后人能够感受到历史的厚重感和文化的传承感。例如，碑文中的诗词、对联、铭文等，往往具有较高的文学价值和艺术感染力，能激发读者的共鸣和思考，从而增强文化认同感和历史责任感。石碑石刻的保护与研究，对于传承和弘扬优秀传统文化，具有不可替代的作用。

通过保护和研究石碑石刻，我们可以传承和弘扬优秀传统文化。保护石碑石刻不仅是对历史文物的保存，更是对文化基因的传承。通过科学的保护手段，如物理保护、化学保护和环境保护等，我们可以有效延长石碑石刻的寿命，防止其受到自然灾害和人为的破坏。同时，通过数字化技术的应用，如三维扫描、数字图像处理和虚拟现实等，我们可以实现石碑石刻信息的永久保存和广泛传播，使更多的人能够接触和了解这些宝贵的文化遗产。

研究石碑石刻不仅有助于揭示其历史价值和文化内涵，还能够发掘和弘扬优秀传统文化。通过对石碑石刻的系统研究，我们可以深入了解其产生的历史背景、创作过程及其所反映的社会文化现象，从而为传统文化的现代传承提供理论依据和实践指导。通过对石碑石刻的保护和研究，我们可以将优秀传统文化的精髓融入现代社会生活，增强人们的文化自信和民族认同感，推动文化的传承与创新。

（二）石碑石刻在文化传承中的地位

石碑石刻在文化传承中具有重要地位，是古代文化的重要组成部分。作为重要的文化遗产，这些石刻不仅承载了丰富的历史信息，还是古代社会文化的重要组成部分。这些文物无论从艺术价值还是历史价值，都具有无可替代的作用。石碑石刻通过其独特的文字和图案，直观地反映了古代社会的政治、经济、文化等多方面的情况，成为研究古代历史的重要资料。同时，石碑石刻的存在也为后人提供了一个了解和感受古代文化的重要途径，使历史文化得以传承和延续。在文化传承中，石碑石刻不仅是一种静态的文物，更是动态的文化载体。它们通过铭文、雕刻等形式，将古代社会的价值观、道德观和审美观传递给后人。石碑上记录的内容往往涉及古代社会的重大事件、名人事迹以及地方风俗等，这些都为后人提供了宝贵的文化资源。通过对石碑石刻的解读和研究，我们不仅可以了解古代社会的文化背景，还可以从中汲取文化智慧，进行现代文化建设。

石碑石刻记录了古代社会的文化习俗和艺术成就。作为古代社会文化习俗的重要记录载体，石碑上的铭文和图案常常反映当时的风俗习惯、礼仪制度以及社会生活。此外，石碑上还常常雕刻有当时的工艺美术作品，这些作品不仅展现了古代工匠的高超技艺，也反映了当时的审美趣味和艺术成就。石碑石刻作为艺术成就的重要体现，不仅在内容上具有重要的历史价值，在形式上也展示了古代艺术的辉煌成就。石碑上的书法、篆刻、雕刻等艺术形式都是古代艺术的精华。无论是端庄的楷书、飘逸的行书，还是精美的浮雕、精致的刻画，都展现了古代艺术家的精湛技艺和创新精神。这些石刻艺术作品，不仅是古代文化的结晶，也是现代艺术的重要参考和借鉴对象。通过对石碑石刻的研究，我们可以进一步了解古代艺术的发展历程和艺术风格，为现代艺术创作提供宝贵的灵感和参考。

五、石碑石刻的社会影响与教育意义

（一）石碑石刻对社会的影响

石碑石刻不仅记录了重要的历史事件、社会变迁和文化活动，还见证了不同历史时期的政治、经济和社会生活。通过对石碑石刻的研究和解读，学者们可以深入了解古代社会的结构和发展轨迹，从而为现代社会提供宝贵的历史借鉴。同时，石碑石刻作为文化遗产的重要组成部分，体现了一个民族的文化底蕴和历史积淀，对于提升民族自豪感和文化认同感具有重要意义。

在社会教育中，石碑石刻发挥了重要作用。作为历史文化的具象载体，石碑石刻为公众提供了直观的历史教育资源。通过参观和学习石碑石刻，公众可以更深入地了解历史事件、人物和文化活动，增强对历史的感知和理解。这不仅有助于提高公众的历史素养，还能激发他们对历史文化的兴趣和热爱，从而在社会中形成良好的文化氛围，促进文化传承与发展。

石碑石刻还通过其独特的艺术形式和文化内涵，增强了社会的文化认同感。石碑石刻不仅是历史的记录者，还是艺术的瑰宝，其独特的书法艺术和雕刻技艺体现了不同历史时期的艺术风格和审美追求。通过欣赏和研究石碑石刻，人们可以感受到传统文化的魅力，从而增强对本民族文化的认同感和自豪感。这对于促进民族团结和社会和谐具有积极作用。

（二）石碑石刻的教育意义

石碑石刻作为历史文化的见证，具有重要的教育意义。它们不仅记录了历史事件和人物，还承载着丰富的文化内涵。通过文字和图像的形式，石碑石刻直观地展示了古代社会的风貌、思想、制度、艺术等多方面内容。由于其永久性和公开性，石碑石刻成为古代社会教育的重要工具。例如，许多石碑上刻有儒家经典或道德训诫，这些内容不仅教育了当时的民众，也为后人提供了宝贵的学习资源。在现代教育中，石碑石刻的价值依然不可忽视。通过对石碑石刻的研究和展示，学生可以更直观地了解历史，增强对传统文化的认同感。文物保护与传承的专业人员可以将这些石刻作为教材的一部分，带领学生实地考察，讲解其历史背景和文化内涵，从而使学生在具体的历史场景中体会和理解古代文化。

通过石碑石刻的研究和展示，公众可以提高自己的历史文化素养，增强民族自豪感。石碑石刻的研究不仅是学术界的任务，更是公众教育的重要内容。博物馆、展览馆等文化机构通过展示石碑石刻，使公众能够近距离观赏和了解这些文物，感受其艺术价值和历史深度。这种展示不仅能激发人们的兴趣，还能提高他们的历史文化素养，进一步增强文化自信。石碑石刻的保护和展示还可以通过现代科技手段得到进一步的扩展。运用虚拟现实（VR）、增强现实（AR）等技术，可以在数字平台上再现石碑石刻的原貌和历史背景，让更多人通过线上渠道了解和学习这些宝贵的文化遗产。这种方式不仅突破了时间和空间的限制，还能吸引更多年轻人参与历史文化的学习。

第二节　石碑石刻的病害类型、成因与应对方法

一、物理性病害的种类及应对办法

（一）风化作用及应对办法

风化作用是指石碑石刻在自然环境中，受到风力、雨水、温度变化等外界因素的影响，导致其表面发生剥落、龟裂和粉化的现象。这是一种常见的物理性病害。风力携带的沙粒和尘土在石碑石刻表面摩擦，逐渐磨损其表面。雨水中的酸性成分不仅可以溶解石材中的矿物质，还会渗透到石材内部，造成进一步的物理和化学侵蚀。温度的变化则会引起石材内部应力的不均匀分布，导致石碑石刻产生龟裂甚至碎裂。

风化作用不仅使石碑石刻的表面逐渐变得粗糙，还会使其表面变得不平整，影响整体的外观美感。粗糙的表面更容易积聚水分和污染物，这些因素都会加剧石碑石刻的风化过程。随着时间的推移，石碑石刻的表面将失去其原有的光滑和细腻质感，变得更加脆弱和易损。

风化作用还直接影响石碑石刻上文字和图案的清晰度。石碑石刻上的文字和图案是历史文化的重要载体，但在风化作用的侵蚀下，这些文字和图案会逐渐变得模糊不清。剥落的石材表面不仅使文字和图案的轮廓变得不明显，还会使其细节部分消失。这种模糊化的过程是不可逆的，一旦文字和图案变得模糊不清，恢复其原貌将变得极其困难。

对抗风化作用，需要采取科学的保护和修复措施。定期检查和维护石碑石刻，及时发现和修复风化痕迹，是保护石碑石刻的基本手段。建立保护设施，减少风力和雨水的直接侵蚀，可以有效延缓风化过程。应用现代科技手段，如纳米技术和化学保护剂，也能显著延缓风化的进程。通过这些措施，人们可以最大限度地保护石碑石刻的完整性和历史价值。

（二）温度变化引起的病害及应对办法

石碑石刻在自然环境中会受到温度变化的影响，特别是热胀冷缩现象。这种现象是由于石材在温度升高时会膨胀，而在温度降低时会收缩。反复的热胀冷缩会在石材内部产生应力集中，最终导致裂纹的形成和扩展。一旦裂纹产生，石材的结构完整性就会受到破坏，继续发展可能会导致石碑石刻的破损甚至剥落。这不仅影响石碑石刻的美观，还会对其文化和历史价值造成不可逆的损害。

在昼夜温差较大的地区，石碑石刻更容易受到温度变化的影响。白天温度升高，石材表面迅速膨胀；夜间温度骤降，石材表面迅速收缩。温度的急剧变化会使石材表层和内部的温度梯度加大，导致不同层次的热胀冷缩不均匀，从而在石材表面形成微小的裂纹。随着时间的推移，这些微小裂纹会逐渐扩展，最终形成肉眼可见的裂缝和剥落现象。

温度变化引起的病害不仅对石碑石刻的外观造成破坏，还可能影响其整体结构稳定性，增加倒塌的风险。因此，如何有效地防止和减缓温度变化对石碑石刻的影响，成为文物保护工作中的一个关键课题。在实际的保护工作中，我们可以采取多种措施来应对温度变化引起的病害。例如，在石碑石刻周围设置防护设施，如遮阳棚或防护罩，来减少昼夜温差对石材的直接影响；采用环境调控设备，保持石碑石刻所处环境的温度相对稳定；使用现代科技手段，如材料的加固和修复技术，增强石材的抗温度变化能力。

（三）机械损伤及应对办法

机械损伤主要指石碑石刻受到的碰撞、刮擦和磨损。这些损伤不仅影响石碑石刻的外观，还可能对其内部结构造成破坏。

碰撞通常会在石碑石刻表面形成明显的凹陷或裂纹，严重时甚至会导致石碑的断裂。刮擦则会使表面出现划痕，破坏石碑石刻表面的光滑度，影响其视觉效果。磨损则是长期使用过程中，石碑石刻表面由于与外界摩擦而逐渐变薄或磨平的现象。

机械损伤会导致石碑石刻表面出现裂痕和缺口，使得石质的完整性和坚固性大大降低。碰撞、刮擦和磨损直接破坏了石碑石刻的表面结构，导致文字和图案的缺损。这不仅影响石碑石刻的美观性，更对其历史信息的完整性造成不可逆的损害。这些损伤还可能加速其他病害的发生，进一步威胁石碑石刻的保存。

在实际的保护修复工作中，我们需要对机械损伤的程度进行详细的评估，以制定合理的修复方案。对于轻微的刮擦和磨损，我们可以通过清理和表面加固的方法进行修复。而对于严重的碰撞损伤，我们则可能需要进行补石或重塑的工作，以恢复其原貌。在修复过程中，我们应尽量使用与原材料相匹配的修复材料和技术，确保修复后的石碑石刻能够最大程度地保持其原有的历史风貌和文化价值。

为了减少机械损伤的发生，在搬运和安装石碑石刻时，我们应采取严格的保护措施。例如，使用专业的搬运工具和缓冲材料，避免石碑石刻在搬运过程中受到碰撞和刮擦；在安装过程中，应确保石碑石刻的稳固性，避免其因不稳定而倾倒或破损。同时，在日常使用和展示中，也应加强对石碑石刻的保护和监测，及时发现和处理潜在的风险因素，防止机械损伤的进一步扩大。

二、化学性病害的具体形式及应对办法

（一）酸雨腐蚀及应对办法

酸雨腐蚀是一种由酸性降水引起的化学反应，会导致石碑石刻表面出现溶解、变色和剥落等现象。这一过程的主要原因是大气中的二氧化硫和氮氧化物等酸性物质沉降，在降水过程中形成酸性溶液。这些酸性溶液与石材表面发生化学反应，使石材逐渐溶解。溶解后的矿物质在水的作用下被带走，造成石材表面逐步损失和破坏，形成坑洼不平的表面结构，严重影响石碑石刻的完整性和美观度。酸雨腐蚀是石碑石刻面临的主要化学性病害之一，对文物的保存和保护工作提出了重大挑战。

酸雨腐蚀对石碑石刻的损害非常严重，尤其是对石灰岩和大理石材质的碑刻影响更为显著。石灰岩和大理石的主要成分是碳酸钙，酸雨中的酸性物质会与碳酸钙发生反应，生成可溶于水的钙离子和二氧化碳。这种反应不仅导致石材的溶解和体积缩小，还可能引起石材表面的变色现象，如变得灰暗无光或出现粉末状物质。此外，酸性物质还会通过裂缝和孔隙渗入石材内部，引发更深层次的结构性损坏，使石材的物理性能大幅降低，增加修复和保护的难度。酸雨腐蚀对石碑石刻的危害是长期且不可逆的，随着时间的推移，腐蚀作用会逐步加剧。

为应对酸雨腐蚀的威胁，现有的防治措施包括对石碑石刻表面进行保护性涂层处理以及周边环境的治理。例如，可以使用专门的保护剂来减少酸性物质与石材的直接接触，或者通过改善周边的空气质量来降低酸雨的产生。这些措施虽然不能杜绝酸雨腐蚀，但可以有效减缓其破坏速度，为文物的长期保存争取更多的时间和空间。酸雨腐蚀不仅限于表面损坏，还会通过裂缝和孔隙深入石材内部，加速石材的劣化过程。因此，针对酸雨腐蚀的防治和修复工作需要材料科学的支撑，并综合考虑环境因素和保护技术的不断提升。

（二）盐类结晶及应对办法

盐类结晶是指石碑石刻表面或内部的盐类物质在结晶过程中对石材的破坏作用。其主要原因是石材内部或表面的盐类在受潮或接触水分后溶解，再由于

环境干燥而重新结晶导致。这一过程会引起体积变化和结晶应力，从而对石材造成不可逆的损害。

盐类结晶的一个显著特征是会在石碑石刻表面形成白色的结晶物，这些结晶物常被称为"盐霜"或"白华"。这些白色的盐霜不仅影响石碑石刻的表面美观，还会导致石材的物理结构损坏。随着盐类结晶的不断沉积，石材表面会逐渐出现粗糙、粉化现象，严重时甚至形成龟裂和剥落。这些物理变化不仅影响石碑石刻的视觉效果，还会对其稳定性和整体性产生负面影响，从而削弱其历史和文化价值。

盐类结晶过程中，石碑石刻的内部结构也会受到严重损伤。盐类在石材内部溶解和结晶的反复过程，会引起石材内部微裂隙的扩展和增多。这些微裂隙的形成和扩大，使石碑石刻的整体结构变得脆弱，增加了病害的治理难度。特别是在气候变化频繁的地区，盐类结晶对石材的破坏作用更加显著，这对石碑石刻的保存提出了更高的要求。

为了有效应对盐类结晶带来的破坏，文物保护工作者需要采取科学的保护措施。对石碑石刻进行定期检查和监测，及时发现盐类结晶的迹象，可以有效预防进一步的损害。采取表面覆盖保护和内部结构加固等方法，可以减缓和阻止盐类的结晶过程。同时，改善石碑石刻周围的环境条件，如控制湿度和减少污染源，也能降低盐类结晶发生的概率，从根本上保护石碑石刻的完整性。

（三）化学反应导致的变色及危害

石碑石刻在自然环境中长期暴露，常常与空气中的化学物质发生一系列复杂的化学反应，导致其表面颜色发生变化。这种变色现象不仅影响了文物的视觉效果，更对其文化价值和历史信息的传递产生了负面影响。石材表面颜色变化的原因主要与其所处环境的空气成分密切相关。

石碑石刻表面发黄是其中一种常见的变色现象。空气中的二氧化硫、氮氧化物等工业污染物与石材内部的矿物质发生反应，生成硫酸盐、硝酸盐等化合物，这些化合物附着在石材表面，导致其颜色逐渐变黄。此外，石材内部的铁矿物在空气和水的作用下发生氧化反应，生成褐铁矿或黄铁矿等物质，也会使石材表面呈现黄色或褐色斑点。

变黑现象同样频繁出现，尤其是在城市污染严重的地区。石碑石刻表面吸附了大量的碳颗粒和其他污染物，这些颗粒在石材表面形成了一层黑色的薄膜，掩盖了原有的石材颜色。空气中的硫化氢与石材中的钙、镁等元素反应生成黑色的硫化物，也会导致石材表面变黑。这种变色现象不仅破坏了石材的美观，还可能加速石材的风化和老化。

石碑石刻表面还可能出现斑点，这些斑点往往是由局部化学反应引起的。换言之，空气中的污染物在石材表面局部集聚，与石材中的矿物质发生反应，形成不同颜色的斑点。例如，酸雨中的酸性物质与石材反应，可能在某些部位生成白色或灰色的硫酸盐斑点；在潮湿环境中，石材表面可能会出现绿色或蓝绿色的铜盐斑点。这些斑点的出现破坏了石碑石刻的整体美感和纹理。

三、生物性病害的影响因素及应对办法

（一）微生物的侵蚀及应对办法

微生物侵蚀是指石碑石刻表面和内部被微生物如菌类和藻类侵蚀，导致石材的结构破坏和变色。这种现象在石碑石刻中十分常见，微生物通过分泌酸性物质和生物酶等代谢产物，对石材的矿物成分进行化学侵蚀，破坏石材的结构。侵蚀不仅局限于表面的腐蚀和剥落，还可深入石材内部，形成微观裂隙和孔洞，削弱石材的整体强度和稳定性。

微生物侵蚀的一个显著影响是石碑石刻表面的变色现象。微生物在生长过程中会产生色素，导致石材表面出现不同颜色的斑点和斑块，常见的颜色有绿色、黑色和红色。绿色斑点通常由藻类引起，黑色斑块则多由菌类特别是霉菌引起，而红色斑点可能与一些特定的细菌有关。这些色素不仅影响了石碑石刻的美观性，还可能对石材的进一步保护造成障碍。

微生物侵蚀的发生和程度受到多种环境因素的影响，如温度、湿度、光照以及石材的物理化学特性。温暖潮湿的环境尤其有利于微生物的繁殖，多孔的石材更容易吸附水分和有机物，成为微生物理想的生长场所。石材中的碳酸盐和硅酸盐矿物则可能成为某些微生物的营养源，加速石材的化学风化过程。

为了有效防止和控制微生物侵蚀，我们需要对石碑石刻的微生物种类和侵蚀机制进行详细的调查和分析。通过现代微生物学检测技术，我们可以精确识别侵蚀石材的主要微生物种类，并了解其生长条件和侵蚀特征。基于此，我们可以制定针对性的保护和修复措施，例如，使用抗微生物材料或化学试剂对石材进行处理，从源头上抑制微生物的生长和繁殖。改善环境条件，如降低湿度和增加通风，也有助于减少微生物侵蚀的风险。

（二）植物根系的破坏及应对办法

石碑石刻作为重要的文化遗产，常常面临多种自然和人为因素的威胁，其中植物根系的破坏是一种常见且严重的生物性病害。植物根系具有强大的生长力和穿透力，能够通过石碑石刻的裂缝和孔隙侵入石材内部。这种侵入不仅增加了石材的内部应力，还促使裂缝的进一步扩大，最终导致石碑整体结构的脆弱性增加。随着时间的推移，根系的侵入和破坏作用会使石碑的表面出现明显的破损和剥落现象，严重影响文物的完整性和美观性。

植物根系的生长对石碑石刻的破坏，具有隐蔽性和渐进性的特点。在根系初期侵入时，其破坏作用可能并不明显，常常被忽视。然而，随着植物根系的不断生长和扩展，其对石材的破坏力也逐渐增强。根系的扩展不仅会使石材产生微小裂缝和孔隙，还会通过机械作用使石材表面剥落，甚至导致石碑的局部或整体坍塌。这种破坏过程是一个长期积累的过程，其危害性往往在问题变得显著时才被发现。

植物根系的破坏不仅仅是机械性的破坏，还会伴随化学性的变化。植物根系在生长过程中会分泌一些有机酸，这些有机酸能够溶解石材中的碳酸盐成分，使石材的化学性质发生改变。此外，植物根系还会吸收石材中的水分，导致石材的干湿交替变化，加速石材的风化和劣化过程。这种物理和化学共同作用的破坏机制使得植物根系对文物石碑石刻的危害更加复杂和严重。

为了有效防止植物根系对石碑石刻的破坏，我们需要采取一系列科学的保护措施。定期对石碑石刻周围的植被进行清理，避免植物根系的侵入，是一种基础且必要的预防手段。对于已经受到植物根系破坏的石碑，我们应采取有针对性的修复措施，如填补裂缝、加固石材结构等。还可以在石碑周围采取防护措施，如设置隔离带、铺设防根膜等，防止植物根系进一步侵入石碑石刻的区域。这些措施的综合应用，能够有效减少植物根系对石碑石刻的破坏，使文物得以长久保存。

（三）动物活动的影响及应对办法

石碑石刻作为人类历史和文化的重要载体，长期以来面临着多种威胁，其中动物活动是一个不容忽视的重要因素。动物活动对石碑石刻的影响包括啮齿动物啃咬、鸟类筑巢和昆虫蛀蚀等。在自然环境中，啮齿动物如老鼠和松鼠常常对石碑石刻进行啃咬。啮齿动物的牙齿锋利，它们啃咬石碑不仅是为了磨牙，更是为了获取必要的矿物质。啮齿动物的这种行为会在石碑表面留下明显的齿痕和磨损，长时间的啃咬甚至可能导致石碑石刻的结构性破坏。此外，鸟类特别是鸽子和麻雀等，喜欢在石碑石刻上筑巢。这些鸟类在筑巢过程中不仅会在石碑表面留下粪便和羽毛，对石碑的化学成分产生腐蚀作用，鸟巢的重量和筑巢行为还有可能对石碑的结构造成物理损害。昆虫如白蚁、蛀虫等在觅食过程中会蛀蚀石碑表面，导致石碑出现坑洞和缺损，使得石碑的表面不再平整，甚至可能使得石碑上的文字和图案难以辨认。长期来看，这些物理和化学损害会大大加速石碑石刻的老化和风化过程，严重影响其历史信息的保存和传承。

为了保护石碑石刻免受动物活动的影响，我们必须采取综合性的保护措施。可以设置物理屏障，如围栏或网罩，有效防止啮齿动物和鸟类接近石碑。与此同时，还可以使用驱虫剂和其他化学方法来预防昆虫蛀蚀。然而，这些措施在实施过程中必须极为慎重，以确保不会对石碑石刻自身以及周围环境产生二次污染或破坏。在保护过程中，还需要定期监测石碑石刻的状态，及时发现并修复因动物活动造成的损害，以延长石碑石刻的寿命，保护其文化和历史价值。

四、自然环境导致的病害

（一）气候对石碑石刻的影响

气候因素对石碑石刻的病害有着显著的影响。这些因素包括温度、湿度、降水和风力等。温度变化引起石材的热胀冷缩，导致其内部结构发生应力变化，从而引发石材的开裂和剥落。湿度波动会导致石材的吸湿和脱湿现象，特别是多孔石材更容易出现表面和内部湿度差异，进而导致盐析、结晶和膨胀，最终形成剥蚀和风化。降水不仅直接作用于石碑石刻的表面，还通过渗透影响其内部结构。酸雨的侵蚀尤为显著，酸性物质会加速石材的化学风化过程，使其表面产生溶解、剥落和变色等病害。此外，降水还携带空气中的污染物，形成污染层，对石碑石刻产生进一步破坏。风力则通过物理侵蚀和携带颗粒物对石碑石刻产生影响。强风将沙粒和尘埃吹向石碑石刻表面，造成机械磨损和表面粗糙化，同时加速石碑石刻表面的干燥过程，导致水分迅速蒸发，增加石材脆性，从而加剧病害的发生和发展。

极端气候条件对石碑石刻的风化、剥落和变色现象有显著影响。暴雨引发的大量雨水短时间内冲刷石碑石刻表面，不仅造成表层冲蚀，还可能导致内部结构水饱和，增加重量和内应力，从而引发崩裂和剥落。酷热和严寒通过极端温度变化，造成石材的热胀冷缩，特别是昼夜温差剧烈时，这种频繁的温度循环更容易引发石材的疲劳破坏。极端气候条件还会影响石材的化学成分和矿物组成。在高温条件下，一些矿物成分可能发生热分解或氧化反应，导致颜色变化和结构弱化；低温条件下，水分冻结成冰，体积膨胀，对石材内部产生巨大膨胀压力，从而引起裂缝和剥落。此外，极端气候条件还可能加速生物侵蚀作用，苔藓、地衣等微生物的生长和代谢过程会进一步加剧石材的风化和变色。

（二）水分对石碑石刻的影响及应对办法

石碑石刻作为历史文化的重要载体，常年暴露在自然环境中，面临着多种侵蚀因素的威胁。其中，水分的侵蚀是最主要的自然环境病害之一。水分侵蚀包括雨水、地下水和湿气对石质材料的渗透和溶解作用。雨水中的酸性成分与空气中的二氧化碳结合，形成碳酸，进一步渗入石碑石刻内部，导致石质材料的溶解和崩解。地下水则通过毛细作用渗透到石碑石刻内部，尤其是在地下水位较高的地区，这一过程会更加明显。湿气则主要是空气中的水蒸气，特别是在湿度较高的环境中，水蒸气凝结在石碑石刻表面并逐渐渗透到结构内部。

长期的水分侵蚀不仅会削弱石碑石刻的结构完整性，还会在其表面和内部引发一系列物理和化学病害。裂缝的出现是由于水分渗透到石质材料内部，在温度变化的作用下，水分会冻结和融化，导致体积变化，从而引发内部应力，最终导致石质材料开裂。剥落现象则是因为水分侵蚀使得石质材料的胶结成分溶解，降低了石质颗粒之间的黏结力，导致表面层逐渐脱落。盐类结晶现象是由于地下水和表面水分携带的可溶性盐类随水分渗透到石碑石刻内部，当水分蒸发后，这些盐类在石质材料表面和孔隙中结晶，形成盐霜，进一步加剧了石质材料的开裂和剥落。

为了有效保护和修复石碑石刻，针对水分侵蚀，我们应采取一系列防护措施。在环境治理方面，应加强排水系统建设，确保石碑石刻周围环境的干燥，减少雨水和地下水的侵蚀。在材料保护方面，可以使用防水透气的保护剂，减少水分渗透，同时保持石质材料的透气性，防止水分积聚。在修复过程中，选用具有良好耐水性和相容性的材料，确保修复效果的持久性。通过以上措施，我们可以有效减缓水分对石碑石刻的侵蚀，延长其寿命。

（三）地质因素的影响及应对办法

石碑石刻在历史文化遗产中占据重要地位，它们不仅记录了历史事件和文化信息，还具有艺术和科学研究价值。然而，这些珍贵的文物却面临着多种地质因素的威胁。地震作为一种典型的地质活动，通过地壳的剧烈运动对地表建筑物，包括石碑石刻，产生巨大影响。地震时，地面的迅速震动和位移会对石碑石刻的稳定性造成严重威胁，导致其倾斜、倒塌甚至断裂。此外，地震还可能引发次生灾害，如滑坡、泥石流，这些灾害同样对石碑石刻的保存构成极大威胁。

地基沉降是影响石碑石刻的重要地质因素。地基沉降是指由于地下水位变化、地基土层压缩或其他原因导致的地面逐渐下沉现象。这种现象会引起石碑石刻的基础不均匀沉降，进而导致结构倾斜和裂缝的产生。长期的地基沉降将显著削弱石碑石刻的整体稳定性，增加其倒塌的风险。地基沉降问题更加突出。

地质构造变化也是影响石碑石刻的重要因素。地质构造变化包括断层活动、褶皱形成等，这些变化会导致地表应力场的重新分布，从而影响到地表建筑物的稳定性。石碑石刻通常位于地表或浅层基础区域，极易受到地质构造变化的影响。在断层活动频繁的地区，石碑石刻可能会因为基础错动而发生倾斜或断裂。

在地震多发地区，石碑石刻的保护需要特别注意地质因素的影响。通过地质勘察，确定石碑石刻所在区域的地质构造特点，评估地震、地基沉降等地质灾害的风险，是制定保护措施的基础。针对地质因素导致的病害，我们可以采取加固基础、设置防震支撑等技术手段，以提高石碑石刻的抗震性能和稳定性。科学合理的保护措施不仅可以延长石碑石刻的寿命，还能有效地保存其历史和文化价值。

五、人为因素引发的病害

（一）人为破坏行为及危害

在现代社会，人为破坏行为对石碑石刻的威胁日益严重。人为破坏行为包括故意地刻画、涂鸦、敲击和破坏等。这些行为不仅影响石碑的外观，还对其历史和文化价值造成了难以估量的损失。刻画行为常见于游客或当地居民在石碑上刻写自己的名字、纪念日期等。这种行为破坏了石碑表面的完整性，使石碑的美观性降低，严重者将导致历史信息的丧失。涂鸦行为则包括使用喷漆、记号笔等在石碑上书写或绘画。喷漆、记号笔等所包含的化学物质不仅难以清除，还可能与石材发生反应，进一步加剧石碑的损坏。

敲击和破坏行为对石碑石刻的影响更为直接且严重。无论是使用工具敲击石碑，还是故意破坏其局部结构，这些行为都会导致石碑的表面崩裂、剥落，甚至结构性破坏。敲击行为会在石碑表面形成微小裂缝，这些裂缝在自然风化和其他外力作用下会逐渐扩大，最终导致石碑的整体崩解。破坏行为则可能导致石碑的碎裂或断裂，直接影响其保存状况和历史价值。这些行为不仅是对文物的破坏，更是对文化遗产的不尊重和亵渎。

人为破坏行为对石碑石刻的表面损伤具有不可逆性。刻画和涂鸦行为在表面留下的痕迹和色彩污染，即使经过专业的修复处理，原貌也难以恢复。此外，这些行为还可能对石碑表层的保护层造成破坏，导致石碑更易受到自然环境的侵蚀。敲击和破坏行为更是直接作用于石碑的结构，导致石材内部的应力分布发生变化，引发潜在的结构性病害。这种损伤不仅影响石碑的外观，还会影响石碑的长期保存和历史信息的传承。

以曲阜文物景区为例。由于三孔景区为开放的文物景区，游览量巨大，这在一定程度上加大了碑刻文物保护的压力。例如在孔庙十三碑亭外墙镶嵌的历代小幅碑碣由于未采取有效的封挡措施，许多碑体表面出现恶意涂抹刻画、拓印痕迹遗留等情况，导致许多碑文字迹模糊不清。

（二）污染物的影响

大气污染物对石碑石刻的腐蚀作用主要体现在酸性物质的沉降。工业废气和汽车尾气中含有大量的二氧化硫（SO_2）和氮氧化物（NOx）等酸性气体。这些气体在大气中与水分结合，形成硫酸、硝酸等酸性物质。这些酸性物质在降雨过程中沉降到地表，与石碑石刻表面接触，形成酸雨，导致石质表面发生化学反应，慢慢被腐蚀。长期暴露在这种环境中，石碑石刻会逐渐失去其原有的光泽和细节，严重影响其艺术和历史价值。

工业废气和汽车尾气中的颗粒物也对石碑石刻有显著的损害作用。颗粒物在空气中扩散并附着在石碑石刻表面，这些颗粒物中可能含有金属氧化物、有机化合物和其他腐蚀性物质。这些污染物不仅会加速石质的风化，还会影响石材的透气性，导致石碑石刻内部的湿度和温度变化异常，进一步加剧石质的劣化过程。颗粒物的机械损害作用使石材更加脆弱，增加了石碑石刻的修复难度和保护成本。

化学物质的影响不仅限于酸蚀作用，还包括变色和结晶现象。石碑石刻表面的变色通常是由于污染物中的有机或无机染料沉积在石材表面，导致其颜色发生变化。结晶现象则是由于某些污染物在石材表面或内部孔隙中结晶，形成晶体结构。这些晶体随着时间的推移可能会膨胀，导致石材的机械性破坏，进而使石材出现裂纹、剥落等病害。

（三）不当保护措施的影响

石碑石刻作为文化遗产的重要组成部分，其保护工作至关重要。然而，不当的保护措施往往会适得其反，导致石碑石刻二次损伤。例如，某些化学药剂、涂料或黏合剂可能与石碑石刻材料不相容，接触后可能发生化学反应，导致结构或表面损伤。具体而言，使用含盐化学药剂清洗石碑石刻，可能会导致盐在石碑内部结晶，最终引发剥落和破碎。因此，科学的保护方法应基于对石碑石刻材质、病害类型和环境条件的全面了解，任何保护措施使用前都应先进行小范围实验，避免二次损伤的出现。同时，保护人员需接受专业培训，加强对文物材料特性和保护技术的掌握，避免因操作不当导致的损坏。

清洗和修复石碑石刻是保护工作中的关键环节，但不当的方法会对其造成不可逆的损害。使用高压水枪或硬质刷子进行清洗，可能导致表面细节的磨损和丧失，从而破坏其历史和艺术价值。某些化学清洗剂虽然能快速去除表面污渍，但残留物可能会引发长期的化学损害，破坏其原有结构。在修复过程中，不当的黏结剂或填充材料，可能影响石碑石刻的结构稳定性，甚至引发新的病害。过度的修补和重建行为，可能掩盖石碑石刻的原始面貌，导致历史信息的丧失。因此，清洗和修复应以最小干预为原则，采用温和、可逆且与文物材料相容的方法，以确保石碑石刻的长久保存。

第三节　保护修复原则与关键技术

一、最小干预原则的要点

（一）最小干预的定义及要求

最小干预原则是文物保护修复过程中的一项核心理念，旨在尽量减少对文物原貌的改变和干预。文物作为历史的见证，其价值不仅在于其物质存在，还在于其所承载的丰富历史文化信息。任何形式的修复和改造都有可能导致这些原始信息的丧失或扭曲，因此，最小干预原则的确立源于对文物本体价值和历史文化信息的深刻理解和尊重。

最小干预原则要求保护修复人员在进行任何干预前，必须进行详细的研究和评估。了解文物的历史背景、材质、工艺和现状是制定科学合理的修复方案的基础。修复过程应优先使用可逆性材料和技术，以确保未来需要再次修复时，不会对文物造成新的损害。这不仅是对文物本身的保护，也是对未来保护修复工作的尊重和负责。避免过度修复和改造是最小干预原则的另一重要方面。过度修复不仅可能破坏文物的原始面貌，还可能引入新的问题，甚至导致不可逆的损害。因此，修复人员应在满足文物基本稳定性和展示需求的前提下，尽量减少对文物的干预，避免因过度修复而影响文物的真实性和完整性。

（二）最小干预的实施方法

1. 科学评估文物病害的程度

科学评估不仅需要对文物的外观进行仔细观察，还需通过物理、化学和生物等多学科综合分析，全面了解文物的病害类型、分布范围以及病害的严重程度。例如，石碑石刻可能存在风化、盐蚀、裂隙、植物侵蚀等多种病害。通过显微镜观察、X 射线成像、红外光谱分析等手段，我们可以精确判断这些病害的具体状况。评估结果为选择最适合的修复方法提供了科学依据。在选择具体修复方案时，我们必须优先考虑对文物原有状态的保护，尽量避免过度干预。例如，在面对石碑局部风化的情况时，我们可以选择局部加固而不是整体修复。科学评估和合理选择修复方法，可以最大限度地保持文物的原真性和保护历史信息，确保干预程度最小化。

2. 使用微创技术和材料

微创技术和材料使用最大优势是能够在不破坏或最小破坏文物原有结构和外观的前提下，对文物进行有效的保护和修复。例如，激光清洗技术可以在不接触文物表面的情况下，通过精确控制激光能量和波长，去除表面的污染物和氧化层，而不损伤石碑的表面纹理和雕刻细节。在材料选择方面，微创修复材料应具备高兼容性和可逆性。高兼容性材料可以与文物原有材料相互匹配，避免化学反应或物理损伤。可逆性材料则意味着在未来有需要时，能够方便地移除而不造成二次损害。例如，对于石碑的裂隙修复，我们可以采用纳米级的硅酸盐材料，这类材料不仅能渗透到微小裂隙中进行加固，而且不会对石碑的结构产生长期不利影响。通过科学评估和应用微创技术和材料，我们可以在文物保护修复过程中实现最小干预，最大限度地保留文物的历史价值和文化信息。这种方法不仅符合现代文物保护的理念，也为未来的研究和再修复工作提供了更多的可能性。

二、可逆性原则的实施

（一）可逆性修复材料的选择

修复材料必须具备稳定、低侵蚀和易于移除的特性，以确保在未来需要重新修复或调整时，不会对文物造成二次损伤。稳定性指的是材料在各种环境条件下不容易发生化学变化或物理变形，确保修复效果的长期保存。低侵蚀性意味着材料对文物的原始材料不会产生化学反应或物理损坏，从而保持文物的完整性。易于移除则确保在未来的修复工作中，可以安全、简便地去除修复材料，不留下任何残留物或损伤。近年来，科学技术的发展为可逆性修复材料的研发提供了新的契机。许多新型材料如仿生材料、智能材料等在文物修复中得到了应用。这些材料不仅具有良好的物理和化学稳定性，而且在设计时充分考虑了低侵蚀性和可逆性。例如，仿生材料通过模拟自然界的分子结构，显著提高了材料的兼容性和稳定性；智能材料则能够根据环境条件的变化进行自我调节，进一步提高了修复效果的可控性和可逆性。

修复材料的物理和化学性质直接关系到其在文物保护中的应用效果。良好的物理性质包括适当的硬度、韧性和热膨胀系数等，以保证修复材料在各种外力和环境变化下不易损坏或脱落，从而为文物提供长期的保护效果。化学性质则主要关注材料的稳定性和非反应性，确保修复材料在与文物接触过程中不会发生有害的化学反应，避免对文物原材料产生不良影响。在实际操作中，修复材料的选择需要综合考虑文物的材质、损伤情况以及修复环境等多方面因素。例如，对于石碑石刻等石质文物，常用的修复材料包括石灰基材料、高分子聚合物和无机合成材料等。这些材料不仅具备良好的物理和化学性质，还能通过调配成分和比例，满足不同文物的修复需求。此外，现代科学技术的应用，如纳米技术和分子生物学技术，也为修复材料的研发和优化提供了新的思路和方法，提高了材料的性能和用途。

（二）可逆性修复的实施

1. 严格控制材料的使用量和方法

修复材料的选择应当考虑其化学稳定性和在环境中的耐久性，同时要确保这些材料在必要时可以被完全清除而不对文物本身造成损害。使用量上的控制尤为关键，因为过量的修复材料可能不仅影响文物的原貌，还会增加未来清除时的难度。因此，在实际操作中，修复专家需要进行多次试验和评估，以确定最适合的材料配比和使用方法。修复方法的选择也必须符合可逆性原则。应尽量使用物理方法进行修复，如机械清除表面污垢、裂缝填补等，避免使用难以逆转的化学方法。对于需要化学处理的情况，也应严格控制化学试剂的种类和浓度，确保其可逆性。例如，可使用低浓度的酸碱溶液进行表面清洗，而不是高浓度的化学试剂。此外，修复过程中的每一步都应详细记录，包括使用的材料、方法和步骤，以便未来需要时可以准确地逆转修复过程。

2. 定期评估修复效果

评估应包括对修复材料的老化情况、对文物本身的影响以及修复效果的持久性等多方面内容。通过定期评估，我们可以及时发现问题并采取相应的措施，避免对文物造成不可逆的损害。评估过程应采用科学的检测手段，如光学显微镜、扫描电子显微镜、红外光谱分析等技术，对修复材料和文物的表面及内部进行详细观察和分析。这些技术手段，可以准确了解修复材料的老化程度、与文物基质的结合情况以及是否对文物产生了新的损害。同时，评估报告应详细记录每次评估的结果和发现的问题，为未来的修复工作提供重要参考。建立一个长期的监测机制也是必要的。这不仅有助于及时发现和解决修复过程中的问题，还可以积累大量的修复数据，为未来的文物修复工作提供宝贵的经验和依据。科学、系统的评估和监测，可以长期确保石碑石刻在修复后的良好保存状态，并能够在需要时进行有效的逆转修复。

三、兼容性原则的体现

（一）兼容性修复的材料与方法

文物修复在保护人类文化遗产中扮演着重要角色，其主要目标是延续文物的历史价值和艺术魅力。在修复过程中，选择与原材料相同或相似的修复材料至关重要，这是确保文物化学稳定性的关键。对于石碑和石刻文物，石灰石、大理石等原材料，或化学成分和物理性质相近的替代材料的使用，能够有效避免修复材料与原材料发生化学反应，防止文物进一步损坏。例如，在修复石灰石文物时，通常选用矿物成分相似的石灰浆，这不仅能确保修补部位与原文物具有一致的化学稳定性，还能使文物在外观上保持一致性。

选用相似材料的一个重要原因是其物理特性与原材料匹配。石碑和石刻文物在长期的自然环境中可能会经历风化、侵蚀等过程，使用物理特性相似的材料进行修复，可以确保修复部分与原文物具有相似的膨胀系数、硬度和吸水性，从而在环境变化时共同应对，避免因材料差异引起的新的破损。现代科学技术的发展也为文物修复材料的选择提供了更多可能。化学分析和物理测试，可以精确确定原文物的成分和性质，从而筛选出与原文物最匹配的修复材料。运用纳米技术制备的高性能修复材料，既能保持化学和物理特性的一致性，又具有更好的耐久性和环境适应性，为石碑和石刻文物的长期保存提供了保障。

在文物修复过程中，选用与原工艺相符的修复方法同样至关重要。这是确保修复效果的核心原则之一。石碑和石刻文物的修复，不仅要考虑材料的选择，更要注重工艺的传承。通过研究文物的制作工艺和历史背景，我们采用相同或相似的技术手段进行修复，能最大限度地还原文物的原貌和历史价值。采用传统工艺进行修复，不仅是对历史文化的尊重，也是确保修复质量的关键。例如，在修复古代石刻时，我们可以采用传统的手工雕刻技艺，保持文物的细节和艺术风格。对于具有特殊工艺的文物，如镶嵌、彩绘等，我们必须深入研究其工艺流程和技术特征，选择合适的修复方法，确保修复后的文物在视觉效果和结构稳定性上与原有状态一致。

现代科技手段也在文物修复中发挥着重要作用。高精度的三维扫描和打印技术，可以精确复制文物的形态和细节，为修复工艺提供参考和支持。同时，结合传统工艺与现代技术，如激光清洗和微创修复，我们可以在不改变原文物基本结构的前提下，进行精细的修复工作，提高修复的精确度和效果。修复工艺的选择不仅是技术问题，更是文物保护理念的体现。修复过程需始终遵循"最小干预"的原则，尽量保持文物的原始状态，避免过度修复和二次损伤。科学合理的修复工艺，既能有效保护文物的历史价值和艺术魅力，又能实现其长期保存和传承。

（二）兼容性原则的应用

石碑和石刻通常由花岗岩、大理石、石灰石等不同种类的石料制成，这些石材的物理和化学特性各不相同，对修复材料的选择提出了具体的要求。花岗岩的高硬度和耐风化能力使其在出现细微裂隙时需要使用特定的黏合剂进行修复；而大理石则因其相对较软和易风化的特性，修复时需特别注意选用化学成分相容的材料，避免进一步损害。病害成因的分析同样是选择修复方案的关键步骤。石碑石刻的病害成因多样，包括风化、冻融、盐蚀等自然因素，以及污染、机械损伤等人为因素。详细了解这些病害的成因，才能对症下药。例如，环境污染导致的石刻表面黑化可能需要使用专门的清洗剂进行表面处理，而冻融循环导致的裂隙则需采用具有弹性的修补材料，以防止再次开裂。

完成修复工作后，定期的监测和评估是确保修复效果长期稳定的必要措施。科学的监测手段如高精度的 3D 扫描、显微观察和化学成分分析等，可以实时掌握修复材料在实际环境中的表现，及时发现并解决可能出现的问题。某些修复材料在长期暴露于紫外线或酸雨环境下可能发生劣化，监测数据可以帮助修复人员调整材料或方法，以增强其耐久性。评估的频率和方法需要根据具体文物的情况进行设计。病害较为严重或环境条件恶劣的石碑石刻可能需要更加频繁的监测，而相对稳定的文物则可以适当延长监测周期。在评估过程中，我们不仅要关注修复材料的物理化学性能变化，还需观察其与原始文物材料的兼容性，如颜色、质地的匹配度，以及对文物整体结构的影响等。通过系统的评估，我们可以不断优化修复方案，提高文物保护的科学性和有效性。

四、清洗技术的分类与适用

（一）物理清洗技术

物理清洗技术采用不同的物理方法，如刷洗、喷砂和超声波作用，能够有效地去除石碑石刻表面的各种污垢和污染物，从而保持文物的历史原貌和艺术价值。机械刷洗是最传统的一种物理清洗方法，即人们通常使用毛刷、软刷等工具在石刻表面进行手工刷洗。该方法操作简便，适用于去除石碑表面的尘土和松动的污垢，但对较顽固的污染物清除效果有限。喷砂清洗，即利用高压空气将细小的砂粒喷射到石刻表面，通过砂粒的摩擦作用将污垢剥离。这种方法的清洗效率高，适用于处理较为坚硬的污染物，但同时也可能对石刻表面造成一定的磨损，需谨慎使用。超声波清洗则是利用高频声波在液体中产生微小的气泡，通过气泡的爆裂产生强大的冲击力，将污垢从石刻表面剥离。该方法清洗效果显著，且对文物表面的损伤较小，适用于清洗精细的石刻表面。

（二）化学清洗技术

化学清洗技术主要包括使用酸碱溶液、有机溶剂和表面活性剂等进行清洗。这些化学试剂通过与石碑石刻表面的污染物和化学沉积物发生化学反应，有效清除污垢并恢复文物原貌。酸碱溶液的使用可以中和和溶解碱性或酸性污染物，有机溶剂能够溶解油脂类污染物，而表面活性剂可以降低污染物与石材表面的附着力，使清洗更加彻底。选择和应用这些试剂时，必须充分考虑到石碑石刻材料的化学性质，以避免对文物本身造成损害。例如，酸溶液的浓度和接触时间需要严格控制，以防止腐蚀石材；而有机溶剂的选择则需确保对石材的安全性，避免二次污染；表面活性剂的使用也需对其洗净效果和对石材的影响进行评估，确保清洗效果的同时不损害文物的结构和外观。

石碑石刻长期暴露在自然环境中，容易受到各种污染物和化学沉积物的侵蚀，包括大气中的灰尘，酸雨中的硫酸盐、硝酸盐以及青苔、藻类等生物生长。化学清洗技术在去除这些污染物方面展现出极大优势。然而，在具体操作中，化学清洗技术的应用必须遵循严格的操作规范和程序，以确保清洗过程的安全和有效。清洗前需要对石碑石刻表面的污染物进行详细分析，选择最合适的清洗剂和清洗方法。每一个操作步骤都需严格监控，以防止过度清洗或清洗不当对文物造成损害。清洗完成后，还需对石碑石刻进行保护性处理，以防止其再次受到污染和侵蚀。

（三）生物清洗技术

1. 微生物清洗技术

微生物清洗技术依赖微生物在特定条件下的代谢活动。这些微生物通过分泌特定的酶类物质，降解和分解附着在石碑石刻表面的有机污染物。微生物的选择和培养需要根据污染物的性质进行科学评估，以确保其代谢活动针对性强且效果显著。微生物清洗不仅能够实现污染物的彻底清除，还能避免传统化学清洗剂可能带来的二次污染，确保环境的安全和文物的完整性。

2. 酶清洗技术

酶清洗技术通过使用特定的酶制剂，针对性地破坏有机污染物的分子结构，达到清洁效果。酶的高效催化作用使其在较低浓度下也能发挥显著的清洗效果，且酶的生物降解性确保了清洗过程的环保性和安全性。不同种类的酶具有不同的催化特性，因此酶清洗技术的选择和应用需要根据污染物的具体性质来制定，确保酶的种类和浓度与污染物的成分相匹配，从而达到最佳的清洁效果。

3. 生物降解剂

生物降解剂通过引入能够降解特定污染物的生物化学物质，利用其自身的降解能力来去除石碑石刻表面的有机污染物。清洗过程通常需要配合控制环境条件，如湿度和温度，以促进降解剂的活性和效率。生物降解剂能够深入石质微孔中进行清洁，确保污染物的彻底去除，同时避免对石材表面结构的破坏。与传统的机械清洗方法相比，这种方法更加精细和环保。

五、加固技术的操作要点

（一）加固材料的选择

选择具有高强度、耐久性和稳定性的加固材料是至关重要的一环。无机复合材料和合成树脂因其出色的物理和化学性能成为首选。这类材料通常能够提供良好的机械强度，能够有效抵抗风化、酸雨等环境侵蚀，并在长期使用过程中保持其结构和性能的稳定。无机复合材料如碳纤维增强聚合物和玻璃纤维增强聚合物，因其轻质高强的特点，被广泛用于石碑石刻的加固修复。合成树脂如环氧树脂和聚氨酯树脂，则因其优异的黏结性能和耐久性，被广泛用于修复裂缝和补强结构。

加固材料与石碑石刻原材料的相容性是选择材料时必须考虑的另一个关键因素。材料之间的不兼容可能导致新的病害，例如剥离、开裂或化学反应等，从而对文物造成二次损害。在选择加固材料时，我们必须进行详细的材料兼容性测试，确保不会对石碑石刻的物理和化学性质产生负面影响。例如，合成树脂的使用，要考虑其热膨胀系数与石材的匹配程度，以避免因温度变化引起的内部应力。此外，材料的酸碱度、吸水性和透气性等特性也需要与石碑石刻的原材料相协调，确保加固后的石碑石刻能在自然环境中稳定存在。

（二）加固技术的具体应用

1. 注浆加固技术

注浆加固技术通过将特制的浆液注入石碑内部的裂隙和孔洞，填补结构缺陷，增强整体稳定性。这种方法不仅可以修复现有病害，还能预防未来可能的损伤。选择合适的注浆材料需依据石碑的材质和病害情况，确保材料与石碑原始材质的兼容性，以避免二次损害。

2. 结构加固技术

结构加固技术旨在增强石碑的整体抗风化和抗震能力。通过在石碑的关键部位安装支撑结构，如钢筋或碳纤维等高强度材料，确保石碑在自然灾害或人为干扰下不会发生结构性破坏。设计和实施结构加固时，需要综合考虑石碑的历史价值和美学因素，做到既有效加固又不破坏其原貌。

3. 表面加固技术

表面加固技术主要针对石碑石刻的表层进行保护和修复。通过在石碑表面涂覆保护剂，形成一层防护膜，阻止外界污染物和水分的侵入，减缓风化和腐蚀速度。选择合适的保护剂至关重要，需确保其对石碑材质无害，并具备良好的透气性和耐久性，以利于石碑的长久保存。表面加固技术不仅保护了石碑的外观，还延长了其使用寿命。

（三）加固操作的注意事项

1. 控制加固材料的使用量

过多的材料可能不仅损害文物的外观，还改变其物理和化学性质，给文物带来二次损伤。为此，我们必须精确计算并严格控制加固材料的用量，选择适量且适合的材料进行处理。施工作业的规范性同样不可忽视，施工人员需具备专业知识和技能，并严格按照操作规程进行，确保每一步操作的准确性和安全性，避免操作不当造成文物损坏。

2. 定期监测和评估加固效果

加固材料和方法的有效性和稳定性需要通过持续的监测和评估来保证。通过无损检测技术、物理化学分析等科学手段，对加固后的文物进行全面检查，了解加固材料在文物上的表现和变化。结合监测数据，对加固效果进行综合分析，判断加固材料和方法是否达到预期效果，是否需要进行调整或更换。通过这种持续的监测和评估，我们能够及时发现和解决加固过程中可能出现的问题，确保文物的长期保护和稳定。

第三章　古建筑的修缮与维护

第一节　古建筑群的特点与保护现状

一、建筑风格与结构特点

（一）建筑风格概述

中国古建筑风格的多样性反映了其在漫长历史进程中所积累的丰富建筑艺术和文化内涵。宫殿建筑，如北京故宫，以其恢宏的规模和精美的装饰，展示了明清时期的皇家气派；民居建筑，如安徽的徽派建筑，则以其粉墙黛瓦和马头墙，展现了江南地区独特的地域风貌。这些不同类型的建筑不仅是古代匠人智慧的结晶，也是各个历史时期政治、经济、文化的具体反映。

地域和气候对古建筑风格的影响尤为显著。北方地区的建筑多采用厚墙和窄窗，以抵御寒冷天气；而南方地区则多见通风良好的木质结构，以适应湿热气候。古建筑风格的多样性不仅体现在外部形态上，更体现在建筑材料和工艺的选择上。不同地域和时期的建筑材料各有特色，如北方多用砖石，南方多用木材，西南少数民族地区则常见竹木结构。这些材料的选择不仅影响了建筑的外观，也决定了其结构和使用功能。此外，传统工艺，如木雕、石刻、彩绘、琉璃等在各类建筑中的运用，也丰富了古建的艺术表现力。

（二）结构特点分析

古建筑的结构体系主要依赖木构架和砖石等传统材料。木构架结构采用榫卯连接，具有一定的弹性和柔性，在地震等自然灾害中能够有效吸收和分散能量，减轻结构损坏。砖石材料则以其较强的抗压性能，增强了建筑的稳定性和耐久性。对这些传统材料的使用不仅体现了古代建筑工匠的智慧，也为现代建筑设计提供了宝贵的参考。

　　木构架结构在古建筑中占据重要地位，其灵活性和可修复性尤为突出。木材的自然特性使其在受力过程中能够适应变形情况，这改善了刚性材料容易开裂的缺点。同时，木构架的可拆卸和再组装特点，使修缮和维护变得更加便捷，延长了建筑的使用寿命。通过定期的检查和适当的保养，木构架结构能够长期维持其稳定性和安全性。

　　砖石材料在古建筑中同样扮演了不可或缺的角色。砖石建筑不仅具有强大的抗压能力，还能够通过合理的设计和施工，抵御风雨侵蚀和温度变化。砖石材料的使用历史悠久，其烧制和砌筑技术经过世代传承，逐渐达到成熟。这些技术的积累，不仅保障了建筑的坚固性，还为现代砖石建筑提供了重要的技术借鉴。

　　抬梁式结构是中国古代建筑中最为典型的一种，其设计理念在于利用梁柱的承重特性，使屋顶荷载通过梁架传递到柱子，再由柱子传递到基础。抬梁式结构不仅简化了建筑的施工工艺，还提高了建筑的空间利用率。其灵活多变的特点，使得建筑师能够根据实际需求，调整梁柱的布局和尺寸，创造出丰富多样的建筑形式。

　　穿斗式结构则是一种更为复杂的建筑形式，其特点在于将纵横交错的梁架与柱子紧密结合，形成一个稳定的空间框架。穿斗式结构通过梁架的连接和支撑，能够有效分散和传递屋顶的荷载，增强了建筑的整体稳定性。这种结构设计不仅考验了古代匠人的技术水平，还体现了他们在建筑力学和材料学方面的深厚积累。

二、空间布局与功能特点

（一）空间布局的类型

1. 中轴对称布局

　　中轴对称布局是一种常见形式，其特点是以一条中轴线为中心，建筑物左右对称排列，体现了古人追求和谐与平衡的思想。这种布局在皇宫、庙宇等大型建筑群中尤为显著，如北京故宫的整体布局沿着中轴线展开，左右对称，主次分明，庄严有序。

2. 左右对称布局

这种布局不仅体现在单体建筑的对称性上，更体现在多个建筑单元之间的对称关系上。例如，在一些传统的四合院中，正房、厢房、倒座房等建筑物按照左右对称的原则排列，形成一个完整的、封闭的院落空间。这种布局方式不仅增强了建筑群的整体感和秩序感，还有效地利用了有限的空间资源。

（二）功能特点解析

民居的火塘作为家庭生活的核心，既提供了取暖和烹饪的功能，又成为家庭聚会、社交的重要场所。火塘不仅是生活的中心，也是家庭和睦和团结的象征。民居的布局通常根据家庭成员的身份和地位进行分布，高等级的住宅通常占据显要位置，且装饰较为华丽，反映了主人的社会地位。这种布局不仅满足了家庭生活的需求，也体现了社会的等级制度和家庭观念。

办公建筑多位于交通便利的地方，便于日常行政事务的处理。办公建筑的布局和装饰往往表现出庄重和威严，反映了行政事务的权威性和规范性。牌匾、对联和屏风等装饰物都是办公建筑的重要元素。通过这些装饰，办公建筑不仅实现了其行政功能，还传达了权威和规范的观念。

庭院作为开放空间，是古建筑群体中的重要组成部分，既是通风采光的良好场所，又是日常生活和社交活动的中心。廊道连接各个建筑单元，既起到交通流线的作用，又增强了空间的层次感和趣味性。厅堂则是家族聚会、接待宾客的重要场所，通常布置在建筑群的核心位置，体现了其重要性和庄重性。

（三）布局与功能的关系

古建筑群的布局与功能紧密相关，合理的空间布局可以显著提高建筑的使用效率和舒适度。在古代建筑设计中，布局并非随意排列，而是经过精心设计以满足不同用途的需求。合理的布局，不仅能够最大化利用空间资源，还能提升建筑群的整体美感和实用价值。例如，宫殿建筑常采用中轴对称布局，这种布局不仅体现了皇权的至高无上，同时也合理划分了内外空间，提高了建筑群的使用效率和舒适度。每种布局形式，如纵向布局、横向布局和组团式布局，都对应着特定的功能需求，从而确保建筑能够有效地服务于其预定的用途。

不同功能建筑之间的关系，如主次建筑、内外空间的划分，深刻反映了古代社会结构和生活方式。主建筑通常位于建筑群的核心位置，承担着重要的礼仪和行政功能；而次建筑则分布在周围，起到辅助和支持主建筑的作用。内外空间的划分也极讲究，内空间一般为私人或重要活动场所，外空间则为公共活动区域。这种布局不仅体现了社会的等级制度，也反映了人们对隐私和公共空间的不同需求。例如，庙宇建筑群的布局通常以神殿为中心，辅以多层次的院落和配殿，体现了活动的严肃性和神圣性。

在古建筑群的保护与传承过程中，布局与功能的关系直接影响文物保护与传承的策略。我们只有深入理解建筑群的布局和功能特点，才能制定科学的修缮方案。在修缮过程中，我们需要保持主建筑的原有风貌和功能，同时对次建筑进行合理的改造和加固，以确保整体建筑群的稳定性和历史价值。合理的空间再利用可以赋予古建筑新的功能，使其在现代社会中继续发挥作用，从而实现古建筑的可持续保护和利用。

三、装饰艺术与文化特色

（一）装饰艺术的种类

1. 雕刻艺术

雕刻艺术在古建筑中占据着重要地位，主要包括木雕、石雕和砖雕等类型。木雕常用于建筑的梁柱、门窗等部位，其工艺细致入微，造型生动，常常表现出浓厚的地方特色。石雕和砖雕则多用于建筑的基础和墙体，表现出一种庄重和稳固的美感。不同材料的选择不仅反映了当地的自然资源和工艺水平，也展示了各地不同的文化传统和审美观念。雕刻艺术通过精湛的技艺和丰富的造型语言，为古建筑增添了无穷的魅力。

2. 彩绘艺术

彩绘艺术在古建筑中同样占有重要地位，不仅用于装饰建筑表面，还常常承载着丰富的历史和文化信息。不同地区的彩绘风格各异，有的以鲜艳的色彩和繁复的图案取胜，有的则以简洁的线条和淡雅的色调见长。彩绘的题材十分广泛，从历史事件到自然景观、花鸟虫鱼，无不体现出人们对美好生活的向往和对自然的热爱。彩绘工艺的复杂性和多样性使得每一件彩绘作品都成为不可多得的艺术珍品。

3. 镶嵌艺术

镶嵌艺术在古建筑中也有着广泛的应用，尤其是在装饰门窗、家具和壁画等方面。镶嵌艺术的材料多种多样，包括玉石、贝壳、陶瓷、金属等，这些材料经过精心雕琢和组合，形成了丰富多彩的装饰效果。镶嵌工艺的精湛不仅展示了工匠们高超的技艺，也反映了古代人民对美学的追求和对生活的热爱。镶嵌艺术在不同地区的表现形式和风格各异，如有的地区注重色彩的对比和纹理的变化，而有的地区则强调图案的对称和整体的和谐。

（二）文化特色的体现

装饰艺术在古建筑中扮演着重要角色，其图案和符号如龙凤、祥云等，蕴含着丰富的文化象征意义。龙凤作为中国传统文化中的经典形象，具有极高的象征意义。龙象征着权力、尊贵与吉祥，是皇权的象征；而凤则代表美好、和平与繁荣，常被用来象征皇后或贵妇。这种图案不仅用于建筑装饰，还广泛应用于服饰、器物等领域，反映了社会对权力和美好生活的追求。祥云图案常见于古建筑的屋檐、壁画和砖雕中，象征着祥瑞和好运，与中国古代天人合一的哲学思想密切相关。这些图案和符号的使用，不仅赋予建筑以独特的美学价值，还传递着深厚的文化内涵。

古建筑装饰不仅仅是美学的表达，还深刻地反映了不同历史时期的社会风俗。例如，欧洲中世纪的哥特式建筑通过繁复的雕刻和彩色玻璃窗，讲述故事。中国古代的建筑装饰如木雕、石雕、彩绘等，则常常反映一些经典的思想。

（三）装饰与文化的融合

装饰艺术通过其独特的形式和内容，将特定时期的文化、历史和社会背景表现出来。例如，中国古建筑中的雕梁画栋、彩绘壁画、石刻浮雕等装饰艺术，不仅展示了高超的工艺水平，还蕴含了丰富的历史故事和民间传说。这些装饰元素往往与习俗礼仪、伦理道德等密切相关，通过视觉上的表现手法，使得观者能够感受到深厚的文化底蕴。

装饰艺术在文化传承方面的作用不可忽视。通过对古建筑装饰艺术的研究和保护，我们可以揭示特定历史时期的文化特征和社会风貌。装饰艺术中的图案、文字和色彩，往往具有象征意义，传递着特定的文化信息。例如，在中国传统建筑中，龙凤呈祥、花鸟鱼虫等装饰图案不仅具有美学价值，更是寓意吉祥、祈福纳祥的文化符号。这些装饰艺术成为文化传承的重要媒介，通过代代相传，保持了文化的连续性和稳定性。

古建筑装饰艺术与建筑结构的有机结合，是其独特魅力的重要体现。古建筑的设计师们在进行建筑设计时，充分考虑了装饰艺术与建筑结构的协调性和统一性，使得装饰艺术不仅为建筑增添了美感，还提升了建筑的整体艺术价值。例如，在中国古代的宫殿和民居建筑中，屋顶的斗拱、梁柱的雕刻、门窗的镂空花纹等装饰元素都与建筑的结构功能紧密结合。这既增强了建筑的稳固性，又提升了其美学价值。

装饰与建筑结构的有机结合还体现在材料和工艺的选择上。古建筑的装饰艺术常常采用与建筑结构相同或相似的材料，如木材、石材、砖瓦等，通过精湛的工艺和巧妙的设计，使装饰艺术与建筑结构浑然一体。例如，故宫太和殿屋顶的琉璃瓦、梁柱的彩绘和石雕的龙凤图案都是建筑结构与装饰艺术有机结合的典范，展现了皇家建筑的宏伟气势和深厚文化底蕴。

四、古建筑群的保存现状与主要问题

（一）调研保存现状的方法

1. 进行实地考察

实地考察是获取古建筑群现状信息的首要手段。通过对建筑物的结构、装饰和环境进行详细观察和记录，调研团队可以直观掌握建筑物的损坏情况和保存状况。例如，结构部分包括墙体、屋顶和地基的详细测量和检测，以评估其结构完整性；装饰部分如雕刻、彩绘、壁画等的拍照和记录，以评估其保存状况和艺术价值。实地考察不仅能发现肉眼可见的问题，还能通过细致的测量和检测发现潜在的结构隐患，同时所获得的数据为后续的保护修缮工作提供了直观而准确的第一手资料。

2. 进行文献研究

文献研究是保存现状调研的重要手段。通过查阅古籍、档案和相关研究文献，调研团队可以获取古建筑群的历史背景、原始设计和过去的修缮记录等信息。这些资料不仅为现状调研提供重要参考，还能帮助确定建筑物的原貌和历史价值，从而为保护修缮工作提供科学指导。文献研究揭示了建筑群在不同时期的变迁和修缮历史，能为当前的保护修缮提供宝贵的经验和教训，确保修缮工作既符合历史原貌，又能解决现存问题。

3. 制定修缮方案

保存现状调研的结果为古建筑群的保护修缮工作提供了基础数据和科学依据。通过对调研数据的整理和分析，我们可以准确评估建筑群的现状，识别出存在的主要问题，并据此制定科学合理的保护修缮方案。例如，结构检测结果可以帮助确定需要加固或修复的部位，装饰保存状况的评估可以指导具体的修复方法和材料选择。科学的数据分析保障了保护修缮工作的有效性和精准性，确保最大限度地保留古建筑群的历史原貌和文化价值。

（二）主要问题分析

1. 结构损坏

由于年久失修，许多古建筑的结构部分出现了不同程度的损坏。例如，梁柱断裂、屋顶垮塌等现象时有发生。这些结构损坏不仅影响了古建筑的整体美观，还极大增加了修缮的难度和成本，甚至可能对游客和工作人员的安全构成威胁。

2. 材料老化

古建筑常使用木材、砖石和灰泥等材料，这些材料在长期的自然作用下逐渐失去原有的物理和化学性能。木材会腐朽和被虫蛀，砖石会因风化和水蚀而变得脆弱，灰泥则会剥落和龟裂。这些材料老化现象大大降低了古建筑的稳定性和耐久性，进一步加剧了结构损坏的风险，同时也增加了维护和修缮的复杂性。

3. 环境侵蚀

环境侵蚀是影响古建筑保存的重要外部因素。自然环境的变化，如风雨侵蚀、温度变化和湿度波动，对古建筑的材料和结构都会产生不利影响。频繁的降雨会导致木材和砖石的含水量增加，从而加速其腐烂和风化过程。温度的剧烈变化可能引起建筑材料的热胀冷缩，导致结构的开裂和变形。这些自然因素的持续影响使得古建筑面临着长期的侵蚀和损坏。

4. 人为破坏和缺乏维护

人为破坏和缺乏维护是古建筑保护面临的重大挑战。由于公众保护意识的不足和部分游客的不文明行为，古建筑的被破坏事件屡见不鲜。例如，乱涂乱画、攀爬古建筑、随意丢弃垃圾等行为，不仅破坏了古建筑的外观，还可能对其结构造成潜在的威胁。此外，许多古建筑由于管理和资金问题，无法得到及时的维护和修缮，导致小问题积累成大问题，最终影响整个建筑群的安全和完整性。

（三）解决问题的对策

古建筑群的结构损坏需要对古建筑群的整体结构进行全面评估和检测，以确定受损部位和损坏程度。利用先进的检测手段，如无损检测技术，可以获取详细的结构数据，从而为后续的加固工作提供科学依据。在加固过程中，采用碳纤维加固技术、钢筋混凝土补强等现代手段，可以在不破坏原有建筑风貌的前提下，提升建筑的抗震能力和整体稳定性。

环境条件的改善同样是保护古建筑群的重要环节。古建筑常年暴露在自然环境中，受到风雨侵蚀、湿度变化和温度波动的影响。为了防止这些自然因素对建筑造成的损害，我们需要在建筑周围设置合理的排水系统，防止雨水侵蚀地基。同时，植被覆盖和设置防风障等手段，可以有效减少风沙对建筑表面的侵蚀。定期监测和控制环境湿度，预防木质结构的腐朽和石质结构的风化，也是至关重要的措施。

科学的保护规划和管理措施是确保古建筑群长期保存的基础。保护规划应全面涵盖建筑结构加固、环境条件改善、日常维护和监测等多个方面。通过综合考虑建筑的历史价值、现状条件和未来发展需求，我们可以制定切实可行的保护方案，明确保护目标、步骤和方法。

在管理措施方面，应建立健全的管理机制，明确各部门和人员的职责，确保保护工作有序进行。对古建筑群的日常维护和监测要定期进行，发现问题及时处理，避免小问题演变成大隐患。引入现代信息技术，如大数据和物联网，建立古建筑群的数字化管理系统，实现对建筑状态的实时监控和管理，提高保护工作的效率和精度。

第二节　古建筑修缮的核心理念与原则

一、真实性理念的内涵

（一）真实性理念概述

在古建筑修缮过程中，真实性理念的核心在于尽可能保持古建筑的原有形态、材料和工艺，避免对其历史信息的破坏。

物质形态的真实性主要体现在古建筑的物理存在上，包括建筑的外观、结构、材料和施工工艺等。在修缮过程中，采用原有的建筑材料和传统工艺，不仅能保持古建筑的原貌，还能延续其独特的建筑风格和工艺特征。这不仅是对历史的尊重，也是对传统工艺的保护和传承。现代修缮方法应避免对古建筑原有材料的替代，尽可能通过科学的方法进行修复，使其保持原有的风貌和结构，从而更好地传承历史文化。

历史文化信息的真实性则强调在修缮过程中保留和传递古建筑所承载的历史文化信息。每一座古建筑都是特定历史时期的产物，反映了当时的社会、经济、文化和技术水平。在修缮过程中，我们应深入挖掘和研究其历史背景，了解其建筑特点和文化内涵，以便在修缮过程中做出科学、合理的决策。这样可以使修缮后的古建筑继续传承其独特的历史文化价值，使后人更好地理解和感受其历史文化信息。

（二）真实性理念的具体体现

在修缮过程中，尽量使用原材料和传统工艺，保持建筑的原始风貌，是确保建筑真实性的重要手段。原材料的选择应基于详尽的历史研究，确保其与建筑原有的材料一致或类似。传统工艺的运用则要求修缮人员具备深厚的技艺和丰富的经验，以忠实再现建筑的原有工艺特点。这种修缮方法不仅能保留建筑的历史连续性，还能在现代与历史之间搭建文化传承的桥梁。

传统工艺的运用在古建筑修缮中具有不可替代的作用。每一座古建筑都是其时代工艺水平的体现，使用现代工艺和材料进行修缮，可能会破坏建筑的整体美感和历史情境。因此，在修缮过程中，我们必须对传统工艺进行深入研究和掌握，并通过实践将其应用于修缮工作中。传统工艺的传承和发展不仅是对古建筑的保护，也是对传统文化的尊重和弘扬。修缮人员需要在实践中不断学习和提升技艺，以确保修缮工作的质量和效果。

修缮过程中的详细记录和信息保存是确保古建筑历史信息完整性的关键措施。在修缮前，我们应进行全面的调查和记录，包括建筑的现状、损坏情况、历史沿革等。在修缮过程中，所有的修缮步骤、使用的材料、工艺方法以及修缮前后的对比情况都应详细记录。这些记录不仅为未来的修缮工作提供了宝贵的参考资料，也为学术研究和历史研究提供了重要的原始数据。

修缮记录的保存应采用多种形式，包括文字记录、照片、视频以及其他数字化手段。现代技术的发展为信息保存提供了更加便捷和高效的途径，数字化记录可以实现信息的长期保存和便捷查询。应建立专门的档案管理系统，对修缮记录进行系统管理和保护，确保这些宝贵的历史信息不被遗失或破坏。这些详细记录修缮资料，可以最大限度地保留古建筑的历史，实现对其真实性的全面保护。

二、可持续性理念的落实

（一）可持续性理念概述

修缮古建筑的过程中，可持续性是一个至关重要的原则。修缮措施需要能够支持古建筑的长期保存和使用，而不是短期的视觉效果。优先使用传统工艺和材料，不仅能最大程度地保留古建筑的历史价值，还能促进文化传承。修缮方案必须考虑气候变化和环境因素，确保修缮材料和方法能适应未来的自然环境变化，避免因忽视长期影响而导致的二次修缮需求。

全过程的科学监测和评估是确保古建筑可持续修缮的重要保障。通过对施工前、中、后的数据进行记录和分析，我们可以及时发现潜在的问题并采取预防措施，确保修缮工作的质量和效果。科学的监测和评估体系不仅有助于延长古建筑的寿命，还能为未来的修缮工作提供宝贵的经验和数据支持，形成良性循环。

合理利用资源和保护环境是古建筑可持续修缮的关键环节。在修缮过程中我们应优先选择可再生资源和环保材料，减少对环境的负面影响。低碳水泥等绿色建材的使用，不仅有助于降低修缮过程中的碳排放，还能减少对自然资源的消耗。科学的施工组织和管理能减少施工对周边环境的干扰，降低噪声、粉尘对周围环境和居民生活的影响。

环境保护应贯穿于整个修缮过程的各个环节。我们应遵循生态优先的原则，避免破坏古建筑所在的自然生态系统。在修缮屋顶或庭院时，尽量保留原有的植被和水系，维护古建筑与自然环境的和谐共生。修缮后的古建筑应当具备良好的生态功能，如雨水收集、自然通风和采光等，以减少对环境的依赖，实现可持续发展。

（二）落实可持续性理念的措施

1. 采用环保材料和技术

环保材料的选择应基于其对环境影响的最小化。例如，选择低挥发性有机化合物含量的涂料和黏合剂，使用可再生资源制成的建筑材料等。这不仅可以减少有害物质的释放，降低对施工人员的健康风险，还能有效减少修缮过程中对环境的污染。绿色技术的应用，如太阳能光伏系统、雨水收集与利用系统等，在修缮过程中不仅能降低能源消耗，还能为古建筑提供可持续的能源解决方案。

2. 与传统工艺相结合

在具体操作中，环保材料和技术的应用需与传统工艺相结合，确保修缮后的古建筑既符合现代环保要求，又能保持其历史文化价值。例如，在木结构建筑修缮中，我们可以选择经过认证的可持续林木材质，同时采用传统的榫卯结构工艺，避免使用现代化学黏合剂，减少对环境的影响。科学评估古建筑的实际情况，合理使用节能环保的修缮技术，如在墙体保温过程中选用透气性好的天然材料，既能达到保温效果，又不会对建筑结构产生破坏。通过这些措施，古建筑修缮过程中的环境影响可以得到有效控制，实现可持续发展目标。

3. 制订长期的保护和维护计划

建立完善的档案管理制度，对修缮过程中的每一个步骤、使用的材料、技术和工艺进行详细记录。这些档案不仅为未来的维护提供参考，也为研究和教育提供宝贵的资料。制订定期检查和维护计划，根据古建筑的具体情况，安排适当的检查频率和维护周期。例如，针对木结构建筑，定期进行防虫、防腐处理；对于石质建筑，定期清理表面污垢、修补裂缝等。

长期保护和维护计划还应包括应急预案的制定，以应对突发的自然灾害或人为破坏。建立防火、防洪、防震等应急机制，确保在紧急情况下能够迅速采取有效措施，最大限度地减少对古建筑的损害。推动公众参与和社会监督，通过宣传教育，提高公众对古建筑保护的认识和参与度，形成全社会共同保护古建筑的良好氛围。只有综合采取这些措施，古建筑才能在现代社会中得以长久保存，并发挥其应有的文化、历史和社会价值。

三、完整性原则的贯彻

（一）完整性原则概述

在古建筑修缮过程中，完整性原则的贯彻至关重要，因为它直接关系到建筑物的真实性和历史价值。完整性是指在修缮过程中，保持古建筑的整体性，包括其结构、功能和装饰等方面。在结构方面，完整性要求修缮工作在保护建筑的承重结构、框架和基础时，尽可能保留原有的材料和工艺。这样可以确保建筑在物理上继续保持其原貌和历史价值。在功能方面，古建筑的使用功能也是其整体性的一部分，修缮中应尽量保留或恢复其原有功能，如民居的居住功能等，确保建筑继续发挥其原有的用途，有助于延续其历史和文化价值。在装饰方面，建筑的装饰元素，如雕刻、壁画和彩绘等，是其文化价值的重要体现，修缮时应注意这些细节的保护和恢复，确保其原貌和艺术价值得以延续。

完整性还包括建筑的历史环境和文化背景的完整性，避免孤立修缮。古建筑的完整性不仅仅体现在其自身的结构和功能上，还体现在其所处的历史环境和文化背景中。历史环境的完整性要求修缮工作不能孤立地处理某一建筑，而应考虑其所在的整个历史街区或文化景观。修缮一个古代城市的城墙时，应同时考虑城墙内外的街道、建筑和景观，以保持整体历史风貌的统一。文化背景的完整性则要求在修缮过程中尊重和继承建筑所承载的文化传统和精神内涵，这不仅是对物质形态的保护，也是对文化记忆的延续。

（二）贯彻完整性原则的策略

修缮建筑时，建筑的各个部分应当被视为一个有机整体，任何局部的修缮都应当在整体建筑结构和风格的框架下进行。局部修缮如果不考虑整体的协调性，可能会导致建筑在视觉效果和结构稳定性方面出现不和谐。因此，在修缮过程中，我们必须全面了解建筑的历史和文化背景，确保新材料和新技术的使用与原有建筑材料和工艺相匹配，从而避免破坏建筑的整体美感和历史价值。

修缮建筑时，我们不仅要关注建筑的外观，还应重视内部结构和功能的协调。历史建筑往往包含丰富的文化内涵和历史记忆，其内部的空间布局、装饰风格和使用功能都应得到尊重和保护。通过科学的评估和合理的设计，我们应确保修缮后的建筑在保持历史真实性的同时，能够继续发挥其应有的功能。

建筑不仅是一个单体的存在，其所处的环境和文化背景也是其重要的组成部分。因此，在进行修缮时，我们必须对建筑周边的历史环境进行保护，避免因环境改变而导致建筑历史价值的损失。修缮工作应当包括对建筑周边景观、街区风貌以及相关历史遗迹的保护，以形成一个完整的文化景观。

在保持建筑的历史环境和文化背景的同时，我们还应注重文化传承的延续。通过文物保护和修缮，可以使建筑继续作为历史文化的载体，发挥其教育和文化传播的功能。建筑的历史环境和文化背景的展示，可以增强人们对历史文化的认同感和归属感，从而实现文物保护与文化传承的双重目标。

四、可识别性原则的意义

（一）可识别性原则概述

在古建筑的修缮过程中，可识别性原则是至关重要的理念之一。其核心在于保持新旧部分的明显区分，使修缮后的建筑能够真实地反映其历史演变过程。通过这一原则，修缮后的建筑不仅能够展现其外观的历史层次，还能通过所使用的材料和工艺，展示其不同历史阶段的特征。

从外观上看，可识别性原则要求修缮后的建筑应使人一眼就能分辨出新旧部分。使用不同颜色、质地或工艺处理的新材料，与原有的历史材料形成对比，可以避免产生误导性的信息。这种外观上的差异不仅有助于保护建筑的真实性，还能为未来的修缮工作提供明确的依据。观众和研究者能够通过这些明显的区分，更清晰地了解建筑的历史演变过程。

在材料和工艺方面，可识别性原则同样至关重要。传统建筑材料和工艺往往具有独特的历史价值和文化内涵，而现代材料和工艺则可能缺乏这种历史感。为了保持建筑的历史连续性，修缮过程中应选择与原有建筑材料和工艺有明显区别的新材料和新工艺。这样，当未来的保护者和研究者检查建筑时，能够通过材料和工艺的差异，准确地判断出建筑的各个历史阶段和修缮过程。

（二）实施可识别性原则的措施

古建筑修缮是对历史遗产的保护与传承，在这个过程中，使用不同于原建筑的材料和工艺，可以使新旧部分易于识别。这种做法不仅能够保留建筑的历史信息，还能为未来的研究和维护提供重要的依据。选择与原建筑材料相差较大的新材料，如颜色、质地或工艺方面的差异显而易见的新材料，可以使修缮部分与原建筑部分在视觉上形成明显的对比。这种做法既能够保护原建筑的历史真实性，又能够避免因新旧材料混淆带来的历史信息丧失。不同工艺的使用，如现代工艺与传统工艺的结合，也可以在修缮过程中形成独特的对比效果，为后续的监测和维护提供清晰的界限。

材料和工艺的选择，需要充分考虑古建筑的历史背景和文化价值。修缮过程中，我们可以选用现代科技生产的材料，这些材料具有较好的耐久性和稳定性，但在外观上与原建筑材料有所区别。这样不仅能够延长古建筑的使用寿命，还能在视觉上明确区分修缮部分与原建筑部分，保证古建筑的历史真实性。通过这种方式，修缮工作不仅是对物质形态的保护，更是对文化内涵的尊重与传承。

通过标识和记录等方式明确修缮部分与原建筑部分的区别，是实现可识别性原则的重要措施之一。标识可以采用多种形式，如在修缮部分设置明显的标牌或铭牌，注明修缮时间、使用材料和工艺等详细信息。这种做法不仅便于参观者了解古建筑的修缮情况，还为后续的研究和维护提供了重要的参考资料。记录的方式则更加细致和系统化。在修缮前、修缮过程中以及修缮后，我们都应当详细记录各个阶段的工作情况，包括修缮前的状况评估、修缮材料和工艺的选择、具体的修缮过程以及修缮后的效果评估等。我们应当保存好这些记录，并将其纳入古建筑档案管理系统，以便未来的查阅和研究。这些详细的记录，可以为后续的修缮工作提供经验借鉴，确保修缮工作的连续性和科学性。

五、尊重历史原则的具体体现

（一）尊重历史的意义

在修缮过程中，尊重历史不仅意味着维护建筑的结构和外观，更重要的是保留其所承载的历史信息和文化内涵。这种尊重体现在对建筑材料、结构形式、装饰风格和历史痕迹的保护上，避免因过度修缮或不当干预而导致历史信息的破坏或丢失。

在修缮古建筑时，我们必须充分认识到每一座古建筑都具有独特的历史背景和文化价值。尊重历史不仅仅体现在对建筑本体的保护，还包括对其所处环境和文化氛围的维护。例如，古建筑的周边环境、历史街区和文物景观都构成了其不可分割的文化整体。保护这些环境和氛围，是对古建筑历史价值和文化内涵的全面尊重。

尊重历史还体现在对古建筑修缮过程中的科学方法和技术手段的选择上。修缮工作应当遵循"最小干预"的原则，采取最小化的修缮措施，以保持建筑的原真性和完整性。同时，修缮过程中应采用科学的检测和分析手段，充分了解建筑的历史信息和技术特征，确保修缮工作的准确性和有效性。

（二）尊重历史原则的应用方式

修缮古建筑是一项复杂而精细的工作，其首要原则是尽量保留和恢复建筑的原有形态、材料和工艺，保持其历史风貌。通过保留和恢复其原有的元素，我们可以窥见建造时期的社会、经济、技术水平以及美学观念。这意味着在修缮过程中，我们应尽量使用与原建筑相同或相近的材料和工艺。例如，在修复一座古代木结构建筑时，应优先选用传统的木材和榫卯工艺，而不是现代的钢筋混凝土或钉子。建筑的细节，如雕刻、彩绘、装饰等，往往是其艺术价值的重要体现。这些细节不仅展示了建筑的美学价值，还反映了当时的工艺水平和文化特征。在修缮过程中，我们应仔细研究和分析这些细节，并采用传统的工艺方法进行修复，避免因使用现代工艺而破坏其原有的艺术风貌和历史价值。例如，在修复古代彩绘时，我们应使用传统的矿物颜料和绘制技法，而不是现代的化学颜料和喷涂技术。

修缮古建筑不仅是技术上的挑战，更是学术研究中的重要环节。为了确保修缮工作符合历史事实，我们必须进行详细的历史研究和考证。这包括对古建筑的历史文献、图纸、照片、绘画等资料进行全面的收集和分析，了解其建造、使用和修缮的历史过程。同时，还应进行实地调查，对建筑的结构、材料、装饰等进行详细的测绘和记录，以便在修缮过程中有据可依。历史研究和考证的目的在于恢复和保留古建筑的真实性和完整性。在这个过程中，考古学和建筑历史学的研究方法和技术手段是不可或缺的。例如，通过对古建筑遗址的考古发掘，我们可以发现和确认建筑的原始形态和结构；通过对历史文献的研究，我们可以了解建筑的历史背景和使用功能；通过对古建筑的科学检测，我们可以确定其材料成分和工艺特点。这些研究和考证成果不仅为修缮工作提供了科学依据，也为我们了解和传承古建筑的历史文化价值提供了重要的学术支持。

六、保护优先原则的执行要点

（一）执行策略与步骤

古建筑保护工作中，制订科学的修缮计划是关键环节。全面的文物调查与评估是首要任务，涉及了解古建筑的历史背景、建筑结构、使用材料及其现状。结合现代科技手段如激光扫描、无人机航拍等，我们可以生成详尽的三维模型，为修缮工作提供科学依据：明确修缮目标，包括保护建筑物的历史、艺术和科学价值，确保修缮计划的系统性和延续性；考虑环境因素和建筑物的使用现状，制定相应防护措施，合理规划修缮进度，避免影响日常使用。修缮计划应具有灵活性，根据实际情况进行动态调整，以应对修缮过程中可能出现的问题。专业团队的协作与分工是修缮计划实施的保障，由文物保护专家、建筑工程师、材料科学家等多学科专业人员组成团队，明确职责，确保修缮工作的高效推进。详细的工作流程和时间表，合理配置的人力物力资源，都可以保障修缮工作的有序进行，是修缮计划成功的关键。

详细的调查和评估是修缮计划制订的前提，可以确保修缮工作的有效性。全面的现状调查包括建筑结构、材料状况、损坏程度等信息，严格按照国家和国际文物保护标准，采用科学的调查方法和技术手段，确保数据的准确性和全面性。在调查基础上进行系统评估，我们可以确定古建筑的保护等级和修缮重点与难点。通过结构力学分析判断承重结构安全性，通过材料分析评估使用材料的老化程度和修复难度，通过历史文献研究确定建筑物的历史价值和艺术特色，制定针对性的保护措施，确保修缮工作的科学性和有效性。针对修缮重点和难点，我们可以采取相应的技术措施和管理手段，如采用科学的加固技术确保建筑物安全稳定，选择合适的修复材料和工艺保证修缮效果与原貌一致，采取必要的防护措施防止修缮过程中对文物造成二次损害。我们应加强施工现场的管理和监控，确保修缮工作的质量和安全。修缮工作注重保护措施的长效性和可持续性，我们可以采取防护性措施延长修缮效果的持久性，对潜在问题进行持续监测和维护，防止问题再次出现。

（二）保护优先原则的实践要点

对于国家级重点文物保护单位和具有极高历史文化价值的建筑物，保护策略应以"原真性"与"完整性"保护为核心。保持其原有的建筑结构、材料和工艺是关键，修缮方案应严格遵循"最小干预"的原则，避免对原状的破坏和不必要的改动。这些建筑物应加强定期监测和维护，确保其长期稳定性。科学的监测手段和技术手段应被引入，以对建筑物的结构状态进行实时监测和评估，发现问题及时处理。

针对地方级或区域性有重要价值的古建筑，保护策略应注重其区域文化特色和历史脉络的保护。在制定修缮方案时，我们可以适当考虑现代技术和材料的使用，以增强建筑物的耐久性和实用性，但不得破坏其原有的风貌和艺术风格。这类建筑的修缮工作应结合当地的文化传承与展示需求，既要保护建筑本体，也要活化其文化功能。这意味着，修缮后的建筑不仅要作为文物存在，还要能够融入社区生活，成为文化展示和教育的重要场所。

对于一般性历史建筑或具有地方特色的传统民居，保护策略应以"保护与利用并重"为导向。在修缮方案中，我们可以更多地结合社区参与和公众教育，增强当地居民的保护意识和参与度。在修缮中，我们应尽量使用传统材料和工艺，同时结合现代技术手段，提升建筑物的安全性和舒适性。通过合理的修缮和适度的利用，可以有效促进古建筑与现代生活的融合，增强其社会与经济效益。这种策略不仅能保护建筑本身，还能推动文化旅游和社区发展。

无论是哪一类型的古建筑，其保护优先策略的制定都离不开详尽的历史研究与科学评估。在实施修缮方案之前，我们应深入开展建筑史、文献资料研究和实地调研，掌握翔实的建筑信息和历史背景。修缮过程需严格按照既定方案执行，确保工作的科学性和规范性。同时，我们应加强对修缮工作的监督和管理，确保每一步操作都有据可依，最大限度地保护古建筑的历史风貌和文化内涵。这种全面且科学的方法能够确保古建筑在现代社会中继续发挥其独特价值。

第三节 修缮技术与方法：传统与现代结合

一、传统营造技艺的传承

（一）传统技艺概述

传统营造技艺作为古建筑修缮中的核心要素，涵盖了木工、石工、泥工等多种工艺，每一种工艺都拥有独特的历史渊源和文化积淀。木工技艺作为传统营造技艺的代表，涉及木材的选择、加工和组装，精湛的技艺不仅在结构稳定性上起到关键作用，更在建筑的美学和装饰性上展现出非凡的艺术水平。石工技艺则通过对石材的雕刻、切割和拼接，赋予建筑坚固耐久的品质，同时也融入了诸多雕刻艺术，形成了独特的文化景观。泥工技艺则通过泥土的调制和塑形，创造出多样的建筑构件和装饰，具有鲜明的地域特色和历史文化底蕴。每一种技艺都经过千百年的传承和演变，成为传统建筑文化的重要组成部分。

（二）技艺传承的重要性

古建筑修缮是一项复杂而精细的工作，传统技艺在其中扮演着不可或缺的角色。作为古建筑修缮的基础，传统营造技艺以其独特性和不可替代性，在文物保护中占据重要地位。这些技艺不仅是历代工匠智慧的结晶，更是文化传承的重要载体。古代建筑的木结构、砖瓦工艺、彩绘雕刻等技艺，凝聚了千百年的经验和智慧，展现出独特的美学价值和技术成就。深入研究和传承这些技艺，可以有效保障古建筑在修缮过程中的真实性和完整性，避免因现代技术的不当使用而损害其历史价值。

传统技艺不仅提供了科学有效的修缮方法，还确保了修缮工作的精确和精细化。现代技术在古建筑修缮中得到广泛应用，但传统技艺的传承和发展仍然是关键环节。通过传承传统技艺，修缮工作者能够更好地理解和掌握古建筑的结构特点和工艺要求，实现"修旧如旧"的修缮目标，保持古建筑的原有风貌和历史信息。此外，传统技艺的传承还培养了一批具有专业知识和技能的工匠队伍，为古建筑修缮工作提供坚实的人才保障。

古建筑作为文化遗产的重要组成部分，其风貌和历史信息的保存直接关系到文化传承的延续。传统技艺的传承在这一过程中发挥着关键作用。每一座古建筑都是时间的见证，其建筑风格、结构特点、装饰技艺等都蕴含着丰富的历史信息。通过传承传统技艺，修缮工作者在修缮过程中能够充分理解这些历史信息，并在修缮工作中加以保留和展示，从而使古建筑在修缮后依然能够保持其原有的风貌。

传统技艺的传承不仅是技艺本身的延续，更是对古建筑背后文化内涵的深刻理解和尊重。通过对传统技艺的学习和实践，修缮工作者能够深入了解古建筑的历史背景、文化价值和艺术特点，从而在修缮过程中更好地体现其文化内涵。传统技艺的传承还为现代建筑设计和施工提供了有益的借鉴，使现代建筑在设计和施工中能够更好地融入传统文化元素，增强其文化厚度和艺术感染力。

（三）传承与推广

传统营造技艺的传承和推广在古建筑修缮与维护中至关重要。技艺培训是使其得以传承和掌握的直接有效方式之一。通过系统的技艺培训，学员可以全面理解和掌握传统营造技艺的精髓。培训内容不仅涵盖理论知识，还包括实际操作技能的训练。通过现场实践教学，学员们能够体验传统技艺的操作过程，深刻理解其背后的文化价值和技术原理，从而更好地应用于实际修缮工作。

技艺展示作为传承和推广传统营造技艺的重要手段，不仅限于静态的展览，还可以通过动态演示、互动体验等形式，使观众更直观地感受到传统技艺的独特魅力。这些展示活动不仅能提升社会对传统营造技艺的认知和重视，还能激发公众对传统文化的兴趣，吸引更多年轻人投入传统技艺的学习和传承中。现代科技手段的运用，如数字化记录和虚拟现实技术，也可以大幅提升技艺培训和展示的效果。

年轻一代是传统营造技艺传承的重要力量。为了确保这些技艺在修缮工作中的应用，政府和相关机构应制定政策和激励机制，如提供奖学金、实习机会和职业发展支持等，吸引更多年轻人学习和掌握传统技艺。这些激励措施，可以提高年轻人对传统技艺的兴趣和热情，为技艺的传承注入新鲜血液。教育体系的建设同样重要，将传统营造技艺纳入正式的教育课程中，如在职业技术学校和高等院校开设相关专业和课程，系统教授传统技艺的理论知识和实践技能。

二、现代材料在修缮中的应用

（一）现代材料的种类

新型建筑材料如高性能混凝土和碳纤维增强复合材料，以其卓越的力学性能和耐久性，广泛用于结构加固和修复工作。高性能混凝土不仅能够显著提高古建筑的承载能力，还能有效抵御自然环境的侵蚀，从而延长建筑的使用寿命。碳纤维增强复合材料则因为其轻质高强、抗腐蚀和施工便捷的特点，成为修缮结构受损部位的理想选择。

在古建筑修缮过程中，环保材料的应用同样不可或缺。可再生材料如竹材和稻草板，因其低碳环保、可循环利用的特性，逐渐成为替代传统木材的热门选择。竹材生长周期短、强度高，适用于更换受损的梁柱等构件，成为经济且可持续的材料选择。稻草板则凭借其优异的隔热和吸音性能，广泛应用于墙体和屋顶的修复工作。这些材料的使用不仅保留了古建筑的传统风貌，还提升了建筑的居住舒适度。

现代合成材料如聚合物砂浆和纳米材料也在古建筑修缮中发挥着重要作用。聚合物砂浆以其强大的黏结力和施工便捷性，常用于修补墙体裂缝和表面保护，确保了修缮工作的高效与耐久性。纳米材料则因其独特的物理化学特性，被应用于古建筑的防水、防腐和抗菌处理，有效增强了建筑的耐久性和美观性。

（二）应用现代材料的原则

在修缮古建筑时，选择与原材料相容性好的现代材料至关重要。古建筑的原材料通常具有特定的物理和化学特性，如果使用与之不相容的现代材料，可能会导致一系列问题。这些问题包括加速原结构的老化、产生化学反应导致建筑表面或结构损伤，甚至引发不可逆的历史信息丢失。相容性好的材料不仅有助于保护建筑的物理结构，还能确保其历史信息的完整性，对于文物的长久保存和真实传承至关重要。同时，这些现代材料还应具备良好的物理性能，如适当的弹性、抗压性和耐久性，以确保在与古建筑原材料结合时，不会因为物理性质的差异而产生应力集中或结构变形。此外，现代材料应能够适应环境变化，如温度和湿度的波动，以确保其长期稳定性和持久性。通过严格的材料选择和测试，我们可以在最大程度上保证修缮工作的质量，保护文物的安全。

在现代文物修缮中，应用现代材料必须遵循可逆性、兼容性等修缮原则。可逆性意味着所使用的现代材料和技术在未来可被轻易去除或替换，而不对原建筑造成永久性损害，保留了对古建筑的进一步研究和修缮的可能性。采用可逆性的材料和技术，不但有助于保护文物的完整性，也为未来的修缮提供了灵活性和科学依据。兼容性则指现代材料在化学、物理和美学方面与原材料的协调一致。这不仅涉及材料本身的特性，还包括其颜色、质感和老化过程等方面。兼容性的实现可以通过精确的材料配方和严格的施工工艺来确保，使修缮过程不会对古建筑产生负面影响，从而实现对文物的有效保护。

可持续性的修缮原则强调在材料选择和使用过程中，充分考虑环境和资源的保护。材料在生产和运输过程中对环境的影响，以及其在使用过程中的能耗和废弃物处理，都是需要考虑的因素。现代材料的可持续性应用要求在修缮工作中尽量使用环保、可再生或可降解的材料，减少对自然资源的消耗和环境的污染，从而实现文物保护与生态文明建设的协调发展。通过这种方式，我们不仅能保护珍贵的历史遗产，还能为生态环境的可持续发展作出贡献。

（三）材料应用的注意事项

在现代古建筑修缮过程中，选择和使用现代材料时，必须进行充分的实验和评估，以确保这些材料的安全性和适用性。这些实验不仅要测试材料的物理和化学性质，还需要评估其在实际应用中的耐久性和稳定性。例如，对于某些新型防水材料，需要通过模拟不同气候条件下的应用场景，来评估其长期使用效果。此外，还应关注新材料与古建筑原有材料之间的兼容性，避免因材料不匹配而引发的结构损伤或美学问题。这些严谨的实验和评估，可以为修缮工作提供科学依据，确保现代材料在古建筑修缮中的有效性和安全性。

在古建筑修缮过程中，现代材料的选择不仅要考虑其技术性能，还必须关注其对环境的影响。修缮过程中使用的材料应尽量选择环保材料，以减少对周围生态环境的破坏。例如，可以优先选择那些生产过程中能耗较低、污染较少的材料，以及那些可以回收再利用的材料。在施工过程中，我们应采取有效的防护措施，避免材料的废弃物对环境造成污染。通过选择环保材料和采取适当的施工措施，我们可以在保护文物的同时，践行可持续发展的理念。

三、传统与现代技术的融合优势

（一）融合的必要性

古建筑修缮与维护领域中，传统与现代技术的融合是一项不可或缺的策略。传统技术在古建筑修缮中具有独特的历史价值和文化积淀，这些技术经过数百年甚至数千年的实践检验，形成了一套独特的工艺和方法。它们不仅能够保留古建筑的原汁原味，还能传承文化记忆。然而，传统技术也存在一定的局限性，如工艺复杂、耗时长且难以应对现代环境中的新问题。现代技术则在精确度和效率上具有显著优势。现代科技的发展为古建筑修缮提供了许多新的工具和手段，如激光扫描、三维建模和高分辨率影像技术等。这些技术能够快速、精确地记录和分析古建筑的现状，为修缮工作提供详尽的数据支持，制定更科学的方案。此外，现代材料科学的发展也为古建筑的修缮提供了更多选择，例如高性能的保护和修复材料，能够有效延长古建筑的使用寿命。

传统与现代技术相结合，可以极大地提高修缮工作的效率和效果。传统技术的独特价值在于其对历史真实性的高保真复原，而现代技术的优势在于其高效、精确和科学的手段。二者的融合能够在修缮过程中实现优势互补，既能保留古建筑的历史风貌，又能保证修缮工作的高效完成。这种融合不仅能够提升修缮工作的质量，还能为古建筑的长期保存和使用提供坚实的保障。

融合技术还能够有效应对古建筑面临的多种挑战。现代环境中的污染、气候变化以及人为破坏等问题，对古建筑的保护提出了新的要求。传统技术在应对这些新问题时，往往显得力不从心。而现代技术的引入，可以为传统技术提供有力的支持。例如，现代监测技术，可以实时监控古建筑的状态，及时发现并处理潜在的问题，从而避免更大的损失。

（二）技术融合的实践要点

1.选择适宜的融合技术

这不仅需要对古建筑本身的历史、文化和结构有深入的了解，还要对现代技术的特性和应用场景有准确的把握。例如，对于木结构的古建筑，传统的榫卯结构具有极高的历史和艺术价值，但在现代修缮中，我们可以结合无损检测技术对结构内部进行详细评估，从而选择最合适的修缮方法。这种结合不仅保留了古建筑的原貌，还能利用现代科技手段为修缮工作提供科学依据，提高了修缮的精确性和可行性。

2. 科学性和可行性

科学性要求在修缮过程中，严格遵循文物保护的基本原则，避免对古建筑造成二次损害。可行性则要求技术选择能在实际操作中实现并取得预期效果。例如，在修缮过程中使用现代粘接技术时，我们需确保其与传统材料的匹配性和稳定性，从而避免因材料不匹配导致的修缮失败。现代技术的引入应充分考虑传统工艺的特点和要求，做到既不破坏古建筑的原真性，又能提升修缮工作的效率和效果。

3. 协调性和统一性

不同技术之间有其独特的应用场景和效果，如何在实际操作中实现这些技术的有效融合，需要修缮团队具备高度的专业素养和丰富的实战经验。例如，在石质古建筑的修缮中，传统的石雕技艺与现代的激光清洗技术可以相辅相成，但两者的应用需要严格的时间和步骤安排，以确保修缮效果的统一性和协调性。

4. 考虑技术特性和兼容性

要避免因技术差异引起的修缮问题，我们需要在技术选择和应用过程中，充分考虑各技术的特性和相互之间的兼容性。例如，现代化学加固技术在与传统的石灰砂浆修复结合时，需要对两者的化学性质进行详细分析，确保不会发生不良反应。在木结构修缮中，现代防虫防腐技术的应用需要与传统木材处理方法相协调，避免新旧技术之间的冲突，确保修缮工作的整体效果。

四、结构加固技术的发展

（一）加固技术的类型

1. 物理加固技术

物理加固技术主要通过增加结构的物理强度来达到加固效果，常见的方法包括钢筋混凝土加固、碳纤维布加固和预应力加固等。这些方法通过物理手段提高建筑结构的承载能力和耐久性，适用于古建筑中存在的结构性裂缝和变形问题。物理加固技术的应用不仅能够有效保护建筑的整体结构，还能在不改变建筑外观的前提下实现加固效果。

2. 化学加固技术

化学加固技术利用各类化学材料和工艺来增强建筑结构的稳定性和耐久性。常用的化学加固方法包括注浆加固、表面涂覆和内部浸渍等。这些方法通过化学反应生成新的材料或者增强原有材料的性能，从而提高建筑的整体强度和抗老化能力。化学加固技术在处理古建筑的风化、腐蚀和劣化问题上表现出色，能够在不破坏建筑原有结构和材料的情况下，为建筑提供有效的保护和修复。

（二）加固技术应用实践

加固技术在古建筑修缮中的应用至关重要，其具体方法包括结构加固、材料加固和环境加固等多种手段。为了确保修缮工作的顺利进行，我们需要详细探讨这些方法的实际操作步骤及注意事项。

结构加固技术主要针对古建筑的承重结构进行加固，通过增加结构的刚度和强度来提高其抗震性和耐久性。例如，钢筋混凝土加固法通过在原有结构中加入钢筋和混凝土，增强其整体强度和稳定性；钢结构加固法则利用钢材的高强度特点，增加承重结构的支撑能力；碳纤维复合材料加固法则以其轻质高强的特点，对结构进行有效补强。在实际操作中，选择何种加固方法需根据建筑的具体情况，综合考虑其历史价值、结构特点和现有损坏程度等因素，确保加固方法的科学性和适用性。

在材料加固方面，主要是对建筑的构件进行修复和加固，以延长其使用寿命。常用的材料加固方法包括注浆法、黏结法和补强法等。对于墙体裂缝，通过注浆处理可以有效解决，提高结构的整体性和稳定性；使用黏结剂对破损的构件进行粘接修复，可以恢复其功能和外观。在进行材料加固时，需注意材料的选择，应尽量选用与原建筑材料相匹配的材料，以确保修缮后的建筑在外观和性能上与原建筑保持一致，避免因材料不匹配导致的修缮失败或二次损坏。

环境加固技术旨在改善古建筑所处的环境条件，减少外界因素对建筑的影响。设置防潮层和排水系统，可以防止地下水和雨水侵蚀建筑基础，延长建筑的使用寿命；采取防风措施，可以减轻风力对建筑的破坏，保护建筑的整体结构；

安装防震装置，可以增强建筑的抗震能力。在使用环境加固技术时，我们需充分考虑建筑所在区域的气候、地质和水文条件，制定合理的加固方案，确保建筑在不同环境条件下的安全性和稳定性。

在实际操作中，加固技术的应用需严格遵循相关规范和标准，确保施工质量和修缮效果。施工前，我们需进行全面的勘察和检测，掌握建筑的现状和病害情况，制定详细的修缮方案。在施工过程中，我们要加强质量把关，严格按照设计要求和施工工艺进行操作，确保每一个环节的施工质量。同时，注意施工安全，采取必要的安全防护措施，防止施工过程中发生意外事故，确保施工人员和建筑的安全。

五、防水防潮技术的运用

（一）防水防潮技术概述

传统防水防潮技术包括使用石灰和糯米浆等材料进行墙体抹灰，这些材料能够有效防止雨水渗透。屋顶设计中的瓦片铺设和排水沟设置也是传统技术的体现。这些方法在历史长河中展现了卓越的效果，适用于不同类型和规模的建筑，充分展示了古人对于自然环境的巧妙应对。

现代防水防潮技术则结合了科学研究和现代材料的应用，极大地提升了防水防潮的效果。化学防水剂、聚合物材料和新型密封剂等技术的使用，可以更高效地阻止水分渗透到建筑结构中，使建筑具有较长的使用寿命。现代技术还包括针对建筑底部的防潮处理，如注入防潮液和设置防潮层等，能够有效防止地下水对建筑结构的侵蚀。这些新技术不仅使防水防潮效果更加显著，还具有施工便捷和维护成本低的优点。

防水防潮技术的演变不仅仅是材料和工艺的进步，更是理念上的提升。传统方法与现代技术相结合，可以实现优势互补，既保留古建筑的历史风貌，又提高其抗自然灾害的能力。例如，在修缮古建筑屋顶时，可以在瓦片下增加防水层，既不影响外观，又提高了防水性能。这种结合方式不仅保护了古建筑的原貌，还增强了其耐久性，为古建筑的长期保存提供了更好的保障。

防水防潮技术的应用对于保护古建筑的结构和材料具有重要意义。古建筑大多采用木材、砖石等天然材料，这些材料长期暴露于潮湿环境中，容易产生腐蚀、霉变等问题，严重影响建筑的稳定性和安全性。科学有效的防水防潮技术，可以延长古建筑的寿命，保持其历史价值和文化内涵。同时，防水防潮技术的应用也有助于提高古建筑的居住舒适性，为后续的利用和开发提供保障。

（二）技术应用的重点

1.考虑建筑的结构特点和环境条件

在选择和应用防水防潮技术时，我们应考虑建筑的结构特点和环境条件，选择适宜的技术方法。古建筑的结构特点和环境条件应被视为首要考虑因素。不同的建筑材料和结构形式对防水防潮技术有着不同的需求。例如，木结构建筑和砖石结构建筑在防水材料和施工方法上存在显著差异。木结构建筑由于其易受潮、易腐蚀的特性，需使用透气性好的防水材料，如防水透气膜或传统的油纸。而砖石结构建筑则需采用防水性能优异的材料，如防水砂浆、涂料等。古建筑所处的地理环境也至关重要。潮湿多雨的地区需加强屋顶和墙体的防水覆盖，而干燥少雨的地区则需注重地基和地下部分的防潮处理。通过精准分析建筑的结构特点和环境条件，选用适宜的技术方法，我们方能有效保护古建筑免受水分侵害。

2.兼顾施工过程的可操作性和对建筑的保护程度

防水防潮技术的应用不仅要考虑技术的适配性，还要兼顾施工过程的可操作性和对建筑的保护程度。古建筑往往具备复杂的结构和独特的历史价值，任何技术的应用都必须确保不破坏建筑的原有风貌和结构稳定性。对于具有历史文物价值的墙体，采用喷涂防水涂料可能会对其外观造成损害，此时应优先选择注浆防水技术，以不改变外观的方式进行内部防水处理。施工过程中的操作难度和施工质量的可控性也是技术选择的重要考量因素。只有在确保施工过程安全、可控的前提下，我们才能真正实现防水防潮目标。

3.注意防水防潮技术的环境影响

为减少防水防潮技术对环境的影响，我们应选择环保材料，优选施工工艺，减少修缮过程中的环境污染。在古建筑防水防潮技术的应用过程中，环境保护应被高度重视。传统防水材料如沥青、焦油等虽然防水效果显著，但其生产和使用过程会释放大量有害物质，严重污染环境。现代防水技术的发展使得环保材料的选择成为可能，如选用无毒无害的有机硅防水剂、植物基防水涂料等。这些新型材料不仅具有优异的防水性能，还能有效减少对环境的污染。施工过程中应尽量采用低噪音、低粉尘的施工工艺，减少对周边环境的扰动。废弃材料的处理也是一个不可忽视的问题，应严格按照环保标准进行分类回收和无害化处理，确保修缮过程的环保性。

六、彩绘修复技术的要点

（一）彩绘修复的原则

1. 真实性原则

真实性原则是修复工作的核心。彩绘文物作为历史遗留的艺术珍品，承载着丰富的历史信息和文化内涵。修复工作应尽量保持彩绘的原始风貌，不得随意增改或重绘，以免破坏其历史价值和艺术特质。修复人员应通过详细的研究和考证，尽可能多地保留原有的色彩、纹理和图案，确保修复后的作品能够真实反映历史原貌。

2. 可逆性原则

可逆性原则在彩绘修复中同样重要。这一原则要求所使用的修复材料和技术在未来能够被去除或替换。这样，在未来技术条件更为成熟时，我们能够对文物进行更为精细和完善的修复。可逆性的实现依赖于对修复材料和技术的严格选择和测试，确保其在不影响原始文物的情况下可以被安全地移除。这为未来的修复工作留有余地，避免因当前修复技术的局限性而对文物造成永久性损害。

3. 兼容性原则

兼容性原则强调修复材料与原材料之间的化学和物理性质相匹配。这一点对于长久保存修复后的彩绘文物至关重要。使用与原彩绘材料相容的修复材料，可以最大限度地避免因材料不匹配而导致的物理或化学反应，从而防止新的损坏或变质。修复人员需要通过科学检测与分析手段，如显微镜观察和无损检测技术，全面了解彩绘层次和内部结构的状况，以选择最为适宜的修复材料和方法。

4. 相近原则

在彩绘文物的修复过程中，使用与原彩绘相同或相似的材料和技法是保持其艺术价值的重要手段。文物彩绘的修复不仅是一项技术性的工作，更是对历史和艺术的尊重。采用传统的矿物颜料和天然黏合剂，遵循古代工匠的绘制流程和技艺，能够最大限度地保留原彩绘的质感和色彩。现代科技手段虽然能够提供便利，但在使用时应慎重考虑其与传统材料和技法的兼容性，以避免因材料不匹配而导致的二次损坏。

（二）修复技术的步骤

1. 前期调查

前期调查是彩绘修复的基础，也是整个修复过程的关键一环。通过详细的调研，修复团队能够全面了解彩绘的损坏情况，并据此制定科学合理的修复方案。前期调查通常包括对彩绘历史背景的研究、原材料的检测、损坏部位的记录和当前环境条件的评估。这些信息不仅能帮助修复人员掌握彩绘的现状，还能为后续步骤提供必要的数据支持，确保修复工作的科学性和精确性。

2. 清洗

清洗阶段是修复工作的第二步，旨在去除彩绘表面附着的灰尘、污垢和腐蚀物，从而恢复其原有的色彩和质感。清洗过程中需要根据彩绘的材质和污染程度选择适当的清洗剂和工具，以避免对彩绘造成二次损伤。常用的清洗方法包括机械清洗、化学清洗和物理清洗等，每一种方法都有其适用范围和操作规范，修复人员需严格遵循，以确保清洗过程的安全和有效。

3. 修补

修补阶段涉及对彩绘破损部分的修复和补全，是修复工作中的核心环节。修补材料的选择至关重要，修复人员应尽量使用与原作相同或相似的材料，以保持彩绘的整体一致性。修补方法包括填补裂缝、修复剥落部分和重新绘制缺失图案等，这些操作需要修复技术人员具备高超的技艺和丰富的经验，同时也需遵循最小干预的原则，尽可能保留原作的历史信息。

4. 保护工作

保护工作是彩绘修复的最后一步，旨在延长彩绘的寿命，防止其在未来受到进一步的损害。保护措施包括涂覆防护层、控制环境湿度和温度、安装防护设施等。这些措施应依据彩绘的材质和具体情况制定，以确保其长期有效性。通过科学的保护手段，彩绘不仅能恢复其艺术价值，还能长时间为后人所欣赏和研究。

（三）彩绘修复注意事项

彩绘修复是古建筑修缮中一项极其复杂且重要的任务，尤其是在处理古老且易受损的彩绘时，更需谨慎操作。古建筑彩绘不仅具有艺术价值，更承载了丰富的历史信息。因此，在修复过程中，我们必须注意保护原有彩绘，避免因修复操作引起的二次损坏。修复人员在操作前需进行充分的调查与记录，全面了解彩绘的现状、历史价值及材质特点。详细的前期调查有助于制定科学合理的修复方案，确保每一步操作都在可控范围内，避免对原有彩绘造成不必要的损伤。这种保护措施不仅是对文物的尊重，更是对历史文化的传承。

在修复材料的选择上，我们必须严格遵循"最小干预"原则，确保所选材料与原有彩绘的风貌一致。修复材料不仅要具备良好的物理化学性能，如耐久性、稳定性和可逆性，还应与原有材料的颜色、质感相匹配，确保修复后的彩绘在外观上与原有部分无明显差异。选择环保无害的材料也是一项重要考量，避免对文物及环境造成二次污染。修复过程中所用的颜料、黏合剂等应经过严格的实验和验证，以确保其不会对彩绘的长期保存产生负面影响。只有这样，才能在修复过程中最大限度地保留彩绘的原貌和历史价值。

彩绘修复的具体方法需根据彩绘的具体情况进行选择。对于较为完整且仅有轻微损伤的彩绘，我们可采用微创修复技术，如局部补色和表层加固等。这种方法可以有效地保护原有彩绘，避免了对彩绘的大面积干预。而对于损坏较为严重的彩绘，我们可能需要进行局部重绘或大面积修复。在此过程中，修复人员应尽量保持彩绘的原貌和历史痕迹，避免过度修饰和现代化处理，确保修复后的彩绘既能恢复其艺术价值，又能保留其历史真实性。通过慎重选择修复方法，我们可以在最大程度上实现彩绘的保护和修复目标。

第四节　日常维护与长期监测策略

一、日常维护的基本原则与实施流程

（一）基本原则概述

为了确保古建筑的长期保存与使用，在日常维护中我们应遵循预防为主、及时修缮、科学管理等基本原则。预防为主强调在问题发生前采取有效措施，通过定期检查、监测和评估，及时发现潜在问题，避免其进一步恶化。及时修缮则是在发现问题后，迅速进行修缮工作，以防止小问题演变为大问题。科学管理要求在维护过程中，运用科学的管理方法和技术手段，确保维护工作的有效性和可持续性。这些基本原则的共同作用，构成了古建筑日常维护的坚实基础。

日常维护不仅是古建筑保护的重要手段，也是确保其功能性和安全性的必要措施。定期的检查和维护，可以及时发现并修缮古建筑在使用过程中出现的问题，如结构损坏、材料老化、环境影响等。此外，定期维护还可以延长古建筑的使用寿命，减少重大修缮的频率和成本，实现保护与利用的良性循环。我们只有针对每一个维护环节，采取精确和有效的措施，才能确保古建筑的长期保存。

科学管理是日常维护的重要保障。维护过程需充分利用现代科技手段，如无损检测技术、信息化管理系统等，提高检查和修缮的精确性和效率。同时，我们需建立完善的管理制度和操作规程，明确各环节的责任和要求，确保维护工作的规范化和制度化。通过科学管理，我们不仅可以提高日常维护的质量和效率，还可以积累丰富的管理经验和数据资料，为古建筑的长期保护和利用提供有力支持，为古建筑的保护工作奠定坚实基础。

（二）实施流程详解

1.定期检查

定期检查是发现潜在问题和隐患的关键环节。检查过程中，我们需要注意建筑的结构状态、表面损伤、湿度变化等细节，对每一项检查内容进行详细记录，以便于后续的分析和处理。清洁工作同样不容忽视，积尘和污垢不仅影响古建筑的外观，还可能对材料产生腐蚀作用。清洁过程中应采用科学的清洁方法，避免对文物造成二次损害。例如，选用无酸性、无腐蚀性的清洁剂，使用软毛刷和吸尘器等专业工具。清洁后需要进行检查，确保清洁效果符合要求，并记录清洁过程和结果。修补工作是日常维护中的重要环节，涉及对损坏部位的修复和加固。修补工作需要根据建筑材料和损坏程度选择合适的修补方法和材料，确保修补后的部分与原有建筑协调一致，不影响整体结构的稳定性。修补过程中应遵循"最小干预"原则，避免过度修复，保留古建筑的原貌和历史信息。每一次修补操作都需要详细记录，以便于后续维护和研究。

2.制订详细的维护计划和操作流程

维护计划应包括检查、清洁、修补等各个环节的具体安排，明确每一项工作的时间、内容和责任人。操作流程则应详细描述每一步的具体操作方法和注意事项，确保每一位参与人员都能按照规范操作，避免因操作不当对文物造成损害。维护计划的制订需要考虑古建筑的具体情况和保护要求，结合历史记录和现状分析，合理安排各项维护工作。操作流程则应根据不同的维护内容进行细化，确保每一步操作都有据可循。例如，检查流程中应包括检查工具的准备、检查内容的记录、发现问题的处理方法等，清洁流程中应包括清洁工具和清洁剂的选择、清洁方法的具体操作、清洁效果的检查和记录等，修补流程中则应包括修补材料的选择、修补方法的具体操作、修补后的检查和记录等。维护计划和操作流程的严格执行，不仅能够确保日常维护工作的有序进行，还能够提高维护工作的效率和效果，延长古建筑的使用寿命，保护其历史文化价值。

二、古建筑材料的保养

（一）材料分类及保养

1. 木材

木材作为古建筑的重要构件，因其弹性和韧性较好，能够在结构上提供一定的灵活性。然而，木材易受虫蛀、腐朽和火灾的影响，特别是在潮湿和通风不良的环境中，保存状况更为堪忧。为了延长木材的使用寿命，我们需要进行防虫、防腐处理，并且定期检查和维护。这些措施包括使用防虫剂、防腐剂，以及保持建筑内部的良好通风环境，以减缓木材的老化和损坏。

2. 砖石材料

砖石材料被广泛应用于古建筑，尤其是墙体、地基和装饰部分。砖石材料具有较好的耐久性和抗压能力，但其保存状况也易受气候、环境和人为因素的影响。风化、盐蚀和冻融破坏是常见的问题，长期暴露在恶劣环境中会导致砖石表面剥落、裂缝和结构松散。为了确保砖石材料的结构稳定性，我们需要采取有效的维护措施，如表面加固、填缝和防水处理。这些措施能够防止砖石材料进一步损坏，保持其原有的结构强度。

3. 灰泥材料

灰泥材料通常用于古建筑的墙面和天花板装饰，因其可塑性和装饰效果较好，在古建筑中占有重要地位。然而，灰泥表面容易开裂、脱落，尤其是在湿度和温度变化较大的环境中，保存状况令人担忧。灰泥的维护保养需要特别注意保持其表面的完整性，定期的检查和修复，可以防止裂缝扩大和灰泥层脱落。根据实际情况，我们还应进行适当的防潮和加固处理，以延长灰泥的使用寿命。

（二）材料保养的重点

古建筑作为历史文化的载体，其材料保养至关重要。在保养过程中，我们需特别关注材料的弱点和易损部位，并采取针对性的保护措施。由于材料具有各自的物理和化学特性，其弱点和易损部位也各不相同。例如，木质材料易受潮湿和虫蛀影响，为此需定期涂刷防腐剂和防虫剂，同时保持适宜的湿度控制。石材则容易受到风化和酸雨侵蚀，因此需定期进行表面清洁和防水处理。砖瓦材料则易受冻融循环和盐碱侵蚀，尤其在寒冷季节需要采取保温措施，在盐碱地区则需隔离盐分。

定期检查和维护是古建筑材料保养的一项关键环节。专业检查能够及时发现材料的微小裂缝、变形和腐蚀等问题，从而预防小问题演变为大问题。检查内容包括材料表面的损伤、结构的稳定性以及环境因素对材料的影响。现代检测技术如红外成像和超声波检测可以更准确地评估材料的内部状况，从而制定更为科学的维护方案。

针对检查中发现的问题，我们应及时采取修复和防护措施：对于轻微的裂缝和损伤，可以使用相应的修补材料进行填补和加固；对于严重的腐蚀和变形，需要进行专业的修复和更换。在修复过程中，我们应尽可能使用与原材料相一致的材料和工艺，以确保古建筑的历史真实性和文化价值。同时，还应加强对修复后材料的保护，避免同样的问题再次发生。

环境因素对古建筑材料的影响同样不可忽视。气候变化、空气污染和植被生长等都会对材料造成不同程度的损害。因此，古建筑的维护保养应结合环境监测结果，采取相应的防护措施。例如在空气污染严重的地区，应定期清洗材料表面的污染物；在植被茂盛的地区，应清理建筑周围的杂草和树木，避免根系对地基的侵蚀。

三、环境因素对古建筑的影响及应对措施

（一）环境因素分类

1. 气候因素

气候因素涵盖了温度、降水和风力等自然环境条件。剧烈的温度变化会导致建筑材料的热胀冷缩，从而影响建筑结构的稳定性。降水可能导致湿度变化，引发材料腐蚀、霉变或结构损坏。此外，强风可能会对屋顶和墙体等部位造成直接破坏或间接侵蚀。通过气候监测，我们可以预判潜在风险，采取相应的防护措施，如加强防水和防风设计，以及对温度变化进行有效调控。

2. 湿度因素

湿度因素主要指空气中的湿度变化。湿度过高或过低都会对古建筑的材

料产生不利影响。例如，木质结构在高湿环境下易腐烂、变形，而石质结构在长期潮湿环境下可能发生风化、剥落。湿度的控制和调节，可以有效减少湿度变化对古建筑的损害。采用现代科技手段监测湿度变化，利用去湿机、加湿器等设备进行湿度调节，有助于保持适宜的湿度水平，保护古建筑的结构和材料。

3. 污染因素

污染因素包括空气污染、水污染和土壤污染等。空气污染中的酸雨、工业废气和颗粒物等会对古建筑的外墙、屋顶等部位造成腐蚀和侵蚀。水污染则可能通过地下水渗透、地表水侵蚀等方式对地基和地下结构产生危害。土壤污染会破坏古建筑的地基稳定性，影响整体结构的安全性。为应对污染因素的影响，我们可以采取措施减少污染源，例如在古建筑周边设置绿化隔离带，使用防腐、防水材料等，维护古建筑的环境清洁。

（二）环境应对措施的实践

古建筑是人类历史文化的宝贵遗产，但其长期保存面临各种环境威胁。针对不同环境条件，制定有效的保护方案至关重要。

在湿度较高的地区，古建筑容易受到霉菌和木材腐蚀的侵害。这类环境下，必须采取防潮措施，如安装除湿设备和保持良好的通风，以控制湿度水平。防霉涂料和木材保护剂的使用能够有效延缓腐蚀过程。定期检测建筑内部的湿度水平，调整除湿设备的运行参数，确保环境条件在可控范围内。通过这些措施，我们可以有效降低湿度对古建筑的损害，延长其使用寿命。

在风沙侵蚀严重的地区，古建筑的表面和结构容易受到磨损和侵害。采用防风沙的建筑材料和涂层可以减少表面磨损。同时，周边环境的绿化，如种植防风林，能够降低风沙的强度。定期清理建筑表面的风沙沉积物，防止其对建筑材料造成进一步的损害。这些策略不仅能保护古建筑的外观，还能增强其结构稳定性。

在地震多发地区，古建筑的抗震性能至关重要。进行详细的结构评估，确定薄弱环节，并采取加固措施如加设钢筋网、补强墙体和基础等，可以显著提高抗震能力。利用现代科技手段，如安装地震监测设备，实时监控地震活动，当地震发生时及时采取应急措施，减少损失。科学的设计和加固，可以显著提升古建筑在地震中的抵御能力。

在气候变化剧烈的地区，温度和湿度的急剧变化会使古建筑材料面临热胀冷缩的风险。选择适当的保护材料，考虑材料的热胀冷缩系数和耐候性，能够有效应对这些变化。在古建筑表面涂覆保护层，可以减少外部环境对建筑材料的直接影响。定期检测和维护建筑的接缝和连接处，确保其在温度变化中的稳定性，对于古建筑的保护至关重要。

四、古建筑长期监测技术与数据管理

（一）监测技术的种类

1. 物理监测技术

物理监测技术主要包括应力应变监测、温湿度监测以及振动监测等。安装在建筑结构中的传感器，能够实时采集和记录建筑物的物理状态数据。例如，应力应变监测可以测量建筑结构在荷载作用下的变形情况，从而判断其安全性；温湿度监测可以记录环境条件的变化，为防止木质、石质等材料的老化提供依据；振动监测则能够检测建筑物在地震或其他外力作用下的动态响应，评估其抗震性能。

2. 化学监测技术

化学监测技术主要用于检测建筑材料的组成和变化，常用的方法包括气相色谱、质谱分析、X射线荧光光谱等。这些技术能够分析建筑材料的化学成分，识别其老化和劣化的过程。例如，通过气相色谱可以检测空气中的有机挥发物，从而评估建筑内部的空气质量；质谱分析可以识别材料中的重金属元素，监测其腐蚀情况；X射线荧光光谱则能够无损分析建筑表面的元素组成，为修复材料的选择提供科学依据。

（二）数据管理的方法

数据管理的首要任务是确保数据的标准化和规范化，在数据的采集、存储、分析和共享过程中保持一致性和可操作性。科学的数据管理方法不仅限于技术手段，更需要结合现场实际情况进行调整。例如，在古建筑的长期监测过程中，我们需要针对不同的监测对象和监测内容制定相应的数据采集方案，以确保数据的全面性和准确性。同时，数据采集的频率和方法也需要根据古建筑的具体情况进行优化，避免因数据采集不当造成的资源浪费或数据缺失。这些科学的方法，可以有效提升监测数据的质量，为文物保护工作奠定坚实的基础。

数据管理是一个系统工程，涵盖了从数据的采集到存储、分析和共享的全过程。数据的采集是数据管理的起点，必须使用高精度的监测设备和科学的采集方法，确保数据的准确性和代表性。采集的数据需要及时存储，并采用多重备份和加密技术，防止数据丢失和泄露。在数据存储过程中，我们还需要建立完善的数据管理平台，实现数据的分类和整理，便于后续的分析和使用。数据分析是数据管理的核心环节，通过对采集到的数据进行深入分析，可以揭示古建筑的健康状况和变化趋势，为保护决策提供科学依据。现代数据分析技术，如大数据分析和人工智能技术，可以提升数据分析的效率和准确性。此外，数据共享也是数据管理的重要组成部分，通过建立数据共享机制，可以实现数据在不同部门和机构之间的流通和共享，促进文物保护工作的协同和合作。只有确保数据管理的各个环节都能高效运行，才能真正发挥数据在文物保护中的作用。

（三）监测技术的应用实践

在古建筑的长期监测工作中，常用的监测技术包括激光扫描技术、红外成像技术和传感器网络等。激光扫描技术能够全面、准确地获取建筑的三维数据，适用于结构复杂、细节丰富的建筑物。这种技术利用激光束反射原理，对建筑表面进行高精度的扫描，从而生成详细的三维模型，为建筑物的结构分析和维护提供有力的数据支持。红外成像技术通过温度分布图像识别潜在的结构问题，如湿度、裂缝等。它通过检测物体表面温度的差异，发现肉眼无法察觉的隐患，尤其适用于检测由于湿度变化导致的结构损伤。传感器网络能够实时监测建筑的应力、变形、温湿度等参数，提供连续的数据流。这些传感器可以布置在建筑的关键部位，实时记录环境和结构变化，形成一个全面的监测系统。

在实际操作中，详细的现场勘察是第一步。勘察需要确定监测点的位置和数量，监测点应覆盖建筑物的关键部位，如承重结构、墙体、屋顶等，确保数据的全面性和代表性。监测点的布设应考虑到建筑物的结构特点和需要监测的具体参数，合理分布监测点，以获取最具代表性的数据。安装传感器和其他设备时，应避免对原有结构造成破坏，尽量选择非侵入式的方法。例如，可以使用粘贴式传感器或无线传感器，以减少对建筑物的干扰。设备的选择还应考虑到环境因素，如温湿度变化对设备性能的影响，确保设备的稳定性和准确性。

数据的采集和管理是监测工作中的重要环节。数据采集应定期进行，根据建筑物的具体情况确定采集频率，如每日、每周或每月。在采集过程中应严格遵循操作规程，避免人为误差。例如，在进行激光扫描时，应确保设备校准正确，扫描途径合理，数据记录完整。在数据管理方面，应建立系统的数据存储和分析平台，便于数据的长期保存和快速调用。数据分析可以通过对比历史数据，及时发现潜在问题，制定相应的维护措施。一个完善的数据管理系统应具备数据存储、检索、分析和可视化功能，以便相关人员能够对数据进行有效利用。

五、日常维护与监测的协同机制建设

（一）协同机制的必要性

在古建筑的保护工作中，日常维护与长期监测发挥着至关重要的作用。日常维护主要包括对古建筑的日常检查和小范围修缮，确保其基本结构和功能不受损坏。长期监测则通过科学手段，对古建筑的整体状况进行系统性跟踪和分析，识别潜在问题并进行预防性处理。这两者的协同工作能够最大限度地提高古建筑保护的效果，日常维护可以及时发现并处理小问题，防止其发展成大问题；而长期监测则为日常维护提供科学依据，指导后者的开展。

通过建立协同机制，我们可以实现信息共享和工作协调，从而提高保护工作的效率和效果。信息共享是协同机制的核心，通过建立统一的信息平台，相关部门和人员可以实时获取古建筑的最新状态和历史数据。这不仅提高了信息的透明度和准确性，还能为决策提供有力支持。在工作协调方面，日常维护和长期监测的人员需要密切配合，制订详细的工作计划和应急预案，确保在发现问题时能够迅速反应并采取有效措施。

协同机制的建立还可以促进技术和经验的交流，提高保护人员的专业水平。在日常维护和长期监测过程中，不同的技术手段和方法都会被应用。通过协同机制，各方可以分享各自的技术和经验，学习先进的方法和技术，从而提高整体的保护水平。此外，协同机制还可以为相关人员提供培训和学习的机会，提升其技能和知识储备，确保保护工作的持续性和有效性。

（二）机制建设的原则

1. 科学管理原则

在文物保护过程中，需要制定系统化的管理规范和操作流程。这不仅能确保各项工作有章可循，还能避免因人为因素造成的损害。通过科学管理，我们可以提高工作效率，确保文物的安全与完整。例如，制定一套标准化的操作手册，明确每一步的具体要求和检查标准，能够帮助各部门和工作人员在保护文物时有据可依，减少错误发生。

2. 信息共享原则

在文物保护过程中，各相关部门和工作人员需要实现信息共享，及时交流和传递文物状况及保护措施的信息。信息共享可以提高工作效率，避免信息孤岛现象，确保各方对文物状况有全面的了解。例如，建立一个统一的信息共享平台，所有相关人员可以在平台上实时更新和查看文物的最新状况和保护措施，这样可以协助各方制定出更加科学、合理的保护方案，提升整体保护工作的协调性和有效性。

3. 协调配合原则

协调配合原则强调各相关部门和人员之间的紧密合作与协调。在文物保护过程中，涉及多个部门和专业人员的参与，如文物修复专家、建筑工程师、历史学家等。各方应在职责明确的前提下，紧密配合，确保各环节的工作无缝衔接。例如，设立专门的协调小组，明确各部门和专业人员的职责，并定期召开协调会议，讨论和解决在实际操作中遇到的问题，确保各项工作顺利进行，减少因沟通不畅而导致的工作延误或失误。

（三）协同机制的实施策略

1. 建立跨部门、跨学科的协同小组

建立跨部门、跨学科的协同小组是确保协同机制顺利运行的关键步骤。通过汇集文物保护专家、建筑工程师、材料科学家、环境科学家等多领域的专业人员，形成综合性的维护与监测团队。每个成员的专业背景和技能将为古建筑的修缮与维护提供多角度、多层次的解决方案，确保在日常维护过程中能够及时发现并处理潜在问题。这种多学科团队合作可以有效地提升维护与监测工作的科学性和全局性。

2. 明确职责分工和高效的沟通渠道

明确职责分工和高效的沟通渠道是协同机制顺利运行的重要保证。制定详细的工作流程和操作规范，明确各部门、各岗位的职责分工，确保每个环节的工作都能有条不紊地进行。同时，利用现代信息技术，如建立数字化管理平台，实时共享维护与监测数据，加强各部门之间的信息共享和沟通协调，提升整体工作效率。我们可以通过定期的协同会议和交流活动，及时总结经验、发现问题、调整策略，保证协同机制的持续优化。

3. 进行持续的培训与评估

持续的培训与评估是确保协同机制长期有效运行的必要措施。定期组织相关人员进行专业培训，提升其技术水平和协同工作能力，这不仅有助于团队成员掌握最新的技术和知识，还能增强团队的整体协作能力。同时，建立科学的评估体系，对协同机制的实施效果进行定期评估，及时发现和解决问题。我们通过在实践中不断总结经验，优化协同策略，确保古建筑的日常维护与监测工作能够顺利、高效地进行。

第四章　文物档案资料的整理与数字化保护

第一节　文物档案资料的重要性与现状

一、文物档案资料的定义、分类及特点

（一）文物档案资料的基本定义

文物档案资料是指与文物相关的各类记录、文件、图像、影像及其他载体的信息集合。这些资料不仅包括文物的基本信息，如名称、出处、年代、材质、工艺等，还涵盖了文物的历史背景、考古发现过程、保存状况、修复记录以及研究成果等。文物档案资料的全面性和准确性对于文物保护、研究、展示和传承具有重要意义。

文物档案资料的基本定义涉及形式和内容的多样性。形式上，文物档案可以是文字记录、照片、拓片、图纸、录像带、数字化文件等；内容上，除了文物本身的信息，还包括与文物相关的历史文献、研究报告、专家评审意见等。这些资料共同构成了文物的"第二生命"，使其在被发现或出土后能够被持续研究、保护和利用。

文物档案资料不仅是对文物实体的补充和延展，更是文物信息的重要载体。通过系统化、规范化的档案管理，可以实现对文物整体信息的保存和传承。这种信息的积累和整理，不仅为未来的文物研究提供了坚实的基础，也为文物展示和公众教育提供了丰富的资源，使得历史文化遗产能够在现代社会中发挥更大的价值。

（二）文物档案资料的主要分类

1. 按文物类型分类

根据文物的物质形态和用途，文物档案资料可以被分为实物档案和文字档

案两大类。实物档案记录和研究实际文物，如陶瓷器、金属器、石器、玉器、书画等。文字档案则包括文物的历史记载、研究报告、修复记录、鉴定报告等文字性资料。这种分类方式有助于保护和管理不同类型的文物，并为研究人员提供有针对性的参考资料。

2. 按档案载体分类

按档案载体分类，文物档案资料可以被分为纸质档案、数字档案和多媒体档案。纸质档案是传统的文物档案形式，具有历史悠久和信息量大的特点。数字档案利用数字化技术保存和传播文物信息，便于查阅和长期保存。多媒体档案包括视频、音频、照片等多种形式的记录资料，能够全面、直观地展示文物的各种信息。

3. 按保存状态分类

按保存状态分类，可以将文物档案资料分为原始档案和复制档案。原始档案是指直接记录文物信息的第一手资料，具有不可替代的历史价值。复制档案则通过各种技术手段复制，虽不具有原始性，但在保护原始档案、扩大使用范围和便于交流等方面具有重要作用。

4. 按时间和空间分类

按时间分类可以将文物档案资料分为古代档案、近现代档案和当代档案，不同时间段的档案记录了不同历史时期的文物信息，有助于研究文物的历史演变和文化背景。按空间分类则可以将文物档案资料分为国内档案和国外档案，便于对文物的地域分布和跨文化交流进行深入研究。

（三）文物档案资料的特点

1. 历史性和文化性

文物档案资料具有独特的历史性和文化性。这些资料不仅记录了文物本身的信息，还涵盖了文物的发现、保护、修复以及传承过程中一系列相关信息。其历史性体现在这些资料是文物发展的重要见证，能够为研究人员提供丰富的历史背景和情境说明。文物档案资料的文化性则表现为其内容能够反映出特定历史时期的社会文化、经济状况以及科技水平。

2. 真实性和完整性

文物档案资料在信息的真实性和完整性方面具有显著特点。由于这些资料通常由专业人员在严格的工作流程下记录和保存，因此其信息的准确性和可靠性较高。这种真实性和完整性为文物研究、保护和修复提供了坚实的基础。任何篡改或丢失都会对文物的历史信息造成不可挽回的损失，因此，保护文物档案资料的原始状态显得尤为重要。

3. 稀缺性和不可再生性

文物档案资料的稀缺性和不可再生性也是其重要特点。每一份文物档案资料都具有独特的价值，无法通过其他途径复制或再生，一旦损毁或遗失，将会对文物研究和保护工作造成重大的影响。随着时间的推移，文物档案资料的保存环境和条件可能会发生变化，这进一步增加了其保护的难度和紧迫性。

4. 多样性和综合性

文物档案资料的多样性和综合性值得注意。这些资料不仅包括文字记录，还可能包含图像、音视频等多种形式的信息。这种多样性使得文物档案资料能够从多角度、多层次反映文物的全貌，为研究人员提供了丰富的素材。同时，这也对档案资料的整理和数字化保护提出了更高的要求，即需要采用多种技术手段进行系统化的管理和保存。

二、文物档案资料在文化传承中的作用

（一）历史记录功能

文物档案资料作为历史记录的重要载体，具有不可替代的地位和作用。它们不仅记录了文物本身的物理特征和历史背景，还详细记载了文物的发现、保护、修复等全过程。这些档案资料为后人提供了宝贵的第一手历史资料，使研究者能够深入了解文物的历史价值和文化内涵，从而推动相关领域的学术研究和文化传承。

文物档案资料的历史记录功能体现在其为文物研究提供了系统和科学的依据。通过档案资料的整理和分析，研究者可以追溯文物的历史演变过程，揭示其在不同历史时期的文化意义和社会功能。这种系统化的记录不仅有助于保护

文物的完整性和真实性，还能为后续的修复和保护工作提供科学依据，确保文物的延续和传承。例如，一件青铜器的档案资料可能详细记载了其出土地点、出土时间、保存环境等信息，这些资料对于未来的保护和研究工作至关重要。

文物档案资料作为历史记录的重要组成部分，具有重要的社会教育功能。通过对档案资料的展示和解读，公众可以更直观地了解和感受历史文化的丰富多样性，从而增强文化自信和历史责任感。档案资料的数字化和公开化，使得更多人能够便捷地获取和使用这些历史记录，实现文物保护与公众教育的双重目标，为文化的传承与创新提供了广阔的空间。例如，通过数字博物馆，观众可以在线浏览文物档案，了解每件文物背后的故事和历史背景，这不仅提升了公众的文化素养，还促进了社会对文物保护工作的支持和参与。

（二）文化传播功能

文物档案资料作为文化传播的重要媒介，发挥着不可替代的作用。它们不仅记录了文物的历史、背景和价值，还承载着丰富的文化信息。在文化传承过程中，文物档案资料能够通过多种形式展示和传播文化，使其能够被公众更好地理解和接受。这些资料通过出版物、展览、影视作品等方式，生动地再现历史场景，讲述文物背后的故事，从而增强公众对文化遗产的认知和兴趣。

文物档案资料在学术研究中也发挥着至关重要的作用。研究人员通过查阅和分析这些资料，可以深入了解文物的来源、制作工艺、历代流传及其在历史文化中的地位和影响。这不仅有助于保护和传承文物自身的价值，还为历史、考古、艺术等领域的研究提供了重要的基础资料，推动了相关学科的发展。通过这些研究，文物档案资料能够为文化遗产保护和传承提供科学依据，并为未来的研究开辟新的方向。

数字化技术的发展为文物档案资料的文化传播功能提供了新的途径和手段。通过数字化处理，文物档案资料可以更加便捷地保存、检索和共享。数字化文物档案不仅能够保护原始资料免受损坏和丢失，还能够通过互联网实现全球范围内的传播，使更多的人能够接触这些珍贵的文化遗产。虚拟现实、增强现实等技术的应用使人们可以获得更加直观和互动的文化体验，丰富了文化传播的形式和内容。

（三）教育资源功能

文物档案资料在教育资源功能方面具有重要作用。系统化的文物档案整理与分析，可以为各类教育资源的开发提供丰富的素材和可靠的依据。文物档案不仅记录着文物的历史、文化背景以及科学价值，还包含了文物保护与修复的详细过程和技术手段。这些信息对于教育工作者而言是宝贵的教学资源，不仅能够帮助学生深入理解历史文化，也能够培养他们的科学研究和实践能力。

文物档案资料在基础教育阶段可以作为历史、地理、艺术等课程的重要教学内容。生动的文物实例，能够激发学生的学习兴趣，并帮助他们建立对历史文化的直观认识。学生通过观察和分析文物，可以更好地理解课本上的知识，将抽象的历史事件和文化现象具象化，提高学习的趣味性和学习效果。

在高等教育和研究领域，文物档案成为考古学、历史学、艺术史等学科的重要研究资料。研究者通过文物档案进行深入的学术探讨，揭示历史发展规律，探索文化交流的轨迹。这不仅有助于推进学术研究，还能带动相关学科的发展，培养出更多具备专业素养和研究能力的高层次人才。

在社会教育和公众文化普及方面，文物档案资料同样发挥着重要作用。博物馆、文化馆等机构可以利用文物档案资料制作展览、出版物和数字化资源，向公众展示文物背后的故事和价值，提升公众的文化素养和保护意识。文物档案的数字化还为远程教育提供了可能，使更多的人能够通过互联网接触和学习文物知识，扩大了教育资源的覆盖面。

三、文物档案资料保护的现状

（一）现有保护措施

为了确保文物档案资料的长期保存和传承，多个国家和机构纷纷采取了一系列专业措施，主要包括物理保护、化学保护以及数字化保护等方面。

1. 物理保护措施

物理保护措施主要集中在档案库房的环境控制。通过调节温湿度、管理光照和监测空气质量，可以有效减缓纸质档案的老化和变质。例如，保持库房内的温度在 18~22 摄氏度之间，湿度在 45%~55% 之间，有助于防止纸张的脆化和变形。同时，使用紫外线过滤灯具可以减少光照对档案的损害，而高效过滤器和空气净化系统则能有效去除空气中的有害物质和微粒。

2. 化学保护措施

在化学保护方面，许多文物保护机构采用先进的化学药剂和技术对文物档案进行处理。例如，脱酸处理技术通过中和纸张上的酸性物质，避免其进一步腐蚀和脆化。防霉剂和杀虫剂的使用可以有效预防霉菌和虫害对档案的侵蚀。此外，现代化技术如纸张补强和黏合剂修复等手段，能够修复和加固受损档案，恢复其原貌和结构完整性。

3. 数字化保护

高精度扫描和数字化存档技术将珍贵的文物档案转化为数字格式，便于存储、检索和共享。数字化保护不仅避免了原始档案的物理损坏，还提高了档案的利用率和传播范围。许多博物馆和档案馆建立了数字档案库，提供在线阅览和下载服务，极大地方便了学术研究和公众教育。同时，多重备份和远程存储的方式为文物档案的长期保存提供了新的可能性，使其可以更好地应对自然灾害和人为破坏带来的风险。

（二）保护成效评估

为了确保文物档案资料的长期保存和有效利用，保护成效评估成为文物保护工作中的关键环节。科学合理的评估，可以有效地检测和改进保护措施，确保文物档案资料的完整性和可用性。

成效评估需要建立一套科学的评估标准和方法。这些标准应涵盖文物档案资料的保存状态、完整性、真实性以及可用性等方面。例如，保存状态可以通过检测纸质文物的酸碱度、虫蛀程度和物理损伤情况来评估，数字化文物则可以通过检查数据的完整性和访问的便捷性来评估。评估方法应结合定量和定性分析，确保评估结果的客观性和准确性。

在成效评估过程中，定期对文物档案资料进行检查和记录是必不可少的。通过定期检查，我们可以及时发现保护过程中存在的问题，并采取相应的措施加以解决。例如，纸质文物档案资料可以通过检测其酸碱度、虫蛀程度以及物理损伤情况来评估其保存状态，数字化文物档案资料则可以通过检查数据的完整性和访问的便捷性来评估其保护成效。

应及时将成效评估的结果反馈给相关的文物保护机构和人员，以便对保护工作进行调整和改进。评估结果不仅可以发现现有保护措施中的不足，还可以为未来制定更加科学有效的保护方案提供依据。例如，通过成效评估发现某种保护材料或技术效果不佳，可以调整使用其他更为有效的材料或技术，从而提高保护效果。

成效评估也应注重公众参与和反馈。公众是文物保护的重要力量，通过广泛征集公众的意见和建议，我们可以更加全面地了解文物档案资料的保护成效。例如，举办文物保护成效的展示会和讲座，向公众介绍文物保护的最新成果和存在的问题，激发公众参与文物保护的热情和责任感。这样的互动过程不仅可以提高文物保护的社会关注度，还可以获得更多有价值的反馈信息。

四、文物档案资料面临的挑战

（一）技术进步的影响

数字化技术的快速发展极大地提升了文物档案的保存、管理和利用效率。通过数字化，文物档案可以更方便地进行存储、检索和共享，极大地提高了学术研究和公众教育的便捷性。然而，数字数据的长期保存成为一个难题。存储介质和格式标准的频繁更新，容易导致数据丢失或无法读取。此外，数字化过程中可能出现的技术故障和人为操作失误，也会导致原始档案数据的损坏或丢失。这些问题要求我们在技术选择和操作规范上要更加谨慎。

数字化水平的提升对从业人员的技术素养提出了更高的要求。许多文物保护机构在数字化技术的应用上，面临着人才短缺和专业技能不足的问题。从业人员的经验和能力，直接影响着数字化工作的质量和效率，进而影响文物档案资料的完整性和准确性。因此，提升从事文物档案数字化工作人员的专业素养和技术水平，是应对技术进步带来挑战的关键举措。系统的培训和持续的学习，可以提高从业人员的技术能力，确保数字化工作的顺利进行。

信息技术的不断进步使网络安全问题成为文物档案资料保护的重要挑战。数字化文物档案容易受到黑客攻击、病毒感染和数据泄露等安全威胁。一旦文物档案遭到破坏或篡改，将对文化遗产的真实性和完整性造成不可估量的损失。因此，制定和实施有效的网络安全策略，建立健全的防护机制，是确保文物档案数字化安全的必要手段。通过加强安全防护措施，我们可以有效地防止外部攻击，保障文物档案的安全性。

（二）社会变迁的挑战

文物档案资料在社会变迁中面临诸多挑战。社会的快速发展和城市化进程的加速，带来了大量的基础设施建设和土地开发，这些活动可能直接威胁到文物保护区和历史遗址的安全。在一些地区，文物保护与经济发展的矛盾日益突出，许多珍贵文物在开发过程中遭受破坏或被迫迁移。这种现象使得文物档案的保护工作变得更加复杂和紧迫。

社会变迁引发了文化认同的变化，现代化和全球化进程使得传统文化和习俗面临巨大冲击。特别是在年轻一代中，传统文化的传承和认知逐渐淡薄。这种文化认同的转变会减低公众对文物档案资料的重视程度，甚至部分地区出现文物被人为破坏或非法交易的现象。文物档案资料的维护和传承在这种背景下变得更加艰难，因此，我们需要采取有效措施来提高公众对文化遗产的重视。

数字技术的迅猛发展为文物档案的保护和传播提供了新的工具和手段，同时也带来了新的挑战。数字化过程中，如何保证文物档案资料的真实性和完整性，如何防止数字数据的丢失和篡改，成为新的难题。数字技术的快速迭代要求保护人员不断更新知识和技能，这对文物保护从业者提出了更高的要求。我们需要建立完善的数字化保护机制，确保文物档案在数字环境中的安全性和可靠性。

社会变迁引发了资源分配的不平衡，尤其是在经济欠发达地区，文物保护经费不足、技术落后、专业人员短缺等问题更加突出。这些地区的文物档案资料往往面临更大的保存压力，保护工作难以为继，需要政府和社会各界的共同努力，如可通过增加投入、技术支持和人才培养等综合措施来应对这些挑战，确保文物档案资料得到有效保护。

（三）制度机制不足

文物档案资料的制度机制不足是当前文物保护工作中面临的一个重要挑战。现有的文物档案管理制度存在滞后性，无法全面适应现代文物保护的需求。这种滞后性表现为制度设计上缺乏前瞻性和系统性，未能充分考虑到数字化时代带来的新问题和新挑战。因此，制度的更新与完善显得尤为重要，我们需要与时俱进地制定符合时代发展需求的管理规范和标准。

制度执行过程中的监督和评估机制不健全也是一个突出问题。很多文物档案管理制度虽然在法律法规层面上得到了明确，但在实际操作过程中却缺乏有效的监督与评估机制，制度执行力不足。这种现象不仅影响了文物档案的管理效率，还可能导致一些不法行为的发生，进一步威胁到文物的安全和保存。

文物档案资料的管理还面临着制度体系不统一的问题。不同地区、不同部门在文物档案管理方面存在各自为政的情况，缺乏统一的标准和规范。这种制度上的碎片化管理不仅增加了管理成本，也影响了文物档案资料的共享和利用效率。因此，建立全国统一的文物档案管理制度，推动各地区、各部门之间的协同合作，显得尤为迫切。

文物档案资料管理人员的专业素养和培训机制也亟待加强。当前，很多从事文物档案管理工作的人员缺乏系统的专业培训，对现代文物保护理念和技术的理解和掌握不足。这不仅影响了文物档案资料管理工作的质量，也阻碍了制度机制的有效执行。因此，建立健全的培训机制，加强对文物档案管理人员的专业教育和技能培训，是提升文物保护工作整体水平的重要举措。

五、文物档案资料整理的必要性
（一）对保护工作的基础作用

文物档案资料是文物保护工作的基石，其系统整理和科学管理是实现文物科学保护与合理利用的前提条件。通过系统整理文物档案资料，我们可以全面掌握文物的基本信息，包括历史、艺术、科学价值以及保存现状等。这些资料为制定文物保护方案提供了科学依据，并且为后续的修复、保养和展示工作奠定了坚实基础。系统性的整理工作能够促进文物保护工作的规范化，避免因信息缺失或不准确导致的保护措施失当。

整理文物档案资料能够提高文物管理的效率和精准度。系统化的整理工作，会将零散的文物信息进行分类、归档和数字化，形成完整、系统的档案资料库，这不仅方便了文物管理人员对文物的查询和调阅，也为科学研究提供了重要的基础数据。同时，档案资料的系统整理能够避免文物信息的重复记录和遗漏，显著提高档案管理的效率和质量。

文物档案资料的整理对文物的展示和传播也具有重要意义。系统化的整理，可以全面呈现文物的历史背景、文化内涵和艺术特色，为公众提供丰富的文化知识和审美体验。在现代数字技术的支持下，文物档案资料的数字化展示不仅能打破时间和空间的限制，使更多人了解和欣赏文物，还能通过虚拟现实等技术手段实现文物的多维度展示，增强观众的互动体验和参与感。

此外，文物档案资料的整理在法律和社会层面也具有重要作用。作为文物保护的重要依据，文物档案资料在法律法规的制定和实施中起到关键作用。系统整理的档案资料可以为文物保护法律的制定和修订提供科学依据，保障文物保护工作的依法进行。同时，完整、系统的文物档案资料也是文物所有权和归属权的有力证据，有助于解决文物纠纷，保护国家和公众的文化遗产权益。

（二）对研究和利用的促进作用

文物档案资料的整理不仅仅是对文物信息的保存，更是对文物研究和利用的重要推动力量。通过系统化地整理文物档案资料，我们可以为文物研究提供翔实、可靠的数据支持。这些整理后的档案资料，包括文物的来源、年代、材质、工艺、历史背景等信息，使研究人员能够更准确地进行分析和判断。档案资料的完整性和系统性，直接影响到研究的深度和广度。

系统化地整理文物档案资料，不仅为文物的研究提供了翔实、可靠的数据支持，还能为文物的进一步利用提供基础。数字化手段的应用能够大大提高资料的可访问性和共享性，使得更多的研究人员和公众能够便捷地获取和利用这些资料。数字化档案的建立，不仅可以保护原始文物资料免受损坏，还能通过网络平台实现全球范围内的共享和交流，推动文物研究的国际化进程。

文物档案资料的整理与数字化在促进文物保护工作的科学化和规范化方面也发挥着重要作用。系统化的档案资料能够帮助工作者更好地了解文物的状况、制定科学合理的保护方案，并通过数据分析找出文物保护中存在的问题和潜在风险。通过对文物档案的深入研究，我们可以提高文物保护的技术水平和管理效率，实现文物的长久保存和可持续利用。

（三）对提升文化自信的意义

文物档案资料的整理在提升文化自信方面具有重要的意义。文物作为历史文化的直接载体，蕴含了丰富的历史信息和文化价值，通过系统整理和科学保护，可以使这些文化遗产得到更好的传承和利用。这不仅有助于公众了解和认知身边的文化遗产，同时也在潜移默化中增强了公众对自身文化的认同感和归属感，进而提升了文化自信。

文物档案资料的整理，可以清晰地梳理出文化发展的脉络，展示文化的独特魅力与深厚底蕴。这种系统化的文化展示，不仅可以增强国民对自身文化的自豪感，同时也能够在国际舞台上彰显文化自信，提升国家的文化影响力。在全球化背景下，各国文化的交流与碰撞日益频繁，文化自信成为一个国家文化软实力的重要体现。

文物档案资料的整理还有助于文化遗产的教育功能。通过整理和数字化保护，文物档案资料可以更便捷地进入课堂和公众视野，成为重要的教育资源。这种教育资源不仅限于历史和文化领域，还可以扩展到艺术、科技等多个方面。多学科交叉的方式，进一步丰富教育内容，培养学生的文化素养和历史意识，从而在教育层面上提升文化自信。

第二节 文物档案资料的收集整理与编目

一、文物档案资料收集的方法

（一）实地考察法

实地考察法是文物档案资料收集的重要途径之一。通过亲自到文物所在地进行实地调查和观测，我们可以获得第一手资料。实地考察不仅能帮助研究人员更好地了解文物的历史背景、文化价值和现状，还能增强文物保护与修复工作的科学性和针对性。在实地考察过程中，研究人员需要详细记录文物的地理位置、环境状况、保存现状等信息，使用摄影、录音、录像等技术手段进行全方位的资料收集。

实地考察法的优势在于能够直观地获取文物的真实信息，并能及时发现和解决文物保护过程中可能存在的问题。例如，通过实地考察可以发现文物所在地的气候条件、土壤成分、植被覆盖等自然因素对文物的影响，从而制定更加科学合理的保护措施。在实地考察过程中，与当地居民和文物管理人员的交流也有助于获取更多关于文物的口述历史和民间传说，丰富文物的文化内涵。

实地考察法的实施需要充分的准备工作，包括制订详细的考察计划，准备必要的考察工具和设备，了解考察区域的基本情况等。考察过程中，研究人员要遵循科学、严谨的工作态度，确保所收集资料的准确性和完整性。同时，考察结束后，还需对所收集的资料进行系统整理和分析，为后续的文物保护与研究工作提供可靠的依据。

（二）文献收集法

文献收集法是文物档案资料整理过程中一个关键环节，通过系统收集、整理和分析相关文献资料，可以为文物保护工作提供坚实的理论基础和历史依据。在文物保护与传承的过程中，文献收集法不仅有助于了解文物的历史背景、文化内涵和艺术价值，还可以为文物的修复与保护提供科学的指导。

文献收集法主要包括两大部分。第一部分是古籍文献的收集，第二部分是现代研究成果的收集。古籍文献的收集涉及历史文献、地方志、族谱、碑刻铭文等，这些文献通常记载了文物的起源、使用情况、传承脉络等信息。通过系统整理这些古籍文献，可以还原文物的历史背景，揭示其隐藏的文化密码。这些文献为研究者提供了第一手的历史资料，有助于全面了解文物的演变过程和文化价值。

现代研究成果的收集包括学术论文、专著、会议记录等，这些研究成果对文物的保护现状、修复技术、保护策略等进行了详细的探讨和分析。通过收集现代研究成果，我们可以掌握最新的科研成果和实践经验，为文物保护与传承提供科学的理论指导和技术支持。现代研究成果的收集还可以帮助我们发现和解决文物保护过程中遇到的新问题，为文物保护工作提供前瞻性的思路和方法。

在具体操作过程中，文献收集法需要遵循一定的程序和方法。明确收集的目标和范围，制订详细的收集计划和时间表是第一步。通过图书馆、档案馆、博物馆等机构，以及网络资源、学术数据库等途径，系统收集相关的文献资料。收集过程中，要注重文献的真实性、完整性和系统性，确保所收集的文献资料能够全面、准确地反映文物的相关信息。对收集的文献资料进行分类整理、归纳总结，并建立规范的文献档案，以便后续的研究和使用。

（三）数据采集法

数据采集法是文物档案资料收集过程中的重要方法之一，主要通过对文物实体和相关资料的系统性数据收集，确保信息的全面性和准确性。这种方法通常包括文物形态、材质、制作工艺、历史背景等多方面的信息采集。数据采集法的应用不仅提高了文物档案资料的科学性和权威性，也为后续的保护与研究工作提供了坚实的基础。

数据采集的首要任务是确定采集的标准和规范。这包括详细的标准，如照片拍摄角度、文字描述的规范、测量工具的选择等。统一的标准和规范有助于避免数据采集过程中的主观性和随机性，确保数据的可比性和一致性。标准化的采集流程能够提高文物信息的准确性和科学性，为后续研究提供可靠的数据支持。

在数据采集中，现代技术手段的应用显著提高了其精度和效率。激光扫描、三维建模、红外成像等技术已广泛用于文物数据采集中。这些技术不仅可以精确捕捉文物的形态和细节，还能提供丰富的多维度数据。这些高精度的技术手段使得文物的数字化记录更加全面，为文物的保护和研究提供了宝贵的资料。

数据采集的实施需要考虑数据的存储和管理。采集到的大量数据需经过整理、分类、标注等步骤，以便于后续查询和使用。数字化管理系统在这一过程中发挥了重要作用，通过建立文物档案数据库，可以实现数据的高效存储和快速检索。数据库不仅便于数据的集中管理，还为学术研究和资源共享提供了便利条件，促进了文物保护领域的交流与合作。

数据采集法还注重数据的动态更新和持续完善。文物的状态可能随着时间和环境的变化而发生变化，因此，数据采集应建立定期更新机制，及时反映文物的最新状况。动态更新机制不仅有助于及时发现文物的保护问题，也为文物保护措施的调整和优化提供了依据。持续更新的数据能够更好地反映文物的真实情况，确保保护工作的科学性和有效性。

二、文物档案资料的收集原则

（一）真实性原则

文物档案资料的真实性是确保文物价值的重要前提。作为文物历史的记录载体，档案资料的准确性和可靠性直接影响到文物保护与传承工作的质量。在收集文物档案资料的过程中，我们必须严格遵循真实性原则，确保所收集的资料能够真实反映文物的历史、文化和科学价值。任何虚假或夸大的信息不仅会误导后续的研究工作，还可能导致文物本身的价值被错误评估。

在收集文物档案资料时，充分依赖原始记录和可靠来源是至关重要的。这包括历史文献、口述历史、考古发掘报告、博物馆藏品记录等。优先选择那些经过权威机构鉴定和认证的资料，并在收集过程中对资料的来源、时间、背景等信息进行详细记录，以便后期的核实和追溯。对不同来源的资料进行交叉验证，确保其一致性和准确性，以避免信息的误差和偏差。

为了保证资料的真实性，收集人员需要具备相关的专业知识和技能，能够辨别资料的真伪和价值。这不仅要求收集人员熟悉文物本身的知识，还需要掌握相应的历史学、考古学、文献学等学科的基本理论和方法。此外，收集人员还应具备一定的法律知识，了解文物保护相关的法律法规，确保收集过程符合法律要求，避免因非法获取资料而影响其真实性和合法性。

收集的文物档案资料应进行科学的整理和编目，并建立完整的档案管理系统。这不仅有助于资料的保存和管理，也便于后续的查阅和利用。编目过程中，应详细记录每件资料的基本信息，包括名称、来源、时间、内容摘要、真实性评价等，确保每件资料都能够被准确定位和识别。同时，还应定期对档案资料进行核查和更新，及时剔除不真实或失效的资料，保持档案的高质量和可信度。

（二）全面性原则

全面性原则在文物档案资料的收集过程中至关重要，其核心在于确保所有与文物相关的信息得以全面、系统地收集、整理并归档。全面性原则的贯彻实施能够有效提升文物档案的完整性和科学性，为后续的研究、保护与传承工作提供坚实的资料基础。

1.涵盖文物各个环节的信息

全面性原则要求在收集文物档案资料时，不仅要关注文物本身的物理特征和历史背景，还要涵盖文物的发现、保存、修复以及展览等各个环节的信息。这包括但不限于文物的材质、制作工艺、历史渊源、发现地点、出土环境、修复过程、保存状况等内容。通过多角度、多层次的信息收集，我们能够形成对文物全貌的全面认知，从而为文物研究提供翔实的基础资料。

2.强调横向和纵向信息的全覆盖

在横向上，不同种类、不同类别的文物档案资料都应包括在内，如文字记录、图像资料、视频影像、口述历史等。在纵向上，文物从出土到现存的整个生命周期内的各类信息均应记录在案。全面的信息收集不仅有助于了解文物的当前状态，还能为未来的保护和修复工作提供历史依据，确保文物的延续性和真实性。

3. 要求收集过程规范化和系统化

制定详细的收集标准和操作流程，确保每一阶段的信息采集都有据可依、有章可循。这不仅能够保证档案资料的全面性和一致性，还能提高工作效率，减少信息遗漏和误差。同时，利用现代化信息技术手段，如数据库管理、数字化扫描、信息检索系统等，也能提升文物档案资料的收集、整理和管理水平。

（三）系统性原则

文物档案资料的系统性原则要求在收集过程中，确保资料的全面性和系统性。这意味着不仅要关注文物的物理特征和历史背景，还需充分考虑其文化价值和社会影响。这样可以为后续的研究和保护工作提供坚实的基础，避免遗漏重要信息。系统性原则不仅是对资料数量的要求，更是对资料质量的保障。

在实际操作中，系统性原则通过分类与分级管理来实现。分类管理指的是根据文物的种类、年代、出土地点等特征，对文物档案进行科学分类，以便于后期查找和利用。分级管理则根据文物的重要性和保护难度，对文物档案进行分级。这样可以确保重要文物档案得到优先保护和利用，提高管理效率，也为科学研究提供有力的支持。

系统性原则还要求在收集文物档案资料时，充分利用现代科技手段，如数据库管理、数字化扫描、三维建模等。这些技术手段不仅能提高资料收集的效率和准确性，还为后续的数字化保护工作打下基础。通过建立全面、系统的文物档案资料数据库，我们可以实现文物信息的共享与交流，促进文物保护工作的开展。

三、文物档案资料的整理流程

（一）初步整理

文物档案资料的初步整理是档案管理过程中至关重要的一环，决定了后续工作的顺利进行与文物信息的完整性。文物档案需要进行分类和筛选，以确保资料的真实性和可靠性。文物分类应依据种类、年代、材质及来源等多维度进行细化，从而建立科学合理的档案分类体系。在筛选过程中，我们必须剔除重复、伪造或不符合档案标准的资料，确保档案信息的高质量和准确性。

完成分类和筛选后，我们开始进行详细的记录和描述工作。每一件文物档案都需要包含基本信息，如文物编号、名称、年代、出土或发现地点、保存状态等。此外，对于文物的历史背景、文化价值及工艺特点等方面也需要进行详细阐述。这些信息不仅为文物的保护提供了科学依据，还为研究和传承提供了重要资料。记录和描述应尽量做到准确、详尽，避免遗漏关键信息，以确保文物档案的完整性和可研究性。

初步整理的最后一步是文物档案的初步编目工作。编目是为文物档案建立索引和目录，方便后续的查找和利用。编目的过程应遵循统一的规范和标准，确保编目信息的规范性和一致性。现代化的信息技术手段，如数据库管理系统，可以用来对文物档案进行电子化编目，从而提高工作效率和管理水平。完成编目后，我们还需进行审核和校对，确保编目信息的准确无误，避免后期使用中的任何混乱和错误。

（二）分类归档

文物档案资料的分类归档不仅提升了档案管理的效率，还为后续的保护与研究打下坚实基础。分类应考虑文物的类别、材质、年代等多维度因素，以确保归类的科学合理性。常见的分类标准包括按文物种类分类，如陶瓷、青铜器、书画等；按年代划分，如先秦、汉代、唐代等；按材质区分，如金属、木质、纺织品等。这种多维度的分类方法能显著提高文物档案资料的检索效率和准确度。

归档工作必须严格遵循标准化的程序和规范，以确保档案资料的完整性和一致性。每件文物档案资料应包含详细的基本信息，如名称、编号、来源、发现地点、年代、材质、尺寸、保存状态等。这些信息不仅是文物档案的基础数据，也对后续的保护、修复、研究等具有重要指导意义。在归档过程中，我们还需要特别注意对文物照片、拓片、扫描件等图像资料的处理，确保图像资料的高清晰度和完整性，以便于后续的数字化保护和利用。

归档文物档案的保存环境需要高度重视。档案保存环境应具备恒温恒湿、避光、防虫、防霉等条件，以最大限度地延长档案资料的寿命。现代科技手段，如恒温恒湿设备、无酸纸、数字化存储等，能够显著提升档案保存的质量。定期检查和维护档案保存环境，及时发现和处理潜在问题，是确保档案资料长期安全保存的必要措施。

分类归档的过程应当与数字化保护工作紧密结合，借助信息技术提升档案管理水平。文物档案的数字化归档不仅可以实现纸质档案的电子化存储，还能通过数据库建设实现文物信息的快速检索和共享。数字化归档系统应具备信息录入、编辑、查询、统计等多种功能，并与文物保护管理系统无缝对接，形成一体化的文物保护信息平台。这不仅有助于提高档案管理效率，还为文物研究、展示、教育等提供了丰富的数据支持。

（三）详细编目

文物档案资料详细编目的主要目的是通过系统化、规范化的方式对文物及其相关信息进行全面记录和分类。编目详细程度的提升不仅为文物的保存和管理提供了基础数据支持，还为学术研究和公众利用提供了丰富的资料。

对每一件文物进行基本信息登记是详细编目的首要任务。这些信息包括但不限于文物的名称、类别、材质、尺寸、重量、出土或发现地点、年代、制作工艺及其保存现状等。收集的基本信息应尽可能详尽、准确，以确保后续工作的顺利进行。编目人员需具备专业知识和技能，能够辨识文物的基本特征，并对其进行初步判断和记录，这样才能保证信息的科学性和准确性。

文物的详细描述是详细编目中的重要环节，不仅涉及外观特征，如形状、纹饰、颜色等，还应包括使用功能、历史背景、文化价值等方面的信息。对于一些特殊文物，如具有铭文、图案或特殊结构的文物，需要进行更加详细的记录和描述。这些描述有助于文物的科学研究，也为未来的展示和传播提供了丰富的素材，提升了文物的学术和公众价值。

分类编号是详细编目中的关键步骤。依据一定的规则和标准，对文物进行系统化分类并赋予每件文物一个唯一的编号，使其具备唯一性和可追溯性。分类编号的规则可以根据文物的类别、材质、年代、地域等因素进行设定。编号应简洁明了，并能反映出文物的主要特征和归类信息。分类编号可以实现文物的快速检索和高效管理。

文物资料的存储与管理是详细编目工作的最后阶段。编目完成的文物档案资料应按照一定的规范进行存储，包括纸质档案和电子档案的双重保存。电子档案应及时备份，确保数据的安全和完整。同时，建立完善的文物档案管理系统，方便档案资料的查询和使用。通过科学的管理和现代化的技术手段，我们可以有效提升文物档案的利用效率和保护水平。

四、文物档案资料的分类与编目方法

（一）内容分类法

内容分类法的核心在于将文物档案按照内容属性进行系统分类，使得档案资料能够以一种逻辑性的顺序编排，从而方便日后的查阅与管理。这种方法要求对每件文物档案进行详细的内容分析，确定其所属类别，并依据分类标准进行归类。内容分类法不仅提高了文物档案的系统性和科学性，还能有效提升档案的利用率。

在内容分类法的实施过程中，我们需要考虑文物的多元属性。文物不仅是历史遗产，还包含了其背后的文化、艺术、技术等多方面的信息。进行内容分类时，我们必须综合考虑文物的历史背景、文化价值、艺术风格以及技术工艺等因素。这种多维度的分类方法可以帮助我们更全面地理解和保护文物档案资料，使其在传承过程中更具价值和意义。

在具体操作中，我们通常会使用一套标准化的分类体系，如可以按照文物的性质、用途、材质、制作年代等不同维度进行分类。这些分类既可以是单一维度的，也可以是多维度交叉的。标准化的分类体系不仅有助于提高分类的准确性，还能确保不同文物档案之间的可比性和可关联性，从而实现更加科学和系统的档案管理。

内容分类法需要不断更新和完善。随着考古学、历史学等相关学科的不断发展，我们对文物的认识和理解也在不断深入。这要求我们在内容分类过程中，及时吸收新的研究成果和分类标准，动态调整和优化现有的分类体系。只有这样，才能确保文物档案资料的分类与编目方法始终处于科学、合理和前沿的

水平。

（二）时间分类法

时间分类法是文物档案资料整理与编目中的一种重要方法，通过按时间顺序对文物档案进行分类，有助于系统性地呈现文物的历史脉络。这种方法不仅便于研究者追溯文物的时间背景，还能为文物的保护与传承提供科学依据。具体操作时，我们需对文物档案的时间信息进行准确的鉴定与记录，确保所有资料的时间标记都符合历史事实。

时间分类法在实践中，往往依据文物的年代进行细致划分。例如，可以将文物档案按世纪、年代，甚至具体年份进行分类。这种细分方式能够帮助研究者更加精确地定位和分析文物的历史价值，从而使研究者能够更深入地理解文物所在的历史背景及其演变过程，这对于历史研究和文化传承具有重要意义。

在博物馆展览、文物保护规划等领域，时间分类法的应用也非常广泛。通过时间轴的形式，直观地展示文物的发展历程，使观众能够更清晰地理解文物的历史背景和文化内涵。这不仅提升了文物展览的教育功能，还增加了观众的兴趣和参与感，从而有助于文物保护意识的普及。

在文物档案的数字化保护中，时间分类法也发挥着关键作用。通过数字化技术，将文物档案的时间信息准确录入数据库，并建立时间索引，可以大大提高文物信息的检索效率和数据的可访问性。这种方法不仅便于文物管理部门进行日常管理，还为学术研究提供了便利的工具和数据支持。

（三）地域分类法

地域分类法是将文物档案资料按照地理区域进行分类和编目的方法。这种方法的核心在于依据文物的来源地、发现地或与之相关的地理区域进行整理和归档，从而使得文物档案资料在地域层面上具有系统性和条理性。地域分类法不仅有助于研究特定区域的历史文化，也为文物的保护和管理提供了科学依据。

明确分类的地理单元是地域分类法的首要步骤。这些单元可以包括国家、省、市、县等不同层级的地理区域。在具体的操作中，我们可以根据文物的出土地、发现地点或历史背景来确定其所属的地理单元。例如，如果某件文物出土于陕西省西安市，则其档案资料应归入"陕西省西安市"的分类目录下。这种分类方法能够直观地反映文物的地理分布情况，便于研究者进行区域性文化研究和比较分析。

地域分类法在编目过程中，往往需要结合其他分类方法，如时间分类法、类别分类法等，以实现更为精细和综合的档案管理。在地域分类基础上，我们可以根据文物的时代、类型、材质等进一步细分，形成多层次的分类体系。这种多维度的分类方法不仅增强了档案资料的可查性和可用性，还能为文物保护工作提供多方面的参考信息。

在文物保护与传承中，地域分类法具有重要意义。通过对不同地域文物的系统归类，我们可以揭示区域文化的独特性与共性，促进文化的交流与传播。这种分类方法也为文物的保护提供了地域性的视角，有助于我们制定针对性强的文物保护措施，防止文物在传承过程中因地域差异而受到损害。

五、文物档案资料的保管与维护策略

（一）环境控制

文物档案资料作为重要的历史记录，其长期保存依赖于适宜的保管环境。控制温度在 18~22℃之间，相对湿度在 45%~55% 之间，可以有效延缓纸张、墨迹等材料的劣化。过高的温度和湿度会加速这些材料的老化过程，而过低的湿度则可能使纸张变脆、破裂。此外，光线中的紫外线对文物档案资料有显著的破坏作用，应尽量避免阳光直射，并使用紫外线过滤装置来减轻其影响。

空气质量的控制对于文物档案的保护至关重要。空气中的污染物如二氧化硫、氮氧化物以及尘埃颗粒等，都会对纸质文物档案造成损害。为了降低这些有害物质的影响，文物档案库房应配备高效的空气过滤系统，保持空气清洁。定期更换空气过滤器，并进行空气质量监测，确保环境条件始终处于最佳状态。

在具体操作中，我们可以采用多种技术手段来实现环境控制。恒温恒湿设备可以精确调控库房的温度和湿度，防止环境波动对文物档案资料的损害。遮光窗帘和紫外线屏蔽膜可以有效减少光线中有害成分的侵害。对于空气质量的控制，我们可以通过安装高效过滤器和空气净化器，定期清洁和维护设备，以确保文物档案资料在一个安全、稳定的环境中保存。

环境监控系统的应用也越来越普及。这些系统可以实时监控库房内的温度、湿度、光线和空气质量参数，并在出现异常情况时及时报警。这种技术手段不仅提高了文物档案资料保护的科学性和准确性，还大大降低了人工监控的工作量，提升了管理效率。良好的环境控制策略，可以有效延长文物档案资料的寿命，确保其长久地保存和传承。

（二）定期检查

定期检查，能够及时发现档案资料的物理损坏，预防潜在的危害。定期检查的频率应根据档案资料的种类、材质、保存环境和历史价值进行科学规划。对于珍贵和易损的文物档案资料，通常建议每季度进行一次详细检查；而对于一般性档案资料，可以每半年或每年进行一次。

检查过程中应全面、细致地检查档案资料的物理状况，特别是纸质档案的酸化、发霉、虫蛀、褪色等问题。对于照片、影片等特殊材质的档案，我们关注其化学稳定性和物理完整性。检查人员应配备专业工具，如放大镜、紫外灯、酸碱度测试纸等，以便发现微小损坏和隐性问题。

定期检查不仅限于对档案资料本身的检查，还应包括对保存环境的监控。温湿度、光照、空气质量等环境因素都直接影响档案资料的保存状况。在定期检查中，我们应使用温湿度记录仪、光照计、空气质量检测仪等设备，记录并分析保存环境的变化，确保环境参数在适合档案保存的范围内。

建立详细的检查记录和报告制度是定期检查的重要环节。对于每次检查的结果，我们应及时记录，这包括发现的问题、处理措施和建议等。建立档案资料的检查档案，积累历史数据，有助于分析和指导后续的维护工作。科学、系统和规范的定期检查能够有效提高文物档案资料的保存质量和使用寿命，为文化遗产的保护和传承提供坚实保障。

（三）修复与保养

文物档案资料的修复与保养涉及对受损文物档案进行科学的修复和定期的维护，以延长其使用寿命和保存价值。修复工作的第一步是进行详细的损坏评估，确定文物档案的损坏类型和程度。这通常包括纸张的脆化、墨迹的褪色、霉菌的侵袭等。为了确保修复过程的科学性和有效性，我们需要借助现代科技手段，如高精度扫描、显微镜观察等，对文物档案进行全面的检测和分析。

修复过程应优先考虑原材料和传统工艺，以保持文物档案的历史真实性。例如，使用与原件相同或相似的纸张、墨水等材料进行修复。同时，也需根据实际情况适当引入现代材料和技术，如酸性纸张中和剂、紫外线杀菌等，以提高修复效果和效率。在修复过程中，修复人员必须具备高超的专业技能和丰富的实践经验，严格按照文物保护的标准和规范操作，确保修复工作的高质量和高水平。

定期保养是文物档案资料维护的重要内容。保养工作主要包括环境控制、定期检查和必要的维护处理等方面。文物档案的保存环境应保持恒温恒湿，避免阳光直射和空气污染，以防止因环境变化导致的文物损坏。定期对文物档案进行检查和记录，及时发现和处理潜在问题，如霉菌、虫害等。对于特别珍贵或脆弱的文物档案，我们可以采用特制的保护装置，如防酸纸、无酸纸盒等，为其提供额外的保护。

修复与保养工作的成功与否，直接关系到文物档案的长久保存和有效利用。因此，文物保护机构应注重培养和引进高素质的修复与保养专业人才，定期开展技术培训和学术交流，提升修复与保养工作的整体水平。同时，建议加强对修复与保养工作的研究和技术创新，探索新的材料和方法，不断提高文物档案修复与保养的科学性和有效性。

六、文物档案资料编目的信息化管理

（一）信息化管理系统

文物档案资料编目的信息化管理系统不仅记录了文物的基本信息，还涵盖了文物的历史背景、修复记录和保存状态等动态信息。集成化的信息管理平台大大提高了文物管理的透明度和准确性，减少了人为错误的发生，确保了文物信息的完整性和一致性。

信息化管理系统的建设需要结合先进的技术手段。数据库技术在其中起着至关重要的作用，它能够有效地存储和管理大量的文物信息，使信息的检索和更新更加便捷。网络技术实现了跨地域的信息共享和远程访问，促进了文物信息的交流与合作。多媒体技术通过图像和视频等形式，生动地展示了文物的细节和修复过程，为文物研究和教育提供了丰富的资源。

良好的扩展性和兼容性是信息化管理系统不可或缺的特性，以适应不断增长的文物数据和不断更新的技术需求。在系统设计和实施过程中，标准化和规范化是关键，确保了不同系统之间的数据兼容和互操作性。同时，系统的安全性也需要特别注意。

信息化管理系统不仅提升了文物档案资料管理的效率，还为文物保护研究提供了有力的数据支持。系统化的管理和分析能够发现文物保护中的规律和问题，指导文物保护工作的开展，从而进一步推动文物保护与传承事业的发展。这一系统的应用为文物的长久保存和有效利用提供了坚实的基础。

（二）编目标准化

文物档案资料的编目标准化是实现文物信息化管理的重要基础。标准化的编目不仅能够提高文物档案的查询效率，还能确保信息的准确性和一致性。在编目过程中，我们必须遵循国家和行业的相关标准与规范。这些标准涵盖了文物的基本信息、历史背景、保存状态等多个方面，确保不同机构和人员在使用文物档案时能够得到统一、规范的信息。

在文物档案的编目过程中，档案人员需具备高水平的专业知识和技能。对文物进行全面、细致的鉴定和描述是编目的重要环节。文物的名称、材质、尺寸、年代、出处等基本信息必须准确无误。这些信息的准确性对后续的管理和研究工作至关重要。档案人员需具备对文物的深刻理解和专业鉴定能力，确保每一项信息均经过严谨的考证和核实。

掌握先进的信息技术手段是编目标准化的关键。将文物信息以数字化形式录入数据库，并遵循统一的格式和编码规则，能够确保数据在不同系统间的互通和共享。这不仅提高了信息的录入效率，还为后续的信息检索和管理提供了技术保障。先进的信息技术手段使得文物信息管理更加高效、准确，并使其具有良好的兼容性和可扩展性。

文物档案的分类和整理也是编目标准化的重要内容。档案人员应根据文物的性质、用途、历史价值等因素，对其进行科学分类，并按照统一的编目规则进行整理和归档。科学合理的分类方法不仅有助于提高档案的管理效率，还能为文物研究提供便利。分类和整理工作需要档案人员具备系统的思维和严谨的操作流程，确保每一件文物档案都能够被准确归类和高效管理。

（三）数字化管理平台

数字化管理平台能够实现文物档案的高效管理。通过先进的信息技术，文物档案的分类、存储、检索等环节的效率得到了大幅提升。传统的纸质档案管理模式，耗时费力，且容易产生误差和遗漏。而在数字化平台上，档案资料可以被准确地录入、分类和存储，并且通过关键词搜索，我们可以快速定位所需档案，极大提升了管理的便捷性和准确性。

数字化管理平台有助于文物档案的安全保护。文物档案是珍贵的历史文化遗产，纸质档案容易受到自然环境和人为损坏的影响，导致信息丢失或损坏。通过数字化手段，档案资料可以被电子化存储，并且通过云存储技术，实现多重备份，确保档案信息的安全性和持久性。即使在发生灾害或意外时，数字化档案依然可以得到有效的保护和恢复，确保了这些珍贵资料的长久保存。

数字化管理平台为文物档案的共享与利用提供了广阔的空间。数字化档案可以通过网络平台实现远程访问和共享，打破地域限制，使更多的研究人员、学者和公众能够便捷地获取文物档案资料。这不仅有助于文物研究和学术交流，也为文物的公众教育和文化传播提供了重要支持。通过数字化展示，文物档案的历史价值和文化内涵可以更为生动地呈现给大众，增强社会的文化认同感和历史责任感。

数字化管理平台还促进了文物档案管理的智能化发展。随着人工智能、大数据分析等技术的不断进步，数字化平台可以对文物档案数据进行深度分析和挖掘，提供智能化的管理和决策支持。例如，通过大数据分析，我们可以发现文物档案的某些规律和趋势，为文物保护、修复和研究提供科学依据。人工智能技术还可以实现档案自动分类、智能检索和信息推荐，进一步提高管理效率和服务水平。

第三节　数字化保护技术及应用

一、数字化扫描与建模技术

（一）3D扫描技术

通过高精度的3D扫描仪，我们可以捕捉文物的几何形状、纹理及颜色信息，生成三维数字模型。这些数字模型不仅保留了文物的完整信息，还能用于文物的进一步研究、修复和展示。例如，利用3D扫描技术对古建筑进行扫描，可以记录其每一个细节，防止由于自然灾害或人为破坏导致的信息丢失。

3D扫描技术的应用范围十分广泛。它不仅适用于固态文物，如雕塑、陶器、金属器等，还可以对一些古代文献、织物和壁画进行扫描。非接触式扫描，避免了传统接触式测量可能对文物造成的二次损伤。此外，3D扫描还可以对文物的微观结构进行分析，为鉴定文物的年代和真伪提供科学依据。

在实际操作中，3D扫描技术的优势显而易见。它能够快速而精准地捕捉文物的三维信息，极大地提高了工作效率。生成的三维模型可以进行无限次的观察和分析，突破了物理空间和时间的限制。这为文物的虚拟展示提供了可能，使得公众可以通过互联网近距离观察文物的每个细节，增强了文化遗产的传播和教育功能。

3D扫描技术在文物保护领域的应用前景广阔。随着技术的不断进步，扫描仪的精度和速度将进一步提升，成本也会逐渐降低。这将使得更多的文物得以数字化保存，为文物保护工作提供更为强大的技术支持。同时，将为文物的展示和传承开辟新的途径，推动文化遗产保护事业的发展。

（二）激光扫描技术

激光扫描技术在文物保护与传承中具有重要地位。其基本原理是通过激光束照射目标物体表面，测量反射光的时间或相位差，从而获取物体的三维坐标数据。这种技术能够高精度、非接触地获取文物的表面信息，避免了传统接触式测量对文物可能造成的损害。激光扫描技术在细致刻画文物表面细节、记录文物现状方面，发挥了不可替代的作用。

激光扫描技术的应用范围广泛，尤其适用于复杂、精细的文物和建筑遗产的数字化保护。激光扫描，能够迅速生成高分辨率的三维图像，捕捉到肉眼难以察觉的细微变化。这些数据不仅可以用于文物的修复和保护，也为研究人员提供了丰富的资料，极大地助力了科学研究和历史复原工作。例如，在考古遗址的保护中，激光扫描技术可以精确记录每一层土壤、每一件出土文物的位置和形态，为考古研究提供了翔实的基础数据。

激光扫描技术还在虚拟展示和公众教育中发挥着重要作用。三维激光扫描，能够创建虚拟博物馆和在线展览，使公众可以通过互联网近距离接触文物，了解历史文化遗产。这不仅扩大了文物展示的受众范围，也在一定程度上减少了文物的实物展示频率，降低了文物因频繁展示而受到损害的风险。对于教育机构而言，激光扫描技术提供的三维模型可以用于教学，以便帮助学生更直观地理解文物的历史背景和文化价值。

（三）建模软件的应用

数字化保护技术中的建模软件应用是现代文物保护的重要手段之一。通过先进的计算机技术，文物保护专家能够使用各种建模软件对文物进行三维重建。这不仅可以保存文物的形态和结构，还为后续的修复与研究提供了重要的数据支持。

建模软件在实际应用中，通过结合多种数据采集方法，如激光扫描、结构光扫描、摄影测量等，生成高分辨率的三维模型。激光扫描技术能够快速获取大范围内的精确数据，适用于大型文物和遗址的扫描。结构光扫描和摄影测量则适合用于中小型文物的细节采集。通过这些方法采集的数据，交由建模软件处理，生成精细的三维模型，保留文物的每一个细节，确保后续工作的准确性和科学性。

建模软件不仅在数据采集和模型生成方面有重要应用，还在文物的修复与展示中发挥着关键作用。数字模型可以用于模拟修复过程，帮助修复专家制定科学合理的修复方案，减少对文物本体的干扰。同时，数字模型还可以用于虚拟展示，可以在数字环境极大丰富了文物展示的形式和内容，提升了观众的互动体验和文化认同感。

在文物学术研究中，建模软件也具有重要意义。通过数字模型，研究者可以进行多种形式的分析和测量，如形态学分析、应力分布分析等，从而获得更加深入的研究结论。数字模型还可以与其他数据结合，如历史文献、考古发掘记录等，形成综合性的研究资料库。这样的结合不仅丰富了研究手段，还推动了文物学术研究的深化，为历史和文化遗产的保护提供了多维度的科学依据。

二、文物数字化存储与管理系统

（一）存储技术

在存储介质选择方面，当前普遍采用的技术包括磁盘存储、光盘存储和云存储等。磁盘存储技术具有访问速度快、存储容量大等优点，是目前数字化存储的主流选择。光盘存储以其耐久性和稳定性著称，适用于数据的长期保存，特别是在需要长时间保存的情况下。云存储则因其灵活性和可扩展性，被广泛应用于文物数据的远程存储和共享，能够有效解决存储空间有限的问题，并提供高效的数据备份和恢复机制。

数据的管理是存储技术的核心。文物数字化存储系统需要具备完善的数据管理功能，包括数据分类、标签管理、版本控制和访问控制等。通过数据分类和标签管理，我们可以实现文物信息的高效检索和关联；版本控制确保了数据的可追溯性和修改历史记录；访问控制是保证数据安全的重要手段，防止未经授权的访问和更改，保护文物信息的完整性和机密性。

文物数字化存储技术还必须考虑数据的冗余备份和灾难恢复策略。文物数字化数据一旦丢失或损坏，将造成无法弥补的损失。因此，建立多层次的数据备份机制，并制订详细的灾难恢复计划，是确保数据安全的关键。常用的备份策略包括本地备份与异地备份相结合、定期全量备份与增量备份相结合等。通过这些措施，我们可以最大限度地降低数据丢失的风险，确保文物数字信息的持续性和可靠性。

（二）管理系统架构

1. 数据采集层

数据采集层是整个管理系统的基础，负责将实体文物的信息转化为数字化数据。高精度扫描仪、3D 建模工具、高清摄像设备等先进的技术设备被用来详细记录文物的形态、颜色、质地等信息，使其数字化。此外，数据采集过程还涉及元数据的收集，如文物的历史背景、出土地点、年代等，这些信息对于后续的研究与展示具有重要意义。

2. 数据存储层

数据存储层是管理系统的核心，主要负责存储和管理从数据采集层获取的海量数据。为确保数据的安全性和可用性，数据存储层通常采用分布式存储架构，并结合云存储技术，以提升数据存储的扩展性和可靠性。该层还需配备强大的数据库管理系统，支持对文物数据的高效查询和检索，确保数据可以快速、准确地被调取使用。

3. 应用服务层

应用服务层是管理系统的中间层，将数据存储层中的数据转化为各种应用服务。具体而言，应用服务层包括数据处理模块、数据分析模块和数据展示模块等。数据处理模块负责对原始数据进行清洗、转换和整合；数据分析模块则利用大数据分析技术，对文物数据进行深度挖掘，提供有价值的研究结果；数据展示模块通过多媒体手段，将文物信息以直观、生动的形式展示给用户。

4. 用户访问层

用户访问层是管理系统的前端部分，直接面向系统的最终用户，包括研究人员、文物保护工作者以及普通公众。通过友好、易用的用户界面，用户可以便捷地访问、浏览和操作文物数字化数据。为了提高用户体验，用户访问层通常还需支持多终端访问，包括 PC 端、移动端等，确保用户可以随时随地获取所需的文物信息。

（三）数据安全措施

1. 建立完善的数据备份机制

定期对文物的数字化信息进行备份可以有效防止数据丢失或损坏。备份工作不仅包括本地备份，还应包括异地备份，以应对自然灾害或突发事件导致的本地存储系统损坏。此外，备份的数据应存储在不同的介质上，如磁盘、磁带和云存储等，进一步增加数据的安全性。通过多层次、多地点的备份策略，我们可以最大限度地保障文物信息的安全性和可恢复性。

2. 使用数据加密技术

文物的数字化信息在传输和存储过程中都面临被窃取或篡改的风险。通过采用先进的数据加密算法，我们可以有效防止未经授权的访问和数据泄露。从而保护文物信息的机密性和完整性。数据加密不仅在传输过程中起到保护作用，在存储阶段也能防止数据被非法访问或修改，确保文物信息始终处于安全状态。

3. 建立严格的访问控制机制

文物数字化存储与管理系统应根据用户的角色和权限，制定详细的访问控制策略。通过身份验证、权限分配和审计追踪等技术手段，确保只有具备相应权限的人员才能访问和操作文物数字化信息。系统应记录所有访问和操作日志，便于日后进行安全审计和问题追溯。这样的措施不仅可以防止内部人员的恶意操作，还能提供清晰的操作记录，有助于及时发现和解决安全隐患。

4. 重视管理和培训工作

制定完善的安全管理制度和应急响应预案，确保在发生安全事件时能够迅速有效地处理。定期开展安全培训，提高相关工作人员的安全意识和技能，防止由于人为疏忽或操作失误导致的数据安全问题。通过技术与管理的双管齐下，我们才能全面保障文物数字化存储与管理系统的安全性。管理制度和培训不仅能提高整体安全防护水平，还能增强团队的应急反应能力，确保在突发事件中能够迅速响应和处理。

三、虚拟现实与增强现实在文物保护中的应用

（一）VR 技术的应用

虚拟现实（Virtual Reality，简称 VR）技术的应用在文物保护领域带来了革命性的变化，极大地提升了文物展示与教育的效果。VR 技术通过创造一个逼真的虚拟环境，使观众能够身临其境地参观和体验文物。这种技术突破了实体文物展览空间和条件的限制，使得珍贵、脆弱的文物免受频繁搬动和展示的损害。观众可以通过 VR 设备，详细观察文物的每个细节，并了解其历史背景，增强了沉浸感和互动体验。

在文物修复和研究方面，VR 技术提供了强大的工具支持。高精度的三维扫描和建模技术，允许研究人员在虚拟环境中对文物进行详细的观察和分析，甚至可以模拟文物的修复过程。这种方法不仅提高了修复工作的精确度和效率，还为研究人员提供了一个安全的实验平台，减少了实际操作对文物造成的风险。通过虚拟重建，研究人员能够恢复和展示已经损毁或丢失的文物原貌，为文物研究提供了重要的数据和参考。

VR 技术在教育和传播方面也具有重要意义。通过虚拟现实技术，教育机构可以以生动、互动的方式向学生和公众传递文物和历史文化知识。虚拟博物馆和虚拟教育平台的建立，使得人们可以通过互联网随时随地访问和学习文物知识，打破了时间和空间的限制。这种全新的教育方式，不仅激发了公众对文物和文化遗产的兴趣，还提高了他们的文化素养和保护意识。

VR 技术在文物保护中的应用，还推动了文物数字化管理的发展。通过建立详细的文物数据库和虚拟展示系统，文物管理机构可以更高效地进行文物的登记、分类和保护工作。数字化文物信息为保护和管理工作提供了重要的数据支持，帮助相关机构制定科学的保护策略和措施，从而更好地实现文物的长期保护和传承。

（二）AR 技术的应用

增强现实（AR）技术作为一种将虚拟信息与现实环境相结合的创新手段，在文物保护与传承中展现出了巨大潜力。通过 AR 技术，文物保护工作者能够

在不直接接触文物的情况下，向公众展示文物的历史背景、文化内涵和艺术价值。AR 技术利用计算机生成的图像和数据叠加在现实世界的视图中，使观众能够通过智能设备，如智能手机和平板电脑，实时观察到文物的虚拟信息。这种方式不仅提升了文物展示的互动性和趣味性，还大大降低了文物直接接触带来的风险。

在文物修复过程中，AR 技术同样发挥着重要作用。修复人员可以通过 AR 设备，对文物进行三维扫描和建模，生成精准的虚拟复原图像。这些图像能够在修复前进行详细的分析和研究，确保修复工作的精确度和科学性。AR 技术还可以用于模拟不同修复方案的效果，帮助修复人员选择适合的修复方法，减少因多次尝试带来的文物损伤。

AR 技术在文物教育与传播领域的应用也日益广泛。教育工作者可以为学生提供沉浸式的学习体验，将抽象的历史知识与具体的文物形象相结合，增强学生的学习兴趣和记忆效果。例如，学生在参观博物馆时，可以使用 AR 设备扫描展品，获取详细的文物信息和相关历史背景知识，进一步加深对文物的理解和认知。这种创新的教育方式不仅丰富了教学内容，也促进了文化遗产的传承与发扬。

四、数字保护技术在文物修复中的应用

（一）虚拟修复技术

虚拟修复技术利用三维扫描、计算机图像处理及虚拟现实等手段，可以在不接触文物实物的情况下，对其进行数字化建模和虚拟修复。这种方式不仅能够最大限度地减少对文物的物理损伤，还能为后续的实际修复工作提供重要的参考依据。例如，通过三维扫描技术，我们可以精确捕捉文物的形态和纹理信息，生成高精度的三维模型；再通过计算机图像处理技术，对文物的破损部分进行虚拟修补，模拟出修复后的效果。这些数字化成果不仅可以用于修复方案的制定，还能为文物的展示和研究提供丰富的素材。

虚拟修复技术的一大优势在于其可逆性和可控性。传统的文物修复工作往往涉及不可逆的物理和化学处理，而虚拟修复技术则完全避免了这一问题。通

过数字化建模和虚拟修复，修复人员可以在计算机上反复进行修复方案的模拟和调整，直到找到最为合理的修复方案。此外，虚拟修复技术还可以对修复过程进行全程记录和追溯，为后续的评估和研究提供翔实的数据支持。

虚拟修复技术也为文物修复工作的培训和传播提供了新的途径。通过虚拟现实技术，我们可以为修复人员和研究人员提供沉浸式的学习和研究环境，使他们能够在数字化的虚拟环境中进行操作和实验，而不必担心对真实文物造成损害。同时，虚拟修复成果可以通过网络和多媒体平台进行广泛传播，使公众能够直观地了解文物修复的过程和技术，提升社会对文物保护工作的认知和支持。

（二）数字化修复的重点

高精度的数据采集是数字化修复的核心。利用三维扫描、CT扫描和高光谱成像等先进技术，我们能够准确捕捉文物的外形、纹理和内部结构。这些技术手段为文物修复提供了详尽的数据支持，使得修复过程更加科学和准确。通过高精度的数据采集，我们可以深入了解文物的具体情况，为后续的修复工作奠定坚实基础。

数字技术在文物修复中的应用还包括虚拟修复和模拟实验。通过计算机建模和仿真技术，我们可以在数字环境中对文物进行修复模拟和实验。这种方法不仅可以预见修复过程中可能出现的问题，还为实际修复工作提供科学依据和操作指导。虚拟修复允许文物修复专家反复推敲修复方案，避免实际操作中对文物造成二次损伤，从而提高修复工作的成功率和安全性。

修复材料的选择和使用也是数字化技术的重要应用领域。通过数字分析，我们可以详细研究文物的材质和病害，从而选择最适合的修复材料和方法。此外，数字技术还能帮助监测修复材料的效果和稳定性，确保修复后的文物能够长期保存。这种精确的材料选择和监测手段，大大提升了修复工作的可靠性和有效性。

修复过程的记录和数据保存是数字化修复的一个重点。通过数字化手段，我们可以详细记录修复的每个步骤和细节，为未来的研究和修复工作提供宝贵的资料。这些数字化记录可以通过网络和数据库分享，促进文物保护领域的学术交流和合作，推动整个行业的发展。

五、大数据技术在文物数字化保护中的应用

（一）数据采集与分析

在文物数字化保护中，数据采集是关键的第一步，决定了后续保护和研究工作的质量。高质量的数据采集能够全面、准确地记录文物的各项信息，为后续的保护和研究奠定坚实的基础。传统方法如拍照、测绘和拓片等，已经被广泛使用。然而，随着技术的发展，更多先进的手段被引入。例如，激光扫描技术能够精确捕捉文物的三维形态，甚至细致到肉眼难以察觉的细节。高光谱成像技术则可以分析文物表面的材质和颜料成分，为材质研究提供重要依据。

数据分析是对采集到的数据进行进一步处理和解读的过程，旨在揭示文物的隐藏信息。大数据技术在文物数据分析中发挥着重要作用，通过处理和分析大量的文物数据，我们可以发现数据之间的关联性和规律性，从而为文物的保护和修复提供科学依据。例如，通过综合分析历史文物的材质成分、损毁情况和修复记录，我们可以制定更加精确和有效的修复方案。大数据分析不仅提升了文物保护的科学性，也为文物研究提供了新的视角和方法，推动了文物学科的发展。

在数据采集与分析过程中，数据的标准化和规范化至关重要。文物数据具有多样性和复杂性，制定统一的数据采集标准和规范可以确保不同来源的数据具有一致性和可比性。这对数据共享和交流至关重要，也为大数据技术在文物保护中的应用提供了基础保障。数据的存储与管理也是重要的一环，建立完善的数据存储系统，确保数据的安全性和长期可用性，是数据采集与分析过程中不可忽视的任务。

（二）大数据平台建设

大数据平台在文物数字化保护中起着至关重要的基础性作用。通过全面收集、存储和管理文物的多元信息，大数据平台能够为文物保护提供翔实的数据支撑。这些信息不仅涵盖文物的基本数据，如名称、年代、材质、尺寸等，还

包括文物的历史背景、修复记录、环境监测数据等。大数据平台的构建完善，可以实现文物信息的系统化、标准化和数字化管理，为后续的分析、研究和保护工作打下坚实的基础。

大数据平台的建设需要特别注重数据处理和分析能力的提升。文物信息具有多维度、多层次和复杂性的特点，传统的数据处理方法难以应对如此庞大的数据量和复杂的关联关系。引入大数据技术可以实现对文物数据的高效处理和深度挖掘，揭示文物保护中的潜在问题和规律。例如，大数据分析能够识别出文物劣化的趋势和原因，从而制定更加科学的保护方案，有助于延长文物的寿命和保持其历史价值。

数据安全和隐私保护是大数据平台建设中不可忽视的关键环节。文物数据具有高度的文化价值和敏感性，任何数据泄露或篡改都可能造成难以估量的损失。我们需要建立健全的数据安全管理体系，采用先进的加密技术和访问控制机制，确保文物数据的安全性和完整性。同时，还应制定严格的数据使用和共享规范，保障数据的合法合规使用，防止数据滥用和侵犯文物权益，确保文物保护工作的顺利进行。

大数据平台建设不仅是技术问题，更是一个系统工程，涉及多学科、多领域的协同合作。综合考虑文物保护的实际需求，结合大数据技术的发展趋势，制定合理的建设方案和实施途径是必不可少的。同时，加强人才培养和技术创新，提升文物保护队伍的专业素质和技术能力，为大数据平台建设提供有力的人才保障和技术支持。通过不断完善和优化大数据平台，我们可以为文物保护事业注入新的活力和动力，实现文物保护的现代化和智能化。

六、人工智能技术在文物数字化保护中的应用

（一）AI 识别与分类

通过深度学习和图像识别技术，AI 能够快速高效地对大量文物图像进行自动化识别与分类。这不仅大大提高了文物管理和研究的效率，也为文物的保护和传承提供了新的技术手段。

利用卷积神经网络（CNN）等先进的图像处理算法，AI 系统可以对文物的

形态、纹饰、材质等特征进行精确分析，从而实现自动化的文物分类。如此一来，传统人工操作的误差被大大减少，数据处理的准确性和可靠性得到了显著提升。对于管理者和研究人员而言，这意味着能够更快速地获取文物的详细信息，极大地提高了工作效率。

AI识别与分类技术在文物修复工作中也发挥着重要作用。通过对文物表面的细微损伤进行自动检测，AI可以帮助修复人员快速定位需要修复的区域，并提供科学的修复建议。这种技术不仅提高了修复工作的精度，还减少了人为修复过程中的二次损伤风险。AI技术还可以通过对历史文物的数字化档案进行分析，预测未来可能出现的损伤类型和区域，为文物的预防性保护提供科学依据。

在文物数字化保护的过程中，AI识别与分类技术还促进了文物的数字化展示和教育普及。通过建立详细的文物数据库，AI可以实现文物信息的智能检索和分类展示，方便公众和研究者深入了解和研究。博物馆可以利用AI技术，提供虚拟现实（VR）或增强现实（AR）的文物展示体验，让观众能够身临其境地感受历史文化的魅力。这不仅增强了博物馆的互动性和吸引力，也提高了公众对文物保护的认识和参与度。

（二）智能修复技术

在历史悠久的文物保护工作中，智能修复技术作为一种先进手段，正在发挥着至关重要的作用。通过运用人工智能技术，许多烦琐而细致的修复工作得以自动化完成。智能修复技术以图像识别和机器学习为核心，能够对文物的表面损伤进行自动检测与识别，从而提出修复方案。这种技术不仅提高了修复工作的效率，还大大提升了修复的精度，避免了人为因素导致的误差。

智能修复技术在文物历史信息的重建上也表现出了巨大的潜力。通过大数据和深度学习算法，智能修复技术能够分析和处理大量的历史图像及文献资料，从中提取有效信息，对文物的原貌进行高精度的数字重建。对于一些已经严重损毁的壁画或陶瓷，智能修复技术可以根据残存部分的纹理和颜色信息，模拟出其完整的图案和色彩，使其得以在数字世界中"复原"，为后续的物理修复提供参考。

智能修复技术还具有自我学习与优化的能力。随着技术的不断发展，智能修复系统能够通过不断积累和分析修复案例，进而优化自身的算法和修复策略。这种自我迭代的特性，使得智能修复技术能够逐步提升其处理复杂文物损伤的能力，适应更广泛的修复需求。智能修复系统还可以为文物保护人员提供实时的技术支持和决策建议，进一步保障修复工作的科学性和准确性。

第四节　数字化平台的构建与资源共享

一、数字化平台的构建原则

（一）系统性原则

构建数字化平台时，系统性原则意味着平台的设计和实现需要具备整体性和协调性。文物保护与传承的数字化平台不仅仅是一个简单的信息存储工具，更是一个复杂的系统，它需要整合各种类型的文物数据，如文字、图片、视频、音频等多种媒介。在平台设计初期，我们必须充分考虑各类数据的协调关系，确保各个子系统之间能够无缝衔接，数据能够互通共享，从而实现文物信息的系统化管理。

高效的文物数字化平台在功能模块的设计上也应体现系统性。一个完整的平台应包括数据采集、数据处理、数据存储、数据展示和数据共享等多个功能模块。数据采集模块负责将文物信息数字化，数据处理模块对这些信息进行整理和优化，数据存储模块则确保数据的安全和可持续性。数据展示模块将处理后的文物信息以直观的方式呈现给用户，数据共享模块保证这些信息能够在不同的用户之间进行有效的交流和共享。各模块既要独立存在，又要相互关联，以形成一个协调运作的整体。

在技术实现方面，系统性原则要求数字化平台具备前瞻性和可扩展性。文物保护与传承是一个长期而持续的过程，随着时间的推移，新的文物和新的技术手段会不断出现。因此，平台在构建时应预留一定的扩展空间，确保未来能够方便地引入新技术、新功能。同时，平台还应具备良好的兼容性，能够与其他已有的数字化系统进行对接和整合，形成一个更加广泛的文物保护与传承数字化生态系统。

（二）兼容性原则

兼容性原则要求数字化平台能够兼容多种数据格式和标准，使得各类文物数据在不同平台之间能够互通互用。这不仅有助于文物数据的广泛传播和共享，还能避免因技术更新或平台变迁而导致的数据丢失或无法读取的问题。

1. 数据格式的兼容性

文物数字化过程中产生的数据种类繁多，包括图像、音视频、文本等各类数据。这些数据应尽可能采用国际通用或行业标准格式，如 JPEG、TIFF、PDF等，以确保在不同平台和设备上均能正常读取和显示。采用标准格式不仅有利于数据的长期保存，还能方便后续的数据处理和分析工作，提升文物数字化平台的整体效能。

2. 技术标准的兼容性

数字化平台的建设，需遵循国际和国家相关技术标准，如 ISO、国家文物局发布的相关标准等，以确保平台的技术架构和功能设计能与其他平台和系统兼容。例如，在数据交换和共享上，我们可以采用标准接口协议，实现不同系统间的数据互访和功能调用。遵循技术标准有助于提升平台的扩展性和灵活性，使其能够适应不断变化的技术环境和需求。

3. 平台之间的互操作性

兼容性原则不仅要求数据和技术标准的兼容，还需考虑到不同数字化平台之间的互操作性。为此，平台应支持多种网络协议和数据交换标准，如HTTP、FTP 等，以实现与其他文物数字化平台、科研机构、博物馆等单位的无缝对接和资源共享。这不仅有助于提升文物数字化平台的整体效益，还能促进文物保护和研究工作的跨机构协作与创新发展。

（三）安全性原则

在文物档案数字化平台的构建过程中，安全性原则是至关重要的一环。文物档案作为国家和民族的重要文化遗产，不仅具有历史价值，还承载了丰富的知识和信息。因此，确保其在数字化过程中不被篡改、盗取或丢失，是数字化平台建设的核心任务之一。

1. 建立完善的安全防护体系

建立完善的安全防护体系是实现文物档案数字化安全的重要基础。网络安全、数据加密、身份认证等多方面的安全措施需要全面覆盖。多层次、多维度的安全防护，能够有效地防止外部攻击和内部泄露，保障数字化文物档案的完整性和安全性。例如，网络安全防护可以包括防火墙、入侵检测系统等措施；数据加密可以采用高级加密标准等技术；身份认证则可以通过多因素认证来增强安全性。

2. 持续进行风险评估和安全监控

在数字化平台的整个生命周期中，持续进行风险评估和安全监控是必要的。文物档案的数字化并不是一劳永逸的过程，需要定期进行安全审查和更新维护。通过引入先进的安全监控技术和定期进行安全评估，我们可以及时发现和修补系统的安全漏洞，预防潜在的安全威胁。此外，安全培训和应急演练必不可少，以提高相关人员的安全意识和应急处理能力，确保在突发事件中能够迅速有效地应对。

3. 建立数据备份和灾难恢复机制

数据备份和灾难恢复机制的建立是确保文物档案安全的重要手段。高可靠性的备份系统能够在数据丢失或损坏时，迅速进行数据恢复，确保文物档案的安全和完整。备份系统应采用异地备份和云存储技术，提供多重保障，避免单点故障引发的系统崩溃。同时，灾难恢复计划需要详细制订和定期演练，以确保在突发事件发生时，能够迅速响应和恢复系统功能，最大限度地减小对文物档案的影响。

4. 用户权限的严格管理和审计

用户权限的严格管理和审计是保障文物档案安全的关键措施。数字化平台需要建立完善的用户权限管理体系，确保只有经过授权的人员才能访问和操作相关数据。通过细化权限设置和日志记录，可以有效防止未经授权的访问和操作。定期进行权限审计和日志分析，可以及时发现异常行为和潜在风险，进一步保障文物档案的安全性。

二、数字化平台的技术架构

（一）硬件架构

硬件架构决定了平台的运行效率和稳定性。数字化平台的硬件架构需要高性能、高可靠性和高可用性，以确保在处理和存储大量文物数据时能够稳定高效地运行。

服务器的选择和配置是硬件架构中的核心环节。服务器需要具备高性能的处理能力，能够快速处理大量数据和复杂的计算任务。大容量的存储空间是必不可少的，以应对海量文物数据的存储需求。高可靠性的冗余设计，如双电源、双网卡等，可以提高系统的稳定性和可用性，避免单点故障。服务器还应支持多种数据格式的存储和快速检索功能，以适应文物数据的多样性和复杂性。

存储设备的选型和配置直接影响数字化平台的性能。高性能的固态硬盘和大容量的机械硬盘相结合的混合存储架构，可以确保数据的快速访问和长久保存。独立磁盘冗余阵列技术的应用，通过数据的镜像备份和故障恢复，提高了数据的安全性和可用性。根据数据的重要性和访问频率，合理分配存储资源，优化存储性能和成本。

接入设备在硬件架构中同样重要。高精度的扫描仪、摄影设备以及三维扫描仪等专业设备，决定了文物数字化成果的质量。高分辨率扫描仪和摄影设备能够捕捉文物的细节特征，确保数字图像的清晰度和准确性。三维扫描仪可以生成文物的精确三维模型，为后续研究和展示提供基础数据。设备的选择和配置应满足文物数字化的高标准需求。

网络设备的配置对数字化平台的整体性能和安全性起到了重要的保障作用。高性能的交换机、路由器以及防火墙设备，确保了数据传输的高速稳定，并提供必要的安全防护措施，防止数据泄露和外部攻击。网络架构需支持多点接入和分布式处理，确保不同地点的用户能够方便快捷地访问平台资源，实现资源的共享与互通。

（二）软件系统

软件系统需要具备强大的数据管理能力，以应对大量的文物档案数据。这包括数据的采集、存储、处理和检索等环节。高效的数据库管理系统是必不可少的，系统不仅要能处理海量数据，还必须确保数据的完整性和安全性。先进的数据加密技术和多层次的访问控制机制，保障了数据在存储和传输过程中的安全性，防止未经授权的访问和数据泄露。

高度的可扩展性和兼容性是文物数字化平台软件系统的重要特性。技术不断发展，用户需求也日趋多样化，软件系统必须能够灵活适应这些变化。不同类型的文物资料需要特殊的处理方法，例如图像处理技术、三维建模技术和虚拟现实技术等。这些技术的集成和应用，不仅提升了文物数字化的效果，还为用户带来了更加逼真和互动的体验，增强了文物保护和传承的效果。

用户界面设计是软件系统的关键环节之一。一个简洁明了、操作便捷的界面能够显著提升用户的使用体验。友好的界面设计使用户可以便捷地浏览、查询和下载文物资料，从而实现资源的高效共享和利用。为了满足国际化的需求，软件系统还应支持多语言界面，促进全球范围内的文物研究和交流，推动文物在国际舞台上的展示和共享。

（三）确保网络安全的措施

1. 采用先进的加密技术来保护敏感数据

无论是数据传输过程中的加密通信，还是存储阶段的数据加密，都需要采用高强度的加密算法，确保数据在传输和存储过程中不会被非法访问或窃取。平台还应具备健全的身份验证机制，确保只有经过授权的用户才能访问系统和相关数据。这不仅包括传统的用户名和密码认证，还可以采用更为安全的生物识别技术，如指纹识别和虹膜识别等。

2. 建立完善的安全监控和审计机制

通过实时监控系统的运行状态和网络流量，我们可以及时发现和应对潜在的安全威胁。例如，利用入侵检测系统和入侵防御系统来监测异常活动，并在发现异常时立即采取措施。平台应定期进行安全审计，检查系统的安全配置和日志记录，确保没有任何潜在的安全漏洞。

3. 制订灾备和恢复计划

即使在最严密的安全措施下，仍然有可能遭遇不可预见的网络攻击或自然灾害。为了确保文物数字化数据的安全，平台需要建立完善的数据备份和恢复机制。定期备份数据，并将备份存储在异地，以防止因单点故障导致的数据丢失。同时，还应制订详细的灾难恢复计划，确保在遭遇突发事件时能够迅速恢复系统和数据，最大限度地减少损失。

三、数字化平台的功能模块

（一）数据存储模块

文物数字化平台中的数据存储模块的目的在于确保文物数字化数据的安全存储、管理和高效检索。在数据采集和录入阶段，我们可以通过高分辨率扫描、摄影和 3D 建模等先进技术，将文物的物理形态精确地转化为数字信息。这一过程不仅需要高精度的设备，还需专业人员操作，确保数据的准确性和完整性。

在数据存储方面，我们可以必须设计科学的数据分类和标签系统。每件文物都应包括详细的元数据，如文物的名称、年代、材质、尺寸、出土地点和保存状态等。这些元数据不仅有助于文物的系统管理，还为学术研究提供了丰富的信息源。多媒体数据的存储也至关重要，照片、视频、音频等各类数据需要有序存放，确保文物信息的全面性和多样性。

为了保障数据的长期保存和安全性，数据存储模块应具备强大的备份和恢复功能。定期对数据进行备份，并将备份存储在异地或者云端，防止数据因意外损坏或丢失而无法恢复。建立严格的权限管理和访问控制机制是必要的，确保只有经过授权的人员才能访问和操作数据，以防止数据泄露和滥用。

数据存储模块还需具备高效的数据检索功能。通过建立索引和关键词搜索系统，用户可以快速找到所需的文物信息。先进的数据挖掘和分析技术的应用，可以从海量数据中提取有价值的信息，辅助文物研究和保护工作。这不仅提高了信息检索的效率，也增强了数据利用的深度和广度。

（二）查询检索模块

文物数据库的建设是查询检索模块的基础，数据库应包括每件文物的基本信息、历史背景、保护状态以及相关的图片和多媒体资料。通过全面收集和整理文物信息，数据库为模块提供丰富的数据支撑。同时，数据的规范性和一致性至关重要，以确保文物信息准确且易于检索。

查询检索模块需支持多种检索方式，包括关键词检索、分类检索和组合检索。关键词检索允许用户通过输入关键词快速找到相关文物信息。分类检索利用预设的分类体系，如文物种类、年代、地域等，帮助用户逐步缩小检索范围。组合检索则允许用户同时使用多个检索条件，提高检索的精准度和效率。

为了提升用户体验，查询检索模块应具备智能推荐和关联检索功能。智能推荐功能根据用户的检索历史和行为，自动推荐相关文物信息，帮助用户发现更多感兴趣的内容。关联检索功能通过分析文物之间的关联关系，将相关文物信息链接展示，方便用户进行深入研究和探索。检索结果应以图文并茂的方式进行展示，允许用户自定义结果的排序和筛选条件。为便于后续研究和应用，用户可以将重要的检索结果导出为不同格式的文件。这些功能不仅提高文物信息的检索效率，还为用户提供更加全面和深入的文物信息服务。

（三）用户管理模块

用户管理模块是数字化平台的核心组成部分之一，旨在对平台用户进行有效管理和权限控制。用户管理模块，可以确保平台的安全性和高效性，同时为不同类型的用户提供个性化的服务和资源访问权限。

1. 用户注册和身份验证功能

用户管理模块需要实现用户注册和身份验证功能。用户在首次使用平台时需要进行注册，提供必要的个人信息和联系方式。注册信息通过加密技术进行存储，以确保用户隐私的安全。注册完成后，系统会对用户身份进行验证，通常采用电子邮件验证、手机短信验证或第三方认证等方式。身份验证的目的是防止恶意用户的侵入，保护平台数据的安全。

2. 权限分配功能

权限分配是用户管理模块的重要功能。根据用户的角色和职责，系统可以分配不同的访问权限和操作权限。一般而言，平台用户可以分为普通用户、研究人员、管理员等多个层级。普通用户主要用于访问和浏览公共资源，而研究人员可能需要访问更为详细的文物档案和数据。管理员则拥有最高权限，可以进行用户管理、数据管理和系统维护等操作。合理的权限分配，可以确保平台的安全性和资源的合理利用。

3. 用户行为监控功能

用户行为监控功能是确保平台安全的重要手段。用户管理模块应具备实时监控用户行为的能力，包括用户的登录记录、操作记录和访问记录等。通过对用户行为的分析，我们可以及时发现异常行为和潜在的安全威胁。例如，当系统检测到某一用户频繁尝试访问受限资源或进行大量数据下载时，可以自动触发安全警报，并采取相应的防护措施。此外，用户行为监控还可以为平台的优化和改进提供数据支持，帮助管理人员了解用户需求和使用习惯，进一步提升用户体验。

四、数字化平台的用户体验设计

（一）界面设计

为了全面提升用户体验，界面设计需要从视觉美观、功能布局、用户交互和信息传达等多个方面入手。

1. 视觉美观

视觉美观是界面设计的基本要求。数字化平台的界面应采用简洁、直观的设计风格，避免过于复杂和烦琐的元素。色彩搭配应协调统一，以确保用户在长时间使用时不会感到视觉疲劳。文本与背景的对比度要合适，确保文字可读性。图标和按钮的设计应符号化，便于用户快速理解和操作，这样可以减少用户的学习成本，提高操作效率。

2. 功能布局

功能布局需要合理规划，界面设计应以用户需求为导向。合理划分功能区域，使用户能够方便地找到所需功能。例如，可以将文物信息查询、文物档案管理、数字化展示等主要功能模块放置在首页显眼位置。同时，提供清晰的导航菜单，帮助用户快速定位到不同模块。各功能模块内部的布局也应遵循逻辑性和一致性，避免用户在使用过程中产生混淆，从而提升整体用户体验。

3. 用户交互

用户交互是提升用户体验的重要环节。界面设计应注重交互体验，提供流畅、直观的操作方式。例如，我们可以通过拖拽、点击、滑动等手势操作，实现文物的浏览、放大和缩小等功能。界面设计应提供及时的反馈，用户在点击某个按钮后应立即显示相应的响应结果，避免用户因操作无响应而产生困惑。此外，动画效果和过渡效果可以增强操作的流畅性和趣味性，使用户在使用过程中感受到愉悦。

4. 信息传达

信息传达是界面设计的核心目标。在数字化平台中，文物信息的呈现应简洁明了，避免冗长的文本描述。我们可以通过图文结合、视频展示等多种方式，生动形象地展示文物的历史背景、文化价值和保护现状。此外，我们可以设置信息提示和帮助文档，帮助用户快速了解平台的使用方法和注意事项，提升用户的自主学习能力和使用效率。

（二）交互设计

良好的交互设计不仅仅是界面上的美观，更重要的是要确保用户能够高效、便捷地访问和使用平台上的文物资源。这需要设计者从多个方面入手，综合考虑用户需求、信息架构、交互体验以及系统性能等因素。

1. 分析用户需求

用户需求分析是交互设计的基础。通过用户研究和反馈，我们可以深入了解用户在使用过程中遇到的难点和需求，从而设计出符合用户实际使用习惯的交互流程。例如，了解用户的检索习惯、浏览偏好和信息获取方式，可以极大地提高用户满意度和使用效果。

2. 合理设计信息架构

文物数字化平台通常包含大量的文物资料和信息，如何将这些信息合理地分类、分层次地展示出来，直接关系到用户能否快速找到所需信息。设计者需要考虑文物的种类、年代、地域等多种分类方式，并结合标签系统，方便用户进行多维度的检索。同时，清晰的导航设计也必不可少，导航栏和面包屑导航可以帮助用户随时了解自己所在的位置，并能方便地返回或跳转到其他相关页面。

3. 分析用户的交互体验

用户的交互体验是衡量交互设计成功与否的重要标准。特别是文物展示和互动功能的设计，通过高分辨率的图像和三维模型展示文物，用户可以通过放大、旋转、缩放等交互操作，细致地观察文物的每一个细节。

4. 注重响应速度和系统稳定性

数字化平台的交互体验不仅仅体现在视觉和操作上，更体现在系统的性能上。如果平台加载速度慢、交互操作延迟，都会严重影响用户体验。设计者应通过优化代码、使用合适的技术架构和服务器配置，确保平台的高效运行。同时，还需要建立完善的反馈机制和帮助系统，用户在遇到问题时能够及时获取帮助和支持，进一步提升用户体验。

（三）用户反馈机制

数字化平台的用户反馈机制在文物保护与传承过程中扮演着至关重要的角色。建立有效的用户反馈机制，不仅能够提升平台的用户体验，还能满足用户的多样化需求。通过系统性地收集用户的意见和建议，平台得以持续优化功能，提升系统的稳定性和易用性。这种互动机制增强了用户的参与感，使用户在使用平台时感受到自身意见的重要性，从而进一步促进平台的持续改进和发展。

用户反馈机制对于文物数字化保护资源的完善和丰富也起着积极作用。在使用过程中，用户可能会发现文物资料中的错误或遗漏，通过反馈机制，他们可以及时向平台管理方报告这些问题。管理方依据这些反馈信息进行修正和补充，确保文物资料的准确性和完整性。这种动态更新和维护方式，使数字化平台能够展现出更加真实和全面的文物信息，从而提升资源的可靠性和用户信任度。

用户反馈机制还可以推动文物保护与传承领域的学术研究。通过对用户反馈数据的分析，研究人员可以发现用户在文物信息利用上的共性需求和问题，从而为未来的研究提供有价值的参考。这些反馈数据不仅有助于学术研究，还能为文物保护政策的制定和调整提供科学依据，确保文物保护工作的科学化和规范化。通过深入分析用户反馈，研究人员能够更好地了解用户需求，从而指导更有针对性的研究和政策制定。

用户反馈机制的有效运作需要一套系统化的管理流程。平台应设立专门的反馈渠道，如在线问卷、意见箱和客服热线等，并配备专业的团队进行反馈处理。通过对反馈信息的分类整理和分析，平台可以快速响应用户需求，提升服务质量。这不仅能够增强用户的信任感和忠诚度，还能为文物保护事业吸引更多社会力量的支持和参与。合理的反馈机制管理流程是确保用户反馈能够得到有效利用的关键环节。

五、数字化平台的资源共享机制

（一）资源共享原则

通过开放性、普及性和安全性的综合应用，资源共享原则不仅促进了文物资料的传播，还保护了其完整性和真实性。开放性意味着数字化平台应当遵循开放访问的原则，使得所有用户，无论是研究人员、教育者还是普通民众，都能够方便地获取文物资料。普及性要求平台内容应当涵盖各种类型的文物，满足不同用户的需求，促进文化知识的普及。安全性则确保共享的资源在传播过程中不被篡改或盗用，保障文物资料的真实性和完整性。

为了确保资源共享原则的有效实施，数字化平台需要具备高效的资源管理和调度能力。具体而言，这包括对文物资料的分类、整理、标注和存储等环节的精细化管理。通过建立完善的管理体系，用户能快速准确地找到所需的资料，提高使用效率。同时，平台需要建立完善的用户权限管理体系，明确不同用户的访问权限，既保障资源的广泛利用，又保护文物资料的知识产权和信息安全。高效的资源管理和调度能力是实现资源共享的重要基础，直接影响到平台的用户体验和资源利用效率。

在技术和法律层面，资源共享原则的实施同样需要得到充分的支持。技术方面，数字化平台应采用先进的数据存储和传输技术，确保平台的稳定性和高效性。通过采用最新的技术手段，平台可以提供更好的用户体验，保障文物资料的安全存储和快速传输。法律层面，政府需要制定和遵守相关的知识产权保护政策，防止文物资料在共享过程中出现侵权行为。法律的保障不仅保护了文物资料的原创性，还为平台的长期运营提供了合法合规的支持。

（二）资源共享模式

资源共享模式在文物保护与传承中具有重要意义，它不仅能提高文物资源的利用效率，还能促进知识的传播与文化交流。通过建立一个功能完善的数字化平台，我们可以实现资源共享。该平台不但要存储大量的文物档案资料，还需具备高效的数据检索和展示功能，以确保用户能够快速、准确地获取所需信息。这种平台的存在将极大地方便了学者、研究人员以及普通公众对文物的了解和研究。

资源共享模式的实施需要建立一套明确的标准和规范。数据格式的统一、元数据的规范化以及数据更新机制的设立是其中的关键。标准和规范的制定不仅能够保证数据的准确性和一致性，还能提高数据的可用性和可操作性。数据安全和隐私保护也是资源共享模式中不可忽视的重要环节，合理的权限管理和加密技术，可以有效防止数据泄露和滥用，从而保障文物档案资料的安全性。

在资源共享模式的实际操作中，多机构、多领域的合作是实现资源最大化利用的关键。文物保护不仅是博物馆和文物研究机构的职责，还需要教育机构、科技公司和文化组织的共同参与。通过跨领域的合作，教育机构可以利用数字化平台进行教学和研究，科技公司可以提供技术支持，文化组织可以策划展览和活动，吸引公众的关注和参与，这有助于实现文物保护的全方位发展。

社会公众的参与和支持是资源共享模式成功实施的重要保障。通过数字化平台，公众不仅可以方便地访问文物档案资料，还能了解文物背后的历史和文化故事。这不仅能提高公众的文化素养，还能增强他们对文物保护的认同感和责任感。为吸引更多公众参与，我们可以通过举办线上展览、虚拟博物馆、互动游戏等多种形式，丰富数字化平台的内容和功能，激发公众对文物保护的兴趣和热情。

（三）资源共享策略

1. 制定明确的资源共享政策

政策应详细规定资源共享的范围、权限、方式等内容，以确保各个相关方能够在合法合规的前提下，合理利用数字化平台上的文物资源。这些政策不仅要保护文物的知识产权和文化价值，还要促进资源的高效利用，避免重复建设和资源浪费。同时，政策应灵活应对不断变化的技术环境和法律法规，以保持其时效性和适用性。

2. 建立多层次、多渠道的资源共享机制

文物数字化资源的共享不仅应该在专业机构之间进行，还应扩展到公众教育和社会服务领域。通过与高校、研究机构、博物馆等单位的合作，我们可以共享文物数字化资源，促进跨学科、跨领域的研究与交流。同时，我们可以利用互联网和新媒体技术，向公众开放部分文物数字化资源，使其在教育、文化传播、旅游等方面发挥更大的社会效益。

3. 技术支持和标准规范的制定

技术支持涵盖数据存储、传输、检索等方面，确保文物数字化资源的安全性和稳定性。标准规范则包括数据格式、元数据标准、共享协议等，通过统一的标准规范，确保不同机构、平台之间的资源可以无缝对接和互操作，提高资源的共享效率和质量。此外，技术支持还应包括对新技术的研究和应用，以不断提升资源共享的水平。

4. 进行持续监测和评估

通过定期的监测和评估，我们可以及时发现资源共享过程中存在的问题，调整和优化共享策略，确保资源共享机制的长效运行。监测评估的内容应包括资源的利用率、共享效果、用户反馈等，通过这些数据的分析，可以为未来的资源共享策略提供科学的依据和改进的方向。持续的监测和评估还可以帮助识别新需求和新问题，为资源共享策略的不断完善提供参考。

六、数字化平台的安全管理与维护

（一）安全管理措施

1.建立健全的数据访问控制机制

通过授权和认证系统，确保只有经过授权的用户才能访问和操作文物数字资源。这不仅可以防止未经授权的访问，还可以追踪和记录用户的操作行为，确保数据的安全性和可追溯性。同时，实施细粒度的权限管理，确保不同用户在平台上拥有适当的访问权限，从而最大限度地降低数据泄露的风险。

2.采取网络安全防护措施

对于文物数字化平台，必须部署防火墙、入侵检测系统和防病毒软件等一系列网络安全设备和技术手段，来防范黑客攻击和恶意软件的侵扰。定期进行安全漏洞扫描和系统更新，及时修补系统漏洞，提升平台的整体安全性。采用加密技术保护敏感数据在网络传输过程中的安全，确保数据在传输过程中的机密性和完整性。

3.进行安全管理的培训和宣传工作

定期组织培训，提高平台管理人员和用户的安全意识和技能，确保他们能够正确操作和维护数字化平台。制定和发布安全管理制度和应急预案，明确各类安全事件的处理流程和责任分工，保证在突发情况下能够迅速有效地应对。通过模拟演练和实际操作，提升团队在面对安全威胁时的应变能力，进一步提高平台的安全管理水平。

（二）数据备份与恢复

数据备份与恢复是确保文物档案资料安全的重要环节，旨在应对意外损失，提高数据恢复能力，避免不可逆损害。备份包括定期备份、异地备份和多重备份。定期备份指在固定时间间隔内复制数据，保持最新版本。异地备份是将数据存储在不同地理位置，防范自然灾害或人为事故导致的全面丢失。多重备份则通过多次备份提升数据安全性和可恢复性。

在实施数据备份时，必须确保数据的完整性和一致性。备份前需对数据进行检查和校验，备份过程中需采用加密技术保障数据安全，防止未授权访问或篡改。备份系统应具备自动化功能，按预设计划自动执行备份任务，并生成备份日志，便于后续审查和管理。

数据恢复是在数据丢失或损坏后，通过备份数据进行恢复的过程。恢复速度和准确性直接影响文物档案资料的保护效果。恢复操作中应优先恢复核心数据，确保最重要信息能在最短时间内恢复正常。恢复过程中，我们需进行数据完整性和一致性验证，确保恢复数据与原始数据一致，防止二次数据丢失或损坏。

为了提高备份与恢复的效率和可靠性，文物保护机构应制定详细的备份与恢复策略，并定期进行演练。通过演练，我们能够发现并解决备份与恢复过程中的潜在问题，提升系统应急响应能力。此外，应建立健全的数据备份与恢复管理制度，明确各岗位职责和操作规范，确保备份与恢复工作有条不紊地进行。

（三）平台维护策略

1.建立一套完善的技术维护体系

这包括定期的系统更新和漏洞修补，以防止因技术老化或安全漏洞带来的风险。通过定期的系统更新，我们可以保证平台的软件和硬件始终处于最佳状态，减少因技术落后导致的性能问题。此外，及时修补漏洞是防止黑客攻击和数据泄露的有效手段。定期进行数据备份和恢复测试，能够确保在发生突发事件时，平台可以快速恢复正常运行，保障文物数字化资源的完整性和可用性。数据备份不仅是防范硬件故障的重要措施，也是应对人为误操作和恶意破坏的有效手段。

2.进行文物数字化平台的日常监控与管理

通过实施实时监控技术，我们可以及时发现和处理平台运行中的异常情况。例如，服务器负载过高和网络延迟等问题需要及时调节和优化，以保证用户体验和平台的稳定性。针对平台使用过程中可能出现的网络攻击、数据泄露等安全威胁，建立严格的安全防护机制是不可或缺的。防火墙和防病毒软件可以有效隔离外部威胁，而入侵检测系统则可以在第一时间发现并应对潜在的内部风险。通过多层次的安全防护措施，平台可以更好地抵御各种潜在的威胁。

3.施行平台的用户权限管理

根据用户的不同角色和职责，我们可以设定相应的访问权限，防止未经授权的操作对平台及其数据造成损害。例如，管理员应拥有最高权限，而普通用户则仅能访问与其工作相关的功能和数据。同时，加强用户安全意识培训，提升用户的安全防范能力，可以有效减少人为操作失误带来的风险。通过定期的培训和演练，用户可以更好地掌握安全操作规范，从而提升整体安全水平。

第五章　古树木的保护与利用

第一节　古树木保存现状及应对策略

一、古树木保存现状概述

（一）保存数量

古树木作为一种重要的文化和自然遗产，其保存数量是衡量其保护状况的重要指标。根据全国各地的调查统计，现存古树木的数量虽然在某些地区有所增加，但整体数量却呈现下降的趋势。这一现象主要是多种因素共同作用的结果，包括自然灾害、人为破坏以及环境变化等。

在一些历史文化名城和风景名胜区，保存完好的古树木数量相对较多。这些地区由于经济条件较好，且保护意识较强，往往能采取相对完善的保护措施，例如，定期的保养和修剪、病虫害防治等。完善的经济条件和高水平的保护意识使得这些地区的古树木得以较好保存，成为当地一道重要的自然和文化景观。

然而，在一些偏远和经济落后地区，古树木的保存状况则不容乐观。这些地区往往因缺乏足够的资金和技术支持，使得古树木的保护工作难以有效开展，这导致其数量逐年减少。缺乏科学的管理和保护措施，使得这些古树木面临着被自然灾害和人为破坏摧毁的风险，亟须更多的关注和支持。

随着近年来国家和地方政府对文化遗产保护的日益重视，古树木保护也逐渐受到关注。许多地方政府开始对古树木进行普查，建立古树木档案，并采取相应的保护措施，如设立保护标志、划定保护范围、进行科学管理等。这些措施在一定程度上遏制了古树木数量的进一步减少，为古树木的长期保存打下了坚实的基础。

（二）保存状态

古树木作为文化遗产的重要组成部分，承载着丰富的历史信息和人类与自然和谐共生的生态智慧。然而，当前古树木的保存状态却令人担忧，面临着诸多挑战和威胁。

许多古树木由于年久失修、自然老化、病虫害侵袭以及人为破坏等多种因素，正面临着不同程度的衰退和消亡。根据最新的调查数据，全国范围内的古树木保存状况不容乐观，部分地区的古树木数量呈显著减少的趋势。自然因素如气候变化、土壤质量下降等，都在不同程度上加速了古树木的老化和衰退。

古树木的保存状态还受到人为因素的严重威胁。城市化进程的加速和土地开发的扩大，导致古树木赖以生存的生态环境不断恶化。许多古树木因工程建设、道路扩建等原因被迫移除或损毁。不当的修剪和维护措施也对古树木的健康造成不可逆转的损害。过度修剪则则会削弱树木的生长能力，增加病虫害的侵袭风险，进而导致树木早期死亡。

现有的古树木保护机制和法律法规尚不完善，执行力度也有待加强。尽管国家和地方政府已经制定了一些保护古树木的政策，但在实际操作中仍存在诸多问题。例如，保护资金的短缺、专业技术人员的匮乏以及公众保护意识的不足，都是制约古树木保护工作的重要因素。现有的政策往往缺乏细致的落实方案，导致保护措施流于形式。为确保古树木资源的可持续利用，需要从政策、技术、资金和公众参与等多方面入手，制定和实施更加科学与系统的保护策略。政府应加大保护资金的投入，建立专门的技术团队，对古树木进行定期监测和维护。同时，应加强公众宣传教育，提高社会对古树木保护的意识和参与度，形成全社会共同保护的氛围。

二、古树木保护中面临的自然威胁

（一）气候变化

气候变化是古树木保护中面临的主要自然威胁之一。随着全球气候变暖，极端天气事件的频率和强度都在增加，这对古树木的生长环境造成了严重影响。高温干旱会导致土壤水分不足，使得古树木的根系无法正常吸收水分和养分，进而影响其生长和健康。暴雨和洪水则可能引发土壤侵蚀，破坏古树木的根系稳定性，增加了古树木倾倒的风险。

高温和干旱是气候变化带来的直接影响，会使土壤水分迅速蒸发，导致古树木根系缺水。根系无法吸收足够的水分和养分，古树木的生长速度会大大减慢，甚至出现健康问题。干旱还会使土壤变得更加坚硬，进一步阻碍根系的生长和扩展。暴雨和洪水则会冲刷与侵蚀土壤，使得根系暴露在空气中，失去稳定性，容易导致古树木倾倒，特别是在山地和坡地等地势不平的地区。

气候变化还可能导致病虫害的频发和扩散。温度升高和湿度变化为许多病虫害提供了适宜的繁殖条件，古树木因此面临更大的病虫害威胁。例如，某些真菌病害在温暖潮湿的环境中更易传播，这会对古树木的树皮和木质部造成破坏。此外，气候变化还可能改变病虫害的地理分布，使得原本不在某一地区出现的病虫害开始侵袭当地的古树木。

病虫害在温暖和潮湿的环境中繁殖速度加快，对古树木的破坏性也更大。真菌病害会侵蚀树皮和木质部，削弱古树木的结构，甚至导致树木死亡。气候变化还可能导致某些病虫害扩散到新的地区，原本未受到这些病虫害影响的古树木也会因此面临新的威胁。这种地理分布的变化增加了病虫害的防治难度，给古树木的保护工作带来更大挑战。

气候变化还会影响古树木的生物多样性。古树木通常是生物多样性的重要载体，其树冠、树干和根系为多种动植物提供了栖息地。然而，气候变化可能导致某些依赖古树木生存的物种减少甚至灭绝，从而破坏生态平衡。例如，某些依赖古树木生存的苔藓和地衣在温度和湿度变化的情况下可能会逐渐消失，这不仅损害了古树木的生态环境，而且削弱了其生态功能。

生物多样性是维持古树木生态系统稳定的重要因素。古树木为许多依赖其生存的动植物提供了栖息地，如苔藓、地衣和某些昆虫等。气候变化所导致的温度和湿度变化，会使得这些依赖古树木生存的物种面临生存危机，甚至灭绝。物种的减少不仅会破坏古树木的生态平衡，而且会削弱其生态功能，进一步加剧古树木的生存压力。

（二）自然灾害

古树木的保护面临着诸多挑战，其中自然灾害是一个不可忽视的关键问题。地震、风暴、洪水等频发的自然灾害，对古树木的生存构成了严重威胁。这些灾害不仅直接导致树木损坏或死亡，还可能改变其生存环境。地震可能导致树木根系受损，无法正常吸收水分和养分；洪水和暴雨则可能导致树木根部长期浸水，影响其呼吸和生长。

风暴是对古树木构成重大威胁的一种自然灾害。强风不仅可能折断树枝，甚至连根拔起古树木，造成无法逆转的破坏。尤其是在一些风暴高发地区，古树木频繁遭受风暴袭击，其生存环境和结构都受到极大的挑战。一旦遭到风暴侵袭，恢复起来非常困难，常常需要长期的监测和护理。

长期的干旱也对古树木生存造成威胁。古树木依赖地下水或土壤中的水分来维持生命，而干旱将导致水源枯竭，土壤水分减少，树木生长停滞，甚至枯死。干旱的影响通常是隐性的、长期累积的，因此在气候变化背景下，干旱问题需要引起特别关注。

火灾是古树木保护中不可忽视的自然灾害。无论是森林火灾还是人为引发的火灾，都可能对古树木造成毁灭性的打击。火灾不仅会直接烧毁树木，而且会破坏其生存的土壤和生态环境，导致古树木无法在烧过的土地上重新生长。因此，针对火灾的预防和应对措施，也是古树木保护工作的重中之重。

三、古树木保护中面临的人为破坏

（一）人为破坏行为

古树木作为重要的文化遗产和生态资源，其保护面临着多种挑战。其中，人为破坏行为尤为严重。这些行为包括非法砍伐、刻画树皮、攀爬折断枝干以及不当的修剪等，对古树木的健康和生长造成了直接损害，还可能导致树木内部结构受损，引发病虫害侵袭。非法砍伐多出于经济利益，如取材、制作工艺品等，对古树木资源造成不可逆的破坏。

人为破坏行为的隐蔽性和突发性增加了监管难度，常在无人监督的情况下发生，管理和执法部门难以提前预防。一些不法分子利用夜间或偏僻的环境进行破坏，古树木保护工作因此处于被动局面。部分地区因缺乏有效保护措施和法律法规执行力度，非法砍伐和破坏行为愈演愈烈，严重威胁古树木资源的可持续性。

公众对古树木价值的认知不足也是人为破坏行为频发的重要原因。许多人不了解古树木的历史、文化和生态价值，认为其与普通树木无异，缺乏应有的保护意识。例如，一些游客在古树木上随意刻画留名，认为这是一种纪念方式，却不知其行为会对树木造成不可恢复的伤害。教育和宣传的不足会导致公众保护意识薄弱，这加剧了人为破坏的严重性。

城市化进程的加快和基础设施建设的推进也对古树木造成了直接或间接的破坏。在一些城市规划和建设过程中，古树木常被视为妨碍物，面临被移除或修剪的风险。施工过程中的机械操作、地基挖掘、土壤压实等行为，可能导致古树木根系受损，影响其正常生长和稳定性。此类人为破坏行为虽属开发建设的无意后果，但其危害性同样不可小觑。

（二）城市化影响

城市化进程的加速对古树木的生存环境造成了极大的冲击。在城市扩展和基础设施建设过程中，古树木往往被置于开发用地的范围内，面临被砍伐或移植的命运。虽然移植可以在一定程度上保留古树木，但移植过程中根系的损伤和环境的骤变常常导致古树木的生长状况恶化，甚至枯死。新建城市基础设施如道路、管线等的铺设也会破坏古树木的根系，影响其正常生长和吸收营养的能力。

城市化进程不仅直接威胁着古树木的生存，还通过改变其生存环境间接影响古树木的健康。城市热岛效应、空气污染以及土壤污染等问题在城市化地区尤为突出，这些环境变化对古树木的生理机能产生负面影响。例如，空气中的有害物质会通过树叶气孔进入植物体内，导致光合作用效率下降；土壤中的重金属污染会影响根系的正常吸收功能，进而影响树木的生长和健康。

人为活动的频繁对古树木也带来了直接破坏的威胁。随着城市人口的增加和公共空间的需求，古树木所在的绿地和公园成为人们的休闲娱乐场所。然而，由于缺乏有效的保护措施，公众意识的不足，古树木常遭到人为破坏，如刻画树干、破坏树皮等行为。这些行为不仅直接损伤树木的组织，还可能成为病虫害的入侵通道，进一步威胁古树木的健康和生存。

应对城市化对古树木的影响，需要从政策、技术和公众教育多方面入手。政府应制定严格的古树木保护法规，禁止在未经批准的情况下砍伐或移植古树木，并要求在城市规划中优先考虑保护古树木的生存环境。技术上，需要采用先进的树木保护和移植技术，确保在必要的情况下，能够最大限度地减少对古树木的伤害。通过公众教育，提高市民对古树木保护的重要性认识，减少人为破坏行为，共同维护珍贵的古树木资源。

四、古树木保护的社会意识解决策略

（一）提高公众认知的办法

通过开展各种形式的教育活动，可以提高公众对古树木的认知。例如，学校可以将古树木保护知识纳入课程内容，通过课堂教学和课外活动，使学生从小就形成保护古树木的意识。学校可以组织学生参观古树木，并配合历史课讲解其文化背景，帮助学生理解其重要性。社区和媒体也可以通过举办讲座、展览和宣传活动，向公众普及古树木保护知识。社区可以组织居民参加古树木保护活动，媒体可以制作专题节目或文章，介绍古树木的历史和生态价值。此外，利用现代科技手段，如社交媒体和虚拟现实技术，能够更直观地展示古树木的价值，吸引更多公众关注。虚拟现实技术可以让人们身临其境地感受古树木的壮丽与珍贵，从而加深对其保护的认同感。

政府和非政府组织在提升公众认知方面也发挥着重要作用。政府可以通过制定政策和法规，明确古树木保护的法律责任和义务，增强公众的法律意识。例如，政府可以设立古树木保护条例，规定保护措施和处罚机制。非政府组织则可以通过组织志愿者活动，鼓励公众参与古树木保护工作，增强公众的参与意识和责任感。非政府组织可以定期组织清理古树木周边环境、保护古树木健康的活动，并通过社交媒体分享活动情况，吸引更多人参与。通过多方合作，共同提高公众对古树木的认知和保护意识，有助于形成全社会共同参与保护古树木的良好氛围。

（二）提升保护意识的办法

1. 公众教育

通过开展各种形式的科普活动，可以有效地向公众传递古树木的生态、文化和历史价值。例如，可以在学校课程中融入古树木保护的相关知识，让学生从小树立保护古树木的意识。同时，利用现代媒体手段，如社交网络、电视节目等，广泛传播古树木保护的意义，吸引更多人关注并参与到保护行动中来。这种教育不仅有助于增强公众的环保意识，还能通过知识传播形成保护古树木的社会共识。

2. 社区参与

古树木保护不仅需要专业人士的介入，更需要广大社区居民的积极参与。通过组织志愿者活动和建立古树木保护协会等方式，可以鼓励居民参与到古树木的日常维护和管理中。社区居民在保护古树木的过程中，不仅能够增强对古树木的了解，而且能培养环保意识，形成保护古树木的社会氛围。这种社区层面的参与能够有效动员更多社会力量，共同维护古树木的生存环境。

3. 政策引导和支持

制定和实施古树木保护的法律法规，明确保护责任和义务，能够增强社会对古树木保护的重视程度。同时，政府可以设置专项基金，支持古树木保护项目的实施，提供必要的技术和资金保障。通过政策引导，使保护古树木成为社会各界的共识和自觉行动。这种政策层面的支持能够为古树木保护提供坚实的法律和经济基础，确保保护措施的有效落实。

五、古树木保护的技术和资金问题及解决策略

（一）技术短缺及解决策略

在古树木保护过程中，技术短缺是一个突出挑战。这主要体现在专业人才的缺乏和技术手段的不足。尽管我国在古树木保护方面已有一定的研究和实践基础，但与国际先进水平相比，仍存在较大的差距。许多保护项目由于缺乏科学的技术支持，导致保护效果不尽如人意。

具体而言，许多地方缺乏具备专业知识和技能的技术人员，这不仅影响了保护工作的质量，也限制了新技术、新方法的应用和推广。古树木保护需要综合运用多学科知识，包括植物学、土壤学、微生物学等。然而，由于技术短缺，许多保护措施往往只是停留在表面处理，而未能深入解决根本问题。例如，在古树木的病虫害防治方面，传统的方法效果有限，而现代生物技术尚未得到充分应用。

对于古树木的生长环境改善、土壤改良、营养供给等方面，缺乏系统的研究和有效的技术手段也成为一大困扰。这些问题严重制约了古树木的健康生长和长期保存。技术短缺还表现在缺乏系统的保护规划和标准。当前，许多古树木保护项目缺乏科学的规划和规范的操作标准，导致保护效果参差不齐。

没有统一的技术标准和操作规程，保护工作往往依赖个人经验和主观判断，难以保证持久和有效的保护效果。这不仅增加了保护工作的难度，也可能造成不可逆的损失。因此，建立科学、系统的古树木保护技术体系和标准，是解决技术短缺问题的关键。针对技术短缺问题，亟须加强科技投入和人才培养。一方面，需要加大科研力度，开发和推广先进的保护技术与设备，提升保护工作的科技含量。另一方面，需要通过教育和培训，提高技术人员的专业素养和技能水平，建立一支高素质的保护队伍。此外，还应加强国际交流与合作，学习借鉴国际先进的经验和技术，提高我国古树木保护的整体水平。

（二）资金不足及解决策略

在古树木保护和利用过程中，资金不足是一个普遍且严峻的挑战。许多古树木位于偏远地区或经济欠发达地区，当地政府和社区往往缺乏足够的财政资源来支持相关的保护工作。这些工作包括专业的调查、监测、维护和修复，每个环节都需要一定的资金投入。然而，资金不足的状况使得这些必要的保护措施难以全面实施，从而使古树木面临更大的风险，甚至可能导致其加速老化和损毁。

资金不足不仅影响保护工作的实施，还严重影响古树木保护工作的长效性和可持续性。保护古树木并非一次性的任务，而是需要长期、持续的投入。资金匮乏可能导致基础设施的缺乏，例如，缺乏专业的监测设备和维护工具，无法及时进行病虫害防治和土壤改良等关键性保护措施。这不仅会影响古树木的健康状况，还可能加速其老化和衰退，从而进一步增加保护难度。

科研工作的开展同样受到资金不足的制约。科学研究是古树木保护的重要基础，只有通过系统的科学研究，才能准确了解古树木的生长状况、环境需求和病虫害防治方法。然而，科研经费的不足使得相关研究难以深入开展，保护工作的科学性和有效性因此受到限制。此外，科研资金的缺乏还可能限制人才培养和技术培训，进一步影响古树木保护工作的专业化和规范化。

解决资金不足的问题需要多方协作和共同努力。政府应加大对古树木保护的财政支持力度，设立专项保护基金，并制定相应的政策和法规，鼓励社会力量参与古树木保护。同时，可以通过多种渠道筹集资金，例如，开展公众募捐、寻求企业赞助和合作等。通过多元化的资金来源，确保古树木的保护工作顺利进行，得到可持续发展。

第二节　古树木保护策略与技术创新

一、古树木保护的基本原则

（一）预防为主

1. 加强日常管理和维护

预防性保护策略强调通过日常管理和维护，避免或减少对古树木的损害。这一策略不仅能够延长古树木的寿命，还能更好地保护其文化和生态价值。预防性保护的核心在于建立科学的监测和管理制度，定期检查古树木的生长状况，及时发现并处理潜在的问题，如病虫害、结构损伤等。通过科学的监测手段，如树木健康诊断技术，可以有效预测和预防古树木可能面临的威胁。

2. 建立完善的应急预案

应急预案包括详细的灾害预防和应对措施，如防风、防火、防洪等。在实际操作中，可以通过设置防护设施、加强古树木周边环境的管理等手段，从而减少外部环境对古树木的不利影响。灾害预防措施与应急响应策略的结合，可以在突发事件发生时迅速采取行动，最大限度地减少对古树木的损害。

3. 加强公众教育和宣传

加强公众教育和宣传，提高社会对古树木保护重要性的认识，是预防性保护的重要组成部分。通过各类宣传活动和教育项目，可以增强公众对古树木文化和生态价值的理解，促使更多人参与到保护行动中来。公众的参与不仅有助于形成广泛的保护网络，而且能为古树木保护工作提供更多支持和资源。

同时，现代科技的发展为古树木保护提供了更多可能性。利用遥感技术进行大范围的树木健康监测，采用生物工程方法治疗树木病害等先进技术，显著提高了保护工作的效率和效果。科技手段的应用能够更准确地掌握古树木的生长动态，及时采取相应的保护措施，确保古树木的健康生长。科技与保护策略的融合，为预防性保护提供了有力的支持。

（二）多方参与

1. 政府部门

政府部门在古树木保护中起着主导作用。其职责包括制定保护政策、法律法规，提供资金支持，组织协调各方力量。政府部门还需加强对保护工作的监督和管理，确保各项措施的落实和执行。通过建立和完善相关法律法规，政府可以有效遏制破坏古树木的行为，并为保护工作提供法律保障。此外，政府部门应推进古树木保护的普及和宣传，从而提高公众的保护意识。

2. 科研机构

科研机构在古树木保护中扮演着技术支持和创新的重要角色。通过开展相关研究，科研人员能够深入了解古树木的生长特性、健康状况和生态环境，从而提出科学的保护方案和技术措施。科技创新在古树木保护中尤为重要，先进的监测技术、病虫害防治技术和生态修复技术的应用，能够显著提高保护工作的效果和效率。科研机构还应加强与政府和社会组织的合作，推动研究成果的实际应用。

3. 社会组织和公众参与

社会组织和公众的参与是古树木保护的重要力量。社会组织可以通过开展宣传教育活动，提高公众对古树木保护的认识和意识，推动更多人参与到保护行动中。公众的广泛参与不仅可以增强保护工作的社会基础，还能通过志愿服务、捐款等形式，为古树木保护提供更多的资源支持。公众的监督和反馈也有助于促进保护工作的透明和公正，形成良好的社会监督机制。

二、古树木保护的生物技术应用

（一）生物防治

生物防治技术在古树木保护中扮演着至关重要的角色。古树木作为生态系统的重要组成部分，承载着丰富的历史文化信息，其保护工作尤为重要。生物防治是指利用生物因子，如天敌、寄生物和病原微生物等，对古树木上的有害生物进行制约和控制，从而达到保护古树木的目的。这种方法不仅环保，而且能够有效减少化学药剂的使用，从而避免对生态环境和古树木本身造成进一步的伤害。近年来，生物防治技术在古树木保护中的应用逐渐增多，成为一种重要的保护手段。

选取适当的生物防治因子是确保古树木保护效果的关键。研究表明，不同的有害生物适合不同的生物防治因子。例如，对于某些害虫，可以引入其天敌进行捕食控制；对于病菌，可以利用拮抗微生物进行竞争排斥。这需要深入的生态学和生物学研究，以确定最佳的生物防治因子组合。还需要考虑这些生物防治因子的生存环境和适应能力，确保其在古树木生长环境中能够有效发挥作用。科学合理的因子选择和组合是古树木生物防治成败的关键。

生物防治技术的实施还需结合现代技术手段。利用分子生物学技术，可以精确识别和分类有害生物及其天敌，进而制定针对性的防治策略。利用遥感技术和信息技术，可以实时监测古树木的健康状况和有害生物的动态分布，为生物防治措施的实施提供科学依据。这些现代技术手段的应用，使得生物防治技术更加精准和高效，为古树木的保护提供了强有力的技术支撑。技术手段的进步和应用极大地提升了生物防治的效果和效率。

生物防治技术的推广与应用，需要加强相关知识的普及和技术培训。古树木保护涉及多学科的交叉，需要生物学、生态学、林学等领域的专家共同参与。通过举办培训班、专题研讨会等形式，可以提升相关人员的专业知识和技术水平，促进生物防治技术的推广和应用。同时，还需加强与国际先进技术的交流与合作，借鉴国外先进经验，提升我国古树木保护的整体水平。知识普及和技术培训是生物防治技术得以广泛应用的基础。

（二）基因保护

对古树木的遗传背景进行全面调查和评估是基因保护的首要步骤。采用分子生物学技术，如DNA条形码和基因组测序，科学家可以精确识别古树木的种类、种群结构和遗传多样性。这些数据不仅为基因保护提供了科学依据，还为制定针对性的保护策略奠定了坚实基础。通过详细的遗传背景调查，能够更好地了解古树木的生态需求和适应性，从而制定有效的保护措施。

基因库的建立是基因保护的重要步骤之一。在这一过程中，科学家通过采集古树木的种子、枝条、叶片等生物材料，进行离体保存和组织培养。这些保存手段不仅能够确保古树木的基因资源不受外界环境的影响，还可以在必要时用于繁殖和复壮古树木种群。基因库的建立为未来的科学研究和生物技术应用提供了宝贵的资源，有助于深入地理解和利用古树木的遗传特性。

遗传改良和生物技术手段在基因保护中也扮演着重要角色。利用基因编辑技术，科学家可以对古树木的基因组进行精准调控，赋予其更强的抗病虫害、抗干旱、耐盐碱等特性。这不仅有助于提高古树木的存活率和生态适应性，还能减少保护过程中对化学药剂的依赖，推动可持续的生态保护模式。科学家通过遗传改良，古树木的生态功能和适应能力可以得到显著增强。

三、古树木的生态环境优化策略

（一）环境改善

1. 土壤管理

加强对古树木周边土壤的管理是改善其生长环境的重要措施。土壤的通气性、排水性和养分含量直接影响古树木的生长状况。科学施肥可以补充土壤中的养分，确保古树木获得足够的营养。优化排水系统能够防止积水对树根造成损害，改良土壤可以提高其通气性和结构，从而为古树木提供适宜的生长基质。

2. 水资源管理

古树木需要稳定的水分供应来维持其正常生长，但过多或过少的水分都可能给其带来不利影响。根据古树木的种类和具体生长需求，制订合理的灌溉计划是非常必要的。适当的排水措施能够避免水涝，而利用雨水收集系统和滴灌技术，不仅可以节约水资源，而且能确保古树木获得充足的水分供给，从而避免干旱所带来的危害。

3. 空气管理

空气质量的提升对古树木的健康来说也至关重要。空气中的污染物如二氧化硫、氮氧化物和粉尘等会对古树木产生负面影响。减少周边工业排放、增加绿化带和设置防护林带，可以有效改善空气质量，为古树木提供清洁的生长环境。定期对古树木进行细致的健康监测，及时发现并处理病虫害问题，有助于保障其生长环境的安全和稳定。

4. 生态系统维护

古树木周边生态系统的维护同样重要。古树木与周边的动植物形成复杂的生态关系，保护其生长环境不仅需要关注树木本身，还需要维护其周边的生态平衡。通过加强对周边植物的管理，保护野生动物栖息地，减少人类活动对生态环境的干扰，可以为古树木创造一个稳定且可持续的生态环境，从而促进其长久健康发展。

（二）水土保持

合理的水土保持措施不仅可以防止土壤侵蚀，还能保持土壤的肥力和湿度，为古树木提供一个稳定的生长环境。

结合工程措施和生物措施是有效的水土保持方式。工程措施包括修建梯田、拦水坝、排水沟等，这些措施可以有效地控制地表径流，减少水土流失。修建梯田可以缓解陡峭地形带来的水土流失风险，拦水坝能够储存并缓流地表水，而排水沟则有助于引导多余水分，防止积水造成的土壤侵蚀。这些工程措施在控制水流方面起到了显著作用，有助于保持古树木生长环境的稳定性。

生物措施如植树造林、护坡种草等，通过增加植被覆盖率，增强土壤的固结能力，从而进一步防止水土流失。植树可以增加地表覆盖，减少雨水对土壤的直接冲刷，护坡种草则能够通过植物根系的固定作用，稳固土壤结构。这些措施不仅改善了土壤结构，还提高了土壤的保水能力，为古树木的持续健康生长提供保障。生物措施的实施能有效提升生态系统的自我修复能力，实现长期的水土保持效果。

水土保持措施需要考虑古树木所在区域的水文条件和气候特征。根据不同地区的降水量、蒸发量和地形特点，因地制宜地制定水土保持方案。在降水量较多的地区，可以采用拦水坝和排水沟相结合的方式，控制地表径流，防止土壤侵蚀；而在干旱地区，则应注重提高土壤的保水能力，通过增加有机质含量和覆盖物，减少土壤水分蒸发，保持土壤湿度。因地制宜的策略能够更好地适应当地的自然条件，确保水土保持措施的有效性。

水土保持策略应结合古树木的生理特性和生长需求。不同种类的古树木对水分和土壤养分的需求各不相同，因此，在制定水土保持措施时，保护古树木的工作者需要充分考虑古树木的特性，确保其根系能够获得充足的水分和养分。对于根系较浅的古树木，应避免采用过度开挖和扰动土壤的措施，而应更多地依靠生物措施来保持土壤的稳定和湿度。确保古树木的根系在不受破坏的情况下，能够持续从土壤中获取必要的养分和水分，是水土保持的重要目标。

四、古树木保护的综合管理机制

（一）管理体系

政府部门应出台专门的古树木保护法律法规，明确各级政府、相关部门及社会各界的职责与义务，确保古树木保护工作有法可依、有章可循。法律法规应明确规定古树木的保护范围、保护措施、责任主体及惩罚机制，确保每一项保护工作都有据可循。同时，法律的执行监督机制也需完善，通过定期检查和专项督查，确保各项法律法规的有效落实。

建立专门的古树木保护机构是确保保护工作顺利开展的关键。这些机构应负责具体的保护规划、实施与监督工作，制定科学合理的保护方案，确保各项保护措施得到有效落实。机构应具备专业的技术团队，能够对古树木进行科学评估和监测，及时发现并解决保护过程中出现的问题。

信息化手段的运用在现代保护管理体系中不可或缺。通过建立古树木信息数据库，全面记录每棵古树的基本信息、健康状况、保护措施及历史文化价值等，为科学保护和管理提供重要依据。现代信息技术，如地理信息系统、遥感技术和物联网等，可以实时监测古树木的生长环境和健康状况，及时发现并处理可能存在的问题，提高管理效率和科学性。

公众参与是古树木保护管理体系的重要环节。通过开展古树木保护宣传教育活动，提高公众的保护意识，让更多的人了解和重视古树木的文化价值与生态意义。建立公众监督机制，通过社会监督和举报渠道，鼓励公众参与到古树木的保护工作中来，形成全社会共同保护的良好氛围。此外，可以通过志愿者服务、社区参与等方式，让更多的人直接参与到古树木的日常保护和管理中，增强保护工作的广泛性和深入性。

国际合作与交流也是提升古树木保护管理水平的重要途径。学习国外先进的古树木保护经验和技术，通过与国际组织和相关国家的合作，开展古树木保护方面的科研项目和技术交流，推动古树木保护领域的技术创新和管理模式优化。国际合作不仅有助于提升本国的古树木保护水平，还能为全球文化遗产保护事业贡献力量。

（二）监督机制

为了确保古树木保护措施得以有效实施，建立健全的监督机制是必不可少的。有效的监督机制不仅能确保保护政策和技术方案的落实，还能及时发现和纠正保护过程中存在的问题，从而增强整体保护效果。

法律法规是监督机制的基础。地方政府应当制定和完善有关古树木保护的法律法规，明确各级政府、专业机构和个人在古树木保护中的责任和义务。通过法律手段，可以规范和约束各方行为，确保古树木保护工作的有序开展。法律法规的执行需要配套的执法机构和人员，通过定期巡查和突击检查等方式，确保各项保护措施得到有效实施。

专业技术监督是保障古树木保护效果的重要手段。专业技术人员应定期对古树木的健康状况进行监测和评估，利用现代科技手段，如遥感技术、地理信息系统和大数据分析等，建立古树木监测平台。他们还通过科学的数据分析，及时发现古树木的病害和环境变化，采取针对性的保护措施。同时，专业技术人员应对保护措施的实施过程进行监督，确保技术方案的正确执行。

公众参与是监督机制的重要组成部分。通过公众的广泛参与，可以增强监督的广泛性和有效性。政府和相关机构应通过宣传教育，提高公众对古树木保护的认识和参与意识。鼓励公众通过各种方式，如举报热线、网络平台等，监督和举报破坏古树木的行为。此外，政府还可以组织公众参与古树木保护的志愿活动，从而增强保护工作的透明度和公众的监督力度。

信息公开是监督机制的有力保障。政府和相关机构应及时公开古树木保护的相关信息，包括保护政策、实施情况、监督结果等。通过信息公开，增强保护工作的透明度，接受社会各界的监督和评议。建立古树木保护信息共享平台，方便公众了解和监督保护情况，提高监督机制的公信力和执行力。

五、古树木保护的社区参与

（一）社区教育

古树木作为自然生态系统和文化遗产的重要组成部分，其保护工作至关重要。在这项保护工作中，社区教育扮演了不可或缺的角色。通过有效的社区教育，公众可以更好地理解古树木的价值和保护的紧迫性，从而增强保护意识和责任感。

社区教育可以通过多种形式来实现。举办专题讲座是一种有效的方式，通过邀请专家学者向社区居民详细介绍古树木的生态价值、历史背景以及保护技术，居民可以更深入地了解古树木的重要性。讲座不仅可以传播知识，还可以解答社区成员的疑问，增加他们的知识储备，增强他们对古树木的保护意识。此外，制作宣传册和海报，分发在社区的公共场所，如社区中心、学校和图书馆等，可以让更多人接触到古树木保护的重要信息。这些宣传资料可以设计得生动有趣，以吸引不同年龄段的居民，让他们更容易接受和理解相关知识。

实际行动是社区教育的重要形式。组织社区成员开展古树木保护志愿活动，如清理周边环境、修剪枯枝、监测健康状况等，不仅能够提升社区成员对古树木的关注度，还能在实践中增强他们的保护技能。通过参与这些活动，社区成员能够体验到保护古树木的实际意义，激发他们的参与热情和归属感。这种参与式教育方式不仅能够提高保护效果，还能促进社区凝聚力，形成共同保护古树木的良好氛围。

（二）志愿者活动

志愿者活动的组织与实施需要科学规划和系统培训，以确保活动的有效性和可持续性。志愿者的工作可以涵盖多方面内容，包括古树木的健康监测、病虫害防治、清理周边环境、土壤改良及建立保护围栏等。通过志愿者的协助，定期对古树木进行健康检查，发现病虫害及时进行处理，改善周边环境，提升古树木的生长环境和健康状况。这些工作不仅需要志愿者的热情，还需要他们具备一定的专业知识和技能，因此系统地培训变得尤为重要。

志愿者活动的成功离不开良好的宣传与动员。通过多种渠道，如社区广播、社交媒体、宣传手册等，向公众普及古树木保护的重要性和紧迫性，吸引更多有志之士加入志愿者团队。可以开展一些吸引力强的活动，如古树木认养、保护知识讲座、现场参观体验等，让更多人了解并参与对古树木的保护。这些活动不仅能够扩大志愿者的队伍，还能提高社区居民的环保意识和社会责任感，从而形成良性的互动循环。

志愿者活动的长期有效运行需要建立一套完整的管理和激励机制。志愿者的招募、培训、考核和激励措施都需要系统化和规范化。通过定期的培训和交流，提升志愿者的专业知识和技能，增强他们的保护意识和责任感。同时，对表现优异的志愿者给予表彰和奖励，激发他们的积极性和参与热情。此外，还可以通过建立志愿者档案和荣誉制度，记录志愿者的贡献和成长，增强他们的归属感和荣誉感。完善的管理机制不仅能够提升志愿者活动的质量，还能确保活动的持续性和有效性。

第三节　古树木的活化利用与文化传承

一、古树木活化利用的概念与意义

（一）活化利用的定义

活化利用是通过科学的方法和措施，对古树木进行保护和管理，使其在生态、文化、教育等方面发挥更大的功能和价值。这不仅仅是为了保护古树木的物理存在，更重要的是挖掘和传承其背后的文化内涵。古树木作为文化传承和生态保护的重要载体，其保护和利用需要综合考虑多种因素，从而实现可持续发展。

对古树木进行详细的调查和评估是活化利用的基础工作。了解古树木的生长状况、生态环境及其历史文化背景，可以为制定保护和利用方案提供科学依据。通过这些信息，相关部门可以采取科学的方法对古树木进行保护，从而延长其寿命，保持其生态功能。科学的保护手段不仅能使古树木健康生长，还能促进生态平衡。

通过文化宣传和教育活动，提高公众对古树木及其文化价值的认识和重视，是活化利用的重要内容。古树木不仅是自然景观的重要组成部分，也是历史文化的重要见证。通过组织社区活动、学校教育等多种形式，可以使公众更好地了解古树木的历史和文化，增强保护意识，从而形成全民参与的保护机制。

将古树木融入现代生活，是活化利用的另一种有效方式。例如，可以通过建设古树木公园、文化遗址保护区等形式，将古树木与现代城市景观有机结合，既保护了古树木，又提升了城市的文化品位和生态环境质量。这种方式不仅有助于古树木的保护，还能为现代社会提供了解历史、感受自然的场所，使古树木成为社区文化和生态环境的重要组成部分。

（二）活化利用的意义

古树木的活化利用不仅有助于生态环境的保护，而且能促进文化旅游和经济的发展。古树木所在的自然景区或城市公园，常常成为旅游胜地，吸引大量游客前来。通过合理的规划和管理，古树木可以成为文化旅游产业的重要组成部分，带动相关产业的发展，创造经济效益。古树木相关的文化活动，如传统节庆、祭祀仪式等，也可以进一步增强地方文化的认同感和凝聚力，促进社会的和谐发展。

古树木的活化利用还有助于提升人们的环保意识和文化素养。古树木作为生态系统的重要组成部分，具有稳定土壤、防治水土流失、调节气候等多种生态功能。通过宣传和教育，使公众了解古树木的生态和文化意义，有助于提高社会对生态环境保护的重视程度，推动可持续发展。通过对古树木文化价值的挖掘和传播，可以提升公众的文化素养，增强对传统文化的认知和认同，促进文化的传承与创新。

二、古树木在生态旅游中的应用

（一）旅游路线设计

在设计旅游路线时，应充分考虑古树木的分布和特点，将其作为重要的观赏点和文化讲解点。通过这种方式，游客不仅能欣赏古树木的自然之美，还能了解其背后的历史故事和文化内涵。选择适当的路线，可以确保游客在欣赏古树木的同时，能够最大限度地感受自然景观的多样性和文化遗产的丰富性。

在具体的旅游路线设计过程中，应充分结合古树木所在的自然环境和人文景观，形成一个相对完整的旅游体验环节。例如，可以设计一条包含古树木及其周边历史遗迹的徒步路线，游客在步行过程中不仅能看到不同种类的古树木，还能参观相关的古建筑、遗址或文化景点。这种综合性的路线设计不仅能够提升游客的兴趣和参与度，还能促进文化传承与保护意识的提高。

设计旅游路线时还应充分考虑游客的安全和舒适度，特别是在古树木集中分布的区域，应设置合理的步道和观景平台，避免对古树木及其周边环境造成破坏。详细的标识牌和解说牌也必不可少，这些设施不仅能够提供关于古树木的科学知识和文化背景，还能增加游客的知识储备和保护意识。适当的休息点和观景台设置，也能增强游客的体验感，使他们在舒适的环境中享受生态旅游的乐趣。

为了进一步提升古树木在生态旅游中的应用效果，可以结合现代科技手段，如利用虚拟现实（VR）和增强现实（AR）技术，提供更加生动的文化解说和互动体验。智能导览系统也可以在游客的移动终端上提供更加详尽的古树木信息和旅游路线建议。这不仅增强了旅游的趣味性，还提高了游客对古树木保护和文化传承的重视程度。

（二）生态体验项目

在生态旅游中，古树木不仅是景观的重要组成部分，更是生态系统中不可或缺的元素。因此，生态体验项目应注重古树木的保护与合理利用。

1.导览活动

导览活动可以由专业的讲解员带领游客参观古树木群，讲解其生态特性、历史背景和文化意义。在导览过程中，讲解员会详细介绍这些古树木的生长环境、物种特征及其在生态系统中的作用。通过生动的讲解和深刻的故事，游客不仅能够在视觉上感受古树木的壮丽景观，还能在听觉上体验其背后的丰富历史和文化内涵。这种全方位的体验能够让游客更加深刻地认识古树木的珍贵价值。

2.互动体验活动

互动体验活动设置了多种形式，如树木认养、古树摄影比赛等，以增强游客与古树木之间的情感联系和认知深度。树木认养活动可以让游客选择并认养一棵古树，定期了解其生长状况并参与保护工作，从而增加人与自然的互动。摄影比赛则鼓励游客通过镜头捕捉古树木的美丽瞬间，并分享他们的作品。这些互动活动不仅增强了游客的参与感，还使他们在实践中更好地理解古树木的生态和文化价值。

3.教育活动

教育活动将古树木的生态知识和历史故事结合起来，设计出适合不同年龄段的课程和活动。例如，面向青少年的自然课堂通过生动有趣的方式，介绍古树木的生长规律、生态作用和保护方法。对于成年游客来说，则可以开展深入的生态讲座，探讨古树木的文化价值和保护策略。这些教育活动旨在提升公众对古树木保护重要性的认识，从而促进全社会共同参与到古树木的保护行动中来。

三、古树木在文化教育中的应用

（一）教育课程的开发

古树木作为文化遗产的重要组成部分，其在教育课程开发中具有独特的价值。通过将古树木的历史、文化和生态价值融入教育课程，不仅能够提高学生对文物保护的重视，还能够增强他们对自然环境的敬畏和爱护。下面将详细探讨古树木教育课程的目标、教学方法和评价体系，以期为课程开发提供有益的参考。

1. 明确课程目标

明确课程目标是设计古树木教育课程的首要环节，希望通过课程让学生掌握多方面的知识和技能。例如，通过了解古树木的种类、分布和生态价值，使学生认识到古树木在生态系统中的重要作用。学习古树木的历史和文化背景，可以帮助学生理解古树木与人类社会发展的密切关系。明确的课程目标有助于制订相应的教学计划和评估标准，使教学更加有的放矢。

2. 选择教学方法

教学方法的选择是课程开发中的关键环节，直接影响学生的学习效果和兴趣。采用多种教学方法，如实地考察、课堂讲授和互动体验，教师可以让学生在亲身体验中感受古树木的魅力。进行实地考察时，可以选择具有代表性的古树木保护区或公园，让学生在自然环境中观察和记录古树木的生长状况。在课堂讲授方面，可以邀请专家学者介绍古树木的相关知识，增强学生的理论基础。在互动体验方面，可以组织学生参与古树木保护活动，如认养古树木和参与修复工作，培养他们的动手能力和责任意识。

3. 注重课程评价体系

课程的评价体系应注重其全面性和科学性，以全面反映学生的学习成果。除了传统的知识测评，还可以通过学生的实践表现、项目成果和心得体会等多方面进行综合评价。这种评价方式不仅能够激发学生的学习兴趣和积极性，还能促进他们在实际生活中践行文物保护的理念。例如，在项目成果评估中，可以要求学生制作关于古树木保护的报告或展示，通过这些具体的成果来评估他们的学习效果。

（二）文化活动组织

文化活动是传播古树木文化的重要手段，同时也是提高公众参与度和保护意识的有效途径。丰富多彩的活动如古树木主题展览、文化讲座和文艺演出等，能够让公众在参与中深入了解古树木的历史、文化和生态价值，从而形成自觉保护古树木的意识。

将古树木与当地的历史文化紧密结合，使其成为文化展示的重要载体，是一种保护古树木的行之有效的方式。例如，举办以古树木为主题的摄影比赛、书法绘画展览等活动，不仅能展示古树木的自然美，还能挖掘和传播与古树木相关的文化故事和历史传说。通过这些活动，得到增强公众对古树木的情感认同，同时也能吸引更多的游客和文化爱好者，推动当地文化旅游的发展，实现古树木保护与经济效益的双赢。

结合节庆活动开展古树木文化宣传也是一种有效的策略。许多地方的传统节日，如植树节、清明节和中秋节等，都可以与古树木文化宣传相结合，开展形式多样的文化活动。例如，在植树节期间，组织市民参与古树木的认养活动，可以增强他们对古树木的保护责任感；在清明节期间，通过讲述古树木的历史故事，弘扬传统文化，增强公众的文化自豪感。通过这些活动，不仅可以使古树木文化深入人心，还能够营造全社会共同参与保护古树木的良好氛围。

四、古树木在社区发展中的应用

（一）社区绿化

社区绿化是现代城市生活中不可或缺的重要组成部分，其不仅仅是为了美化环境，更是为了提升社区居民的生活质量和生态价值。古树木在社区绿化中发挥着独特的作用，不仅具有美化环境的功能，而且承载着丰富的历史文化内涵，为社区居民提供了宝贵的文化遗产。古树木作为绿色生态系统的重要组成部分，其独特的形态和悠久的历史使其在社区绿化中具有不可替代的地位。通过合理的规划和保护，古树木可以成为社区绿化的亮点，与周围环境和谐共生，从而提升社区的整体生态质量。

在具体的社区绿化过程中，古树木的保护与利用需要结合科学的管理方法。对古树木进行详细的调查和评估，确定其健康状况和生长环境是至关重要的。在此基础上，制订科学的养护计划，包括定期的修剪、施肥和病虫害防治等措施，确保古树木的长期健康生长。社区绿化设计应充分考虑古树木的存在，避免对其根系和生长空间造成不利的影响，并通过合理的景观设计，突出古树木的历史价值和美学价值。

古树木在社区绿化中的应用，还可以通过多种形式的文化活动和宣传教育，增强社区居民的保护意识和文化认同感。例如，组织社区居民参与古树木的保护和养护工作，开展与古树木相关的文化讲座和展览，普及古树木的历史文化知识。这不仅有助于提升社区居民的环境保护意识，而且可以促进社区的文化传承和社会凝聚力。

（二）社区互动

古树木作为文化和历史的见证者，其在社区中的互动具有重要的文化传承和社会功能。通过社区互动，可以有效地将古树木的保护与现代生活相结合，使之成为社区文化的一部分。社区互动不仅可以增强居民对古树木的认同感和保护意识，还能促进社区凝聚力和社会和谐。

社区互动活动可以通过举办古树木主题的文化活动、科普教育活动和志愿者保护行动等形式展开。社区可以定期举办"古树木文化节"，通过展示古树木的历史背景、生态价值和保护措施，增强居民的文化认同感。组织居民参与古树木保护的志愿者活动，如古树木的清理、修剪和病虫害防治等，不仅提高居民的参与感和责任感，还能促进社区成员之间的交流与合作。

社区互动还可以通过建立古树木保护与利用的常态化机制来实现。社区可以设立专门的古树木保护小组，负责定期巡查和维护古树木，及时发现和解决保护过程中出现的问题。社区可以建立古树木认养制度，让社区居民或企业认养古树木，通过认养者的参与和投入，增强古树木保护的持续性和有效性。通过社区公告栏、社交媒体等渠道，定期发布古树木保护的进展和成果，从而进一步扩大古树木保护的社会影响力。

五、古树木在艺术创作中的应用

（一）艺术作品

古树木作为一种特殊的文化资源，在艺术创作中展现出独特的价值，其纹理、形态和历史积淀赋予了它无与伦比的艺术魅力，成为许多艺术家创作的重要灵感源泉。千百年的时间沉淀让古树木的纹理形成了独特的自然美感，这种美感在雕刻、绘画等艺术形式中得到了充分体现。雕刻家们通过对古树木的巧妙运用，创作出具有深厚文化内涵的艺术作品，使古树木的历史与艺术相融合，赋予其新的生命力。雕刻作品不仅仅是技艺的展示，更是对古树木历史和文化的一种深刻解读。

在绘画艺术中，古树木同样扮演着重要的角色。艺术家们通过描绘古树木的形态和环境，将其作为背景或主体，表达对自然、历史和文化的敬意。古树木形态各异，其饱经风霜的外表和独特的质感为绘画作品增添了丰富的层次感和立体感，使作品更具感染力和艺术价值。绘画中的古树木不仅仅是一个视觉元素，更是艺术家与观众之间分享历史记忆和情感的纽带。通过这些艺术作品，古树木的文化内涵得以延续和传播，为观众提供了一种感受历史与自然的独特体验。

古树木在装置艺术中也得到了广泛应用。装置艺术家们利用古树木的自然形态和历史背景，创作出具有视觉冲击力和思想深度的作品。这些作品不仅仅是对古树木形态的简单再现，更是对其文化意义的深入挖掘和表达。装置艺术的互动性和沉浸感，进一步增强了观众与古树木之间的情感连接。通过装置艺术，古树木的文化价值得到了重新诠释，使观众在欣赏艺术的同时，也能感受古树木所承载的历史和文化信息。这种互动性和沉浸感将观众带入一个充满历史与文化氛围的空间，容易产生深刻的情感共鸣。

古树木在艺术创作中的应用，不仅丰富了艺术表现形式，也为古树木的保护与传承提供了新的途径。通过艺术的手段，古树木的文化内涵得以广泛传播和弘扬，使其成为文化传承的重要载体。艺术作品不仅是对古树木美学价值的再现，更是对其历史和文化价值的深刻解读。最终这些艺术作品实现了古树木保护与利用的双重目标，不仅保留了其历史价值，还赋予其新的生命力和文化意义。通过艺术，古树木得以在现代社会中继续发挥其独特的文化作用。

（二）创意设计

创意设计在古树木活化利用与文化传承中起着至关重要的作用。设计师们通过对古树木的独特纹理、形态和历史文化内涵进行深度挖掘，能够创作出一系列具有深厚文化底蕴和艺术价值的作品。这些作品不仅展示了古树木的天然美感，更使其历史文化得以延续和传承。在此过程中，设计师需要具备深厚的文化修养和艺术鉴赏能力，以准确理解和表达古树木所蕴含的文化信息。

创意设计在古树木保护与利用中还可以起到引导公众审美、提升文化认同感的作用。通过将古树木元素融入现代设计，能够在公众中间引发对传统文化的兴趣和关注。这种融合不仅赋予古树木新的生命和价值，还能够在现代生活中起到文化教育的作用，从而促进文化传承。设计作品作为文创产品进行推广和销售，可以为古树木保护项目提供资金支持，从而达到经济效益和文化效益的双赢局面。

为了确保创意设计在古树木保护与利用中的有效性，设计师应与文物保护专家、历史学家等多领域专业人士进行紧密合作。通过跨学科的合作，能够更全面地理解和把握古树木的文化价值与历史内涵，从而创作出具有高度文化价值和艺术感染力的作品。同时，在创意设计过程中，还应充分考虑古树木的保护需求，避免对其造成任何不可逆的损害，确保设计作品既美观又环保。

六、古树木在传统文化传承中的作用
（一）文化故事

古树木作为自然与人类历史的见证者，其存在不仅具有生态价值，更承载着丰富的文化内涵。中国自古便有"前人栽树，后人乘凉"的谚语，这不仅体现了古树木在生态环境中的重要性，更揭示了其在文化传承中的独特作用。通过讲述古树木的故事，可以将这些历史文化资源活化，使其成为教育与传承传统文化的重要媒介。

每一棵古树木背后往往都有动人的故事，这些故事与当地的历史、风俗、传说紧密相连。

古树木的故事在现代社会中能够发挥桥梁作用，连接传统与现代。通过多种形式，如讲座、展览、书籍、影视作品等，生动展示古树木的历史故事，使更多人了解和欣赏这些文化瑰宝。尤其是对于青少年，通过这些故事的传播，可以培养他们对自然和历史的敬畏与热爱，增强其文化传承的责任感。

古树木的故事不仅是文化的承载者，更是文化传承的生动媒介。通过挖掘和传播这些故事，可以有效地将古树木的文化价值转化为教育资源，促进传统文化的保护与传承。在现代社会快速发展的背景下，这种文化传承方式显得尤为重要，能够引导人们重新认识和珍视古树木的多重价值。

（二）传统节庆活动

传统节庆活动是古树木文化传承的重要载体。在中国传统文化中，无论是春节、端午节、中秋节还是清明节，这些节庆活动都离不开古树木的参与与见证。例如，每逢春节，人们会在家门口挂上松柏枝，象征着长寿和繁荣；端午节则有悬挂艾草、菖蒲的习俗，寓意驱邪避灾。这些传统节庆活动不仅丰富了古树木的文化内涵，而且为古树木的保护提供了重要的社会基础。

古树木在传统节庆活动中扮演着重要的角色，不仅是自然景观的组成部分，更是文化景观的重要元素。人们通过敬奉、祭祀、挂饰等形式，将古树木与生活紧密联系在一起，赋予其意义。通过这些活动，古树木不仅得到了有效的保护和传承，其背后的文化价值也得以延续。例如，在春节祭祖活动中，古树木常常被选作祭祀地点，这不仅体现了对自然的敬畏，也反映了对祖先的尊敬。

古树木在传统节庆活动中的作用还体现在其作为文化符号的功能上。许多古树木因其历史悠久、形态独特，被赋予了特殊的文化意义，成为节庆活动中不可或缺的一部分。例如，在中秋节，人们常常会在月下的古树下赏月，古树木因此成为团圆和美满的象征。这种文化符号的形成不仅增强了人们对古树木的认知和保护意识，也为古树木的活化利用提供了新的可能。

在现代社会，传统节庆活动的形式和内容虽然有所变化，但古树木在其中的作用依然不可忽视。通过现代媒体和互联网，传统节庆活动中的古树木文化得到了更广泛的传播和认可。这不仅有助于提高公众对古树木保护的意识，也为古树木的活化利用提供了更多的契机。通过将传统节庆活动与古树木保护有机结合，可以实现文化传承与生态保护的双赢。

第六章　古墓葬的保护与开发利用

第一节　古墓葬的历史与考古价值

一、古墓葬的定义与分类

（一）古墓葬的基本定义

古墓葬是指历史上遗留下来的埋葬遗址，包含了不同历史时期人类社会的墓地、墓穴以及相关的陪葬遗物。这些遗址不仅是逝者的长眠之地，同时也是历史文化的重要载体。古墓葬的定义涵盖了从简单的土坑墓到复杂的石室墓、木椁墓以及豪华的帝王陵墓等多种形式。每一种形式的古墓葬都反映了当时社会的经济、文化以及丧葬习俗。

古墓葬不仅包括地上和地下的墓葬结构，还涉及相关的文化遗物和遗迹。这些遗物和遗迹包括墓碑、墓志铭、雕刻、绘画和各种陪葬品等。通过对这些遗物的研究，考古学家能够重现古代社会的生活图景，揭示当时的社会结构、文化习俗和技术水平。因此，古墓葬不仅具有重要的考古价值，而且具有丰富的历史文化内涵。

作为一种特殊的文化遗产，古墓葬的保护和研究具有重要意义。古墓葬的发掘和研究能够为我们提供大量的实物资料，补充和修正历史文献的不足，揭示历史上未曾记载的社会现象和事件。保护古墓葬也面临诸多挑战，主要包括自然环境的变化、人为破坏以及盗墓等问题。因此，古墓葬的保护需要综合运用现代科学技术和传统保护方法，确保其完整性和真实性。

（二）古墓葬的主要分类

根据不同的标准，古墓葬可以分为多种类型。例如，按照墓葬的形制和结构，可以分为土坑墓、砖室墓、石室墓、木椁墓等类型。土坑墓是最常见的一种类型，其结构简单，通常直接在地面挖掘一个土坑安放棺椁。砖室墓和石室墓则在土坑的基础上，用砖或石块砌成墓室，提高了墓葬的坚固性和防盗能力。木椁墓则是通过木结构的椁室来保护棺椁，这种类型的墓葬在古代较为高级，通常用于贵族或皇室成员。

不同文化和历史时期的古墓葬在形制上也有明显差异。例如，汉代的墓葬形制多为"亚"字形或"甲"字形，而唐代则多为"十"字形。形制的变化不仅反映了不同时期的丧葬习俗，还可以帮助我们了解当时的社会结构等信息。墓葬的形制还与墓主的身份和地位密切相关，高等级的墓葬往往形制复杂，内部结构精美，陪葬品丰富。

按墓葬的用途和功能，古墓葬还可以被分为家族墓、单人墓和合葬墓等。家族墓是指一个家族成员共同埋葬在一个墓区，通常具有较大的规模和较为复杂的结构。单人墓则是为某一特定人物单独修建的墓葬，常见于重要历史人物和贵族。合葬墓则是将多个人埋葬在同一墓室内，通常是夫妻或家族成员，不仅节省了土地资源，而且体现了古人的家庭观念和亲情关系。

二、古墓葬的考古学意义

（一）考古发现的历史背景

古墓葬作为人类文化遗产的重要组成部分，其考古发现往往与特定的历史时期和文化背景紧密相连。通过对古墓葬的考古发现，我们可以追溯不同时期的社会发展状况、政治结构、经济形态以及文化等方面的特征。例如，商代的殷墟墓葬提供了大量关于商王朝政治、经济的宝贵资料，而秦始皇陵则展现了秦帝国辉煌的军事力量和统治体系。这些墓葬不仅是历史的见证，而且是文化传承的重要媒介。

考古学家在对古墓葬进行发掘和研究时，常常需要结合历史文献和地理环境，以全面理解这些墓葬的背景。在考古发掘过程中所发现的铭文、壁画和随葬品等，能够为我们提供丰富的历史信息。这些实物证据不仅佐证了文献记载，还填补了历史记载中的空白，从而为历史研究提供了新的视角。例如，汉代墓葬中的画像石和画像砖，详细记录了当时的社会生活和习俗，为我们理解汉代社会提供了重要参考。这些实物资料与文献记载相互印证，构建了一个更加详尽和立体的历史画卷。

古墓葬的考古发现还具有重要的文化传承意义。通过对墓葬遗址的研究，我们可以探寻古代文明的发展轨迹，了解不同时期的文化交流和融合。例如，考古学家在丝绸之路沿线的古墓葬中发现了大量中西文化交流的遗物，如罗马玻璃器、波斯银器等，这些发现揭示了古代东西方文明交流的历史脉络。通过对这些文化遗产的保护和传承，考古学家不仅能够保存宝贵的历史记忆，还能为现代社会的文化建设提供借鉴和启示。这些考古发现不仅是历史研究的宝贵资料，更是文化传承的重要载体。

（二）考古学研究方法

1. 地勘

地勘是考古学研究的第一步，通过地勘可以了解古墓葬的地理位置、分布情况以及周边的环境信息。常用的地勘方法包括地质勘探、遥感技术和地球物理探测等。地质勘探通过对土壤层的分析，判断古墓葬的存在与否及其年代。遥感技术利用卫星影像和航空摄影，能够大范围、高效率地发现和定位古墓葬。地球物理探测则通过探地雷达、磁力仪等设备，探测地下的异常信号，从而确定墓葬的具体位置和结构。

2. 发掘

发掘是考古学研究的核心环节，也是最为复杂和艰巨的工作之一。考古发掘需要严谨的计划和科学的方法，以便最大限度地保护墓葬中的文物和遗迹。发掘过程通常分为清理、测绘、记录和采样等步骤。清理是指对墓葬表层的覆盖物进行清除，露出墓葬的结构和文物。测绘则是对墓葬进行详细的测量和绘图，记录其平面和立面结构。记录包括文字记录、照片记录和视频记录等，确保每个细节都能被完整地保存。采样是指对墓葬中的有机物和无机物进行取样，为后续的实验室分析提供材料。

3. 分析

分析是考古学研究的重要环节，通过对发掘出的文物和遗迹进行科学分析，可以揭示古墓葬的年代、文化、社会和经济等方面的信息。常用的分析方法包括碳十四测年、DNA 分析、文物鉴定和环境分析等。碳十四测年可以准确测定有机物的年代，为古墓葬的断代提供科学的依据。DNA 分析可以揭示墓主的血缘关系、种族特征和健康状况。文物鉴定通过对出土文物的材质、工艺和风格进行分析，判断其文化属性和历史价值。环境分析则通过对墓葬周围的土壤、植物和动物遗迹进行研究，了解当时的自然环境和人类活动情况。

4. 保护

保护是考古学研究的重要目标，通过科学的保护方法，可以延长古墓葬及其中文物的寿命，确保其能够长期保存并供后人研究和欣赏。保护方法包括现场保护和实验室保护两大类。现场保护是指在发掘过程中对墓葬和文物进行临时性保护，如加固、覆盖和防水等。实验室保护则是在发掘结束后，将文物运至实验室进行专业的修复和保存，如除锈、脱盐、杀菌和封存等。

（三）考古成果的历史价值

古墓葬的考古成果在揭示历史真相、填补历史空白方面具有不可替代的重要意义。通过对古墓葬的发掘和研究，考古学家能够获取大量关于古代社会、文化、经济、政治等方面的信息。这些信息不仅可以补充历史文献的不足，还可以纠正历史记载中的错误和偏差。例如，某些历史文献中记载的事件或人物经过考古发掘的证实或否定，使得历史研究更加客观和准确。

古墓葬的考古成果还具有丰富的文化价值。墓葬中出土的大量文物，如器物、服饰、壁画、刻铭等，不仅展示了古代工艺技术的高超水平，还反映了当时人们的生活方式、风俗习惯等。通过对这些文物的研究，考古学家可以深入了解古代社会的文化面貌和精神世界，从而为现代社会提供宝贵的文化遗产。这些文化遗产不仅对学术研究具有重要价值，还可以通过博物馆展览、文化遗产展示等形式，让公众更深刻地认识和了解历史文化。

古墓葬的考古成果在国际考古学界也具有重要的学术价值。中国古墓葬的发掘和研究成果不仅在国内学术界产生了深远影响，也在国际学术界引起了广泛关注和高度评价。通过国际学术交流与合作，考古学家可以将中国古墓葬的研究成果与世界其他地区的考古发现进行比较和联系，从而深化对古代文明交流与互动的理解。这种跨文化的学术交流不仅推动了全球考古学的发展，而且有助于增进各国人民对历史文化的理解和认同。

三、古墓葬中的文物价值

（一）墓葬文物的分类

墓葬文物根据其功能和性质可以大致分为几类：随葬器物、墓室装饰、墓主遗体和铭文碑刻。这些分类不仅反映了古代人们的生活习惯和社会结构，还揭示了当时的科技水平和艺术成就。

1. 随葬器物

随葬器物是古墓葬中最为常见的文物类型，通常包括陶器、青铜器、玉器、铁器以及各类生活用品和装饰品。这些器物不仅具有实用功能，还常常带有象征意义，反映了墓主生前的身份地位和财富状况。例如，汉代墓葬中常见的陶俑和明器，既是对墓主生前生活的再现，也是对来世生活的期望。随葬器物的种类和数量可以展示关于墓主社会阶层和经济状况的重要信息。

2. 墓室装饰

墓室装饰是墓葬文物的重要组成部分，主要包括墓室壁画、雕刻和建筑构件。这些装饰不仅具有艺术价值，还反映了墓主的审美观念。例如，唐代墓葬中的壁画常常描绘墓主生前的生活场景，展示了唐代社会的繁荣和文化的多样性。墓室装饰的题材、风格和技法是研究古代艺术史的重要资料。

3. 墓主遗体

墓主遗体是墓葬文物的重要组成部分，通过对遗体的研究可以获得关于古代人的生活方式、健康状况和遗传信息等宝贵资料。现代考古学和生物技术的发展使得对遗体的研究变得更加精确和全面。例如，通过 DNA 分析可以追溯古代人的族群来源和迁徙路线，通过骨骼和牙齿的分析可以了解他们的饮食结构和疾病情况。这些研究不仅有助于揭示古代社会的生物学特征，还为现代医学和人类学提供了重要参考。

4. 铭文碑刻

铭文碑刻是墓葬中的重要文物类型，通常记录墓主的生平事迹、家族关系和墓葬背景。这些铭文不仅具有历史价值，而且为研究古代社会的文字使用和书法艺术提供了重要资料。例如，汉代墓葬中的墓志铭和石碑常常详细记录墓主的官职、功绩和家族成员，为研究汉代的政治制度和家族结构提供了宝贵的线索。铭文碑刻的内容和形式也是研究古代文字发展和书法艺术的重要依据。

（二）墓葬文物的研究价值

墓葬文物作为古代社会物质文化的重要组成部分，承载着丰富的历史信息，为研究古代社会提供了宝贵的资料。通过对墓葬文物的研究，可以深入了解古代的社会结构、经济形态、文化习俗等方面。例如，出土器物的形制、纹饰以及墓主人身份的分析，可以推测当时的社会阶层分布及其经济关系。墓葬中的陪葬品、墓志铭等文物还能揭示古代的礼仪制度等文化特征。这些信息为我们还原古代社会的多样面貌提供了第一手资料。

在考古学与历史学研究中，墓葬文物具有无可替代的地位。这些文物通常保存较为完好，能够提供重要的断代依据。通过对墓葬文物进行类型学和年代学研究，可以建立起古代文化遗存的时间序列，从而为编写历史编年提供科学依据。例如，陶器、青铜器、玉器等墓葬文物的出土，能够帮助学者厘清不同历史时期的文化变迁与技术发展。这种时间序列的建立，有助于人们更准确地理解古代历史进程和文明演变。

墓葬文物还为古代科技与工艺的研究提供了重要的实物资料。许多墓葬文物展示了古代卓越的手工艺水平和先进的科技成就，如青铜铸造技术、陶瓷烧制工艺、纺织品制作技艺等。这些文物不仅反映了当时的生产力水平，还展示了古代工匠的智慧与创造力。通过对这些文物的深入研究，可以丰富我们对古代科技与工艺史的认识，有助于现代工艺技术的传承与创新，从而为当代社会的科技进步提供借鉴。

墓葬文物的研究还具有重要的文化传承意义。通过对墓葬文物的保护与研究，可以更好地认识和理解古代文明的辉煌与多样性，从而增强民族文化自信，促进文化传承与发展。墓葬文物所蕴含的历史信息和文化价值，不仅是学术研究的重要基础，也是当代社会文化建设的重要资源。通过对墓葬文物的研究与展示，可以让更多的人了解和珍视我们的历史文化遗产，推动全社会共同参与文物保护与传承的事业。

四、古墓葬对历史文化的反映

（一）古墓葬与社会结构

古墓葬作为一种考古学的重要发现，具有深远的历史和文化意义。它不仅是古代人类生活的见证，更是揭示古代社会结构的关键。通过对古墓葬的研究，我们可以深入了解古代社会的分层、职业分工、区域文化等方面，从而更全面地认识古代文明的复杂性和多样性。

墓葬的规模、陪葬品的数量与质量以及墓葬的布局等，能够直观地反映古代社会的阶层分化。贵族墓葬的丰富陪葬品和精美装饰，常常显示出他们在社会中的显赫地位和财富积累。相较之下，普通百姓的墓葬则显得简单朴素，反映他们在社会等级体系中的地位。这些物质遗存提供了宝贵的实物证据，有助于我们理解古代社会的等级制度和财富分配情况。

古墓葬还揭示了社会分工和职业结构。不同类型的陪葬品，如工具、武器、乐器等，表明了墓主人的职业和社会角色。铭文和壁画提供了重要的文字和图像资料，使我们能够更全面地了解古代社会的职业分工。例如，战国时期的墓葬中发现的青铜器和兵器，表明墓主人可能是军事贵族；而汉代墓葬中的丝绸和织物则显示出墓主人可能从事纺织业或商业活动。这些信息对于理解古代社会的职业分工和社会角色具有重要意义。

墓葬的地域分布和建筑形式也反映了古代社会的地域性和文化差异。不同地区的墓葬在建筑风格和陪葬习俗上存在显著差异，这些差异可以帮助我们理解古代社会的文化多样性和区域文化特征。例如，北方草原的游牧文化墓葬与中原农耕文化的墓葬在形式和内容上有显著区别，反映了两种不同的社会经济形态和文化传统。这些文化特征的比较研究有助于揭示古代社会的地域性和文化互动。

通过对古墓葬的系统研究，我们不仅可以了解古代社会的结构和层次，还能揭示历史上不同社会阶层之间的互动关系。墓葬中的遗物和遗迹为我们提供了丰富的实物资料，使我们能从多角度、多层次来探讨古代社会的运行机制和人们的生活方式。这些研究成果对于理解古代社会的复杂性和多样性具有重要的学术价值。

（二）古墓葬与文化习俗

古墓葬不仅在建筑形式和葬制上体现了丰富的历史信息，而且揭示了当时社会的文化习俗和精神世界。通过研究古墓葬中的随葬品、墓志铭、墓室壁画等，可以深度挖掘古代人们的生活和艺术水平。

汉代墓葬中常见的陶俑和青铜器是重要的研究对象。这些随葬品不仅展示了汉代工艺的高超技艺，还反映了当时人们对死后生活的重视，甚至是对现实生活的艺术再现。陶俑通常表现各种人物和动物形象，展现了当时社会的阶层结构和日常生活场景。青铜器则多用于礼仪和祭祀，体现了汉代的祭祀文化。

不同历史时期和地域的葬俗和祭祀活动在古墓葬中有着鲜明的差异。商周时期的殉葬制度是一种极端形式。秦汉时期的厚葬风气则强调对死者的尊重和纪念，常见大量的随葬品和复杂的墓室结构。唐宋时期的简葬习俗逐渐兴起，反映了人们对生命和死亡更为理性的看法。北方游牧民族的石堆墓和南方稻作文化区的水葬则展示了地域文化的多样性和独特性。

墓志铭和碑刻文字是研究古代文化习俗的重要资料。墓志铭不仅详细记载了墓主的生平事迹，还反映了当时的社会风尚、伦理道德和家族观念等。通过解读墓志铭，可以了解墓主的社会地位、职业背景和家庭关系，从而揭示特定历史时期的社会结构和文化氛围。碑刻文字还记录了丰富的祭祀活动和墓葬仪式，为研究古代礼仪制度提供了重要线索。

墓室壁画和雕刻艺术是古墓葬中不可忽视的文化遗产。这些艺术作品不仅展示了古代工匠的高超技艺，还反映了当时的社会生活和审美趣味。敦煌石窟中的壁画不仅是艺术的瑰宝，也记录了丝绸之路沿线的多元文化交流与融合。通过分析这些艺术作品，可以深入理解古代社会的文化习俗和精神世界。

（三）古墓葬与家族传统

古墓葬作为一种重要的文化遗产，既记录了逝者的生平事迹，也承载了丰富的家族传统信息。通过墓葬形式、墓志铭、陪葬物品等多种途径，家族传统得以保存和传承。铭文和图案详细记载了家族的世系、功绩和观念，因此它们成为人们研究家族历史和文化的重要资料。这些信息不仅为考古学家提供了宝贵的历史线索，也为现代人了解和尊重先祖的贡献提供了实物依据。

古墓葬中的陪葬品反映了家族的社会地位、经济状况和文化水平。陪葬品的种类和数量往往与墓主人的身份密切相关。例如，贵族墓葬中常见珍贵器物，而普通百姓的墓葬则多见日常用品。通过对这些陪葬品的分析，考古学家可以进一步了解古代社会的阶层结构和家庭生活，从而揭示家族在社会中的地位和影响力。这些实物不仅是生活风貌的体现，更是文化特征的具体表现。

古墓葬的建筑形式和布局也体现了家族传统和社会文化。墓葬的形制、规模和装饰风格往往受家族传统和地域文化的影响。例如，不同地区的墓葬形式可能有所不同，但其背后往往有着相似的家族信仰和习俗。研究这些墓葬建筑，可以深入了解古代家族的伦理观念和文化传承，从而进一步揭示家族在历史发展中所起的作用。

五、古墓葬在历史研究中的作用

（一）古墓葬与历史事件

古墓葬作为重要的考古资源，为历史事件的研究提供了实证材料。通过对古墓葬的发掘和研究，考古学家不仅能够还原当时的葬俗等文化现象，还能揭示具体历史事件的细节。

通过对古墓葬中出土的铭文、碑刻等文字材料的解读，学者能够获得相关历史事件的第一手资料。墓主人生前的重要经历、功绩以及社会背景常常记录在这些文字材料中，提供了宝贵的信息。

古墓葬出土的随葬品和遗物，往往与历史事件有着直接或间接的联系。重要历史节点上的随葬品种类和数量反映了当时社会的政治、经济和文化状况。

古墓葬的地理分布和结构布局也能够反映出历史事件的空间和时间特征。

通过研究古墓葬的分布区域，学者可以推测出当时的政治中心、经济重心以及战争和迁徙的途径。战国时期的楚墓分布广泛，墓葬的规模和形制反映了楚国的疆域扩展和政治影响力，这为研究战国时期的历史事件提供了重要的空间依据。

（二）古墓葬与人物研究

古墓葬作为历史文化的实物遗存，对于研究古代人物的生活、社会地位及其在历史中的角色等都具有重要意义。通过墓葬中的随葬品、墓志铭以及墓室结构的分析，考古学家能够获取大量关于墓主人的身份、社会关系和生活方式的信息。例如，墓志铭中往往会详细记录墓主人的生平事迹、家族背景及其在社会上的地位，这为研究古代社会结构及其演变提供了第一手资料。

1. 墓志铭

墓志铭是墓葬中极为重要的文物之一，其内容通常包含墓主人的生平事迹、家族背景以及社会地位等详细信息。有些墓志铭甚至会记录墓主人在生前参与的重要事件、取得的成就以及与其他重要人物的关系。这些信息为历史学家和考古学家提供了宝贵的资料，使他们能够更准确地还原历史事件和社会结构，从而进一步理解古代社会的复杂性和多样性。

2. 随葬品

随葬品的种类和数量直接反映了墓主人在当时社会中的地位和财富状况。帝王将相的墓葬中往往会发现大量的金银器皿、玉器以及精美的陶瓷，这不仅显示了墓主人的富有和地位，还反映了当时的工艺水平和文化交流情况。通过对这些随葬品的研究，考古学家可以了解墓主人生前的职业、兴趣爱好等方面的信息。这些发现不仅丰富了我们对古代物质文化的认识，还为研究古代经济和社会结构提供了重要的实物证据。

3. 墓葬的结构和规模

墓葬的结构和规模是研究古代人物的重要线索。大型墓葬通常属于社会地位较高的人物，其墓室布局、建筑材料和装饰风格都具有一定的象征意义。帝王陵墓的设计常常包含了复杂的地下宫殿和庞大的陪葬坑，体现了墓主人生前的权力和地位。通过对这些墓葬结构的研究，考古学家可以进一步了解古代社会的等级制度和权力分配情况。这些结构和设计不仅具有历史和艺术价值，而且为我们提供了研究古代建筑和工程技术的重要资料。

（三）古墓葬与社会发展

古墓葬不仅是古代社会物质文化的遗存，同时也是研究社会发展变迁的重要依据。古墓葬内丰富的随葬品、墓葬结构、墓志铭等都为我们提供了宝贵的历史资料。这些资料帮助考古学家和历史学家了解古代社会的经济、政治、文化及社会阶层的分布和变迁。例如，通过对不同历史时期墓葬中随葬品的研究，可以推断出当时社会生产力的发展水平、手工业的工艺水平以及商品经济的发达程度。

通过对古墓葬中的随葬品进行研究，考古学家能够了解古代社会的经济状况。随葬品的种类和数量反映了当时的社会生产力和物质财富。例如，青铜器、陶器、玉器等不同材质和工艺的随葬品，可以揭示手工业的发展水平和技术工艺的精湛程度。商品经济的发达程度也可以通过随葬品的来源和种类得以反映，进一步帮助我们了解古代社会的经济交流和商品流通情况。

古墓葬中的墓志铭、碑刻等文字资料也是研究社会发展的重要资源。这些文字资料不仅记录了墓主人的生平事迹，还涉及当时的社会制度、家庭关系等多个方面。这些信息对于研究古代社会的组织结构、家庭伦理、社会风俗等都具有重要的参考价值。通过对这些文字资料的分析，可以全面地了解古代社会的运行机制和价值观念。

古墓葬还反映了古代社会的阶层分化和权力结构。不同等级、不同身份的墓葬在规模、结构和随葬品上都有鲜明的差异。帝王将相、贵族豪门与普通平民的墓葬在形式上往往有显著的区别，这种差异反映了当时社会的等级制度和权力分配情况。通过对这些墓葬的研究，可以深入了解古代社会的阶层结构和权力关系，为社会史研究提供重要的实物依据。

第二节 古墓葬保护面临的挑战及对策

一、古墓葬面临的自然破坏因素及应对策略

（一）气候变化的影响及应对策略

在全球气候变化日益严重的今天，气候变化对古墓葬的影响成为一个不容忽视的重要课题。全球气候变暖导致极端天气事件频发，这些极端天气事件如暴雨、洪水、干旱等，对古墓葬的结构和保存状况造成了显著影响。例如，暴雨和洪水可能导致古墓葬所在地区土壤的侵蚀，从而使墓葬结构遭到破坏，甚至导致墓葬坍塌。干旱则可能引发地面沉降，这会进一步威胁古墓葬的安全。

气候变化所引起的温度和湿度的剧烈波动也对古墓葬的材质产生了不利影响。对于那些以木材、纺织品等有机材料为主的古墓葬，温度和湿度的变化会加速材料的老化和腐朽过程。而无机材料如石质文物，在温度和湿度急剧变化的情况下也容易出现风化、裂隙等问题。这些物理和化学变化不仅会降低文物的美学价值，还会对其历史信息的保存造成不可逆的损害。

气候变化还通过改变地下水位对古墓葬产生影响。地下水位的上升可能导致墓葬浸水，增加文物的含水量，使得文物更容易受到霉菌和细菌的侵蚀。地下水位的下降则可能导致土壤的干裂，使得墓葬结构更加脆弱。无论是水位上升还是下降，都对古墓葬的保存状态构成了潜在威胁。

为了应对气候变化对古墓葬的影响，文物保护工作者通常需要采取综合的保护对策。加强对气候变化及其对古墓葬影响的监测，通过建立气候数据和文物保存状态的关联模型，预测未来气候变化对古墓葬的潜在影响。实施科学的保护措施，如在墓葬周围构建防水设施、防风设施，采取稳定土壤的技术手段以及使用适当的材料进行加固和修复。提升公众的气候变化意识，促进社会各界共同参与古墓葬的保护，也是应对气候变化影响的重要措施。

（二）地质活动的威胁及应对策略

地质活动对古墓葬的破坏是一个不容忽视的因素。地震、滑坡、泥石流等地质灾害都能对墓葬结构造成严重损毁。地震的震动会直接导致墓葬内部结构的松动、坍塌，甚至完全毁坏，特别是那些位于地震带上的古墓葬，更是面临严重的威胁。滑坡则可能将整个墓葬被掩埋，导致考古学家难以发现和挖掘。泥石流不仅会对墓葬本身造成机械性损伤，还会带来大量的泥沙，覆盖墓葬区域，增加后期保护和发掘的难度。

地质活动的威胁不仅限于突发性的大型灾害，长期的地质变动同样对古墓葬的保护构成巨大挑战。地下水位的变化、土壤的沉降等缓慢的地质变化，会逐渐影响墓葬的稳定性。这些变化可能导致墓葬的墙体出现裂缝、地面下沉，甚至引发墓葬的整体结构性损害。特别是在一些历史悠久、结构复杂的古墓中，这些缓慢的地质变动可能会引发连锁反应，进一步加剧墓葬的破坏。

为了应对地质活动对古墓葬的威胁，科学的灾害预防与监测则显得尤为重要。对古墓葬所在区域进行详细的地质勘察，了解可能存在的地质灾害风险是关键。这可以通过现代地球物理探测技术，如地震波探测、地质雷达等手段，获取详细的地下结构信息。同时，建立实时监测系统，对地震活动、地下水位变化等进行持续监测，及时预警，降低地质灾害对古墓葬的影响。

在古墓葬的保护策略中，融入抗震设计和加固措施也是至关重要的。在墓葬结构中使用现代工程技术进行加固，采用抗震材料和结构设计，能够增强墓葬对地震的抵御能力。对于可能受到滑坡、泥石流影响的墓葬，可以通过修建挡土墙、排水系统等工程措施，从而减少地质灾害的威胁。只有通过多方面的综合措施，才能有效保护古墓葬免受地质活动的破坏，实现文化遗产的长期保存和传承。

（三）生物侵害的风险及应对策略

古墓葬保护涉及多个方面，其中生物侵害是一个不可忽视的重要因素。许多古墓葬位于自然环境中，长期暴露在自然条件下，容易受到微生物、植物根系和动物的侵害。这些生物因素不仅会破坏墓葬的结构和稳定性，而且会对文物造成不可修复的损害。

霉菌和真菌的滋生是古墓葬内部常见的问题。这些微生物不仅会破坏墓葬内部的湿度平衡，还会对壁画、棺椁等有机材料造成严重损害。霉菌和真菌的繁殖速度快，如果不及时进行处理，可能会导致文物表面出现斑点、腐蚀，甚至完全变质，严重影响文物的保存和研究价值。

植物根系的侵入则可能导致墓葬结构的稳定性受到影响，甚至引发坍塌的风险。植物的根系具有强大的穿透力，它们会沿着墓葬的缝隙和孔洞生长，逐渐破坏墓葬的结构。长时间的根系侵蚀可能导致墓葬墙体开裂、地基下沉，最终造成整个墓葬的坍塌。

地下动物如鼠类和昆虫的活动也会对墓葬内的文物造成破坏。鼠类会啃食有机材料，如木质棺椁、丝绸织物等，昆虫则可能在墓葬内挖掘通道，影响墓葬的完整性。这些动物的活动不仅会直接破坏文物，还可能带入其他有害生物，进一步加剧生物侵害的程度。

为了防治生物侵害，需要建立良好的环境监测系统，定期对墓葬周围及内部的湿度、温度和生物活动情况进行监测，以便及时发现和处理潜在的问题。通过监测数据的积累和分析，可以了解生物侵害的发生规律和特点，从而制定针对性的防治措施。

采取物理隔离和化学防治相结合的方法也是防治生物侵害的重要手段。在墓葬周围设置防生物侵入的屏障，可以有效阻止植物根系和地下动物的侵入。使用环保型的杀菌剂和防霉剂，可以预防霉菌和真菌的滋生，保护墓葬内的有机材料。此外，对于已经受到生物侵害的墓葬，应及时进行清理和修复，采用无损检测技术评估文物的受损程度，并制定科学合理的修复方案。

加强与相关学科的合作也是防治生物侵害的关键。通过综合运用生物学、化学和材料科学等领域的最新研究成果，可以开发出更加有效的防治技术。例如，利用生物控制技术，通过引入天然敌害来控制有害生物的繁殖；材料科学中的纳米技术也可用于开发新型的防霉、防虫材料，从而提高墓葬环境的防护能力。跨学科的合作与创新可以更有效地应对生物侵害的挑战，确保古墓葬文物的长期保存和完整性。

二、古墓葬面临的人为破坏因素

（一）盗墓行为的防范

盗墓行为是古墓葬保护中最为严重的人为破坏因素之一。盗墓者不仅对考古遗址造成不可逆的破坏，还极大地破坏了文物的完整性和科学价值。为了有效防范盗墓行为，必须采取多层次、多手段的综合措施。

加强法律法规的建设和执行力度是防范盗墓行为的重要基础。当前，尽管我国已经制定了《中华人民共和国文物保护法》等相关法律，但在实际执行中仍存在诸多不足。应加大对盗墓行为的打击力度，严格执法，确保法律的威慑力。通过完善法律制度、加大处罚力度，以及加强执法人员的培训和管理，可以有效遏制盗墓行为的发生。

科技手段在防范盗墓行为中起着不可替代的重要作用。现代科技的发展为文物保护提供了新的可能性。利用卫星遥感、无人机巡查、地面探测等技术，对古墓葬区域进行实时监控和预警，可以极大地提高防范效果。同时，安装先进的安防设备，如红外线感应器、监控摄像头等，可以有效地对盗墓行为进行早期发现和及时处置，减少古墓葬受到的破坏。

社区参与和公众教育也是防范盗墓行为的重要手段。古墓葬往往分布在广大农村和偏远地区，这些地方的社区居民对当地文物有着天然的保护责任。通过开展文物保护知识的宣传教育，增强社区居民的文物保护意识和责任感，可以有效地形成全民参与的文物保护网络。同时，建立起社区文物保护志愿者队伍，发挥他们在日常巡查和信息报告中的作用，也能大大提高盗墓行为的防范效果。

国际合作在打击跨国盗墓和文物走私活动中具有重要意义。盗墓行为往往与跨国文物走私密切相关，加强与国际组织和相关国家的合作，建立信息共享和联合执法机制，可以更有效地打击跨国盗墓和文物走私犯罪，保护世界文化遗产的完整性和多样性。通过多方合作，形成打击盗墓行为的国际合力，可以为古墓葬保护提供更加坚实的保障。

（二）建设活动的干扰及应对策略

古墓葬作为重要的历史文化遗产，面临着现代化建设活动的严重威胁。城市化进程的加速，使得古墓葬所在的区域频繁被划为开发用地。公路、铁路、房屋等基础设施建设项目在选址时，往往忽视地下文物的存在，导致古墓葬遗址被破坏或永久性损毁。这不仅导致珍贵的历史信息丧失，还破坏了原有的文化景观，损害了历史文化的完整性和真实性。

建设活动对古墓葬的破坏不仅体现在物理损毁上，还包括环境的干扰。重型机械的使用和大规模土石方工程对古墓的地基造成了严重影响。地基的扰动和振动可能导致墓室结构的不稳定，甚至引发坍塌。此外，施工过程中的排水、排污等工程也可能改变地下水位或土壤湿度，从而进一步加剧对墓葬的损害。这些环境因素的改变可能对古墓葬的保存条件产生不可逆的破坏。

文物保护部门应当加强与城市规划和建设部门的沟通与协调。在城市规划阶段，进行充分的考古勘探和文物调查显得尤为重要。通过明确古墓葬的分布和保护要求，可以在城市规划中合理划定保护范围和控制建设的红线，确保古墓葬不受建设活动的直接威胁。必要时，还应通过政策法规手段，严格限制在古墓葬保护区内进行任何形式的建设活动，以确保古墓葬的安全。

现代科技手段的应用为古墓葬的保护提供了新的思路。利用遥感技术、地理信息系统和地质雷达等方法，可以对古墓葬进行非侵入性的勘探和监测。这些技术手段能够及时发现并评估建设活动对古墓葬的影响，从而制定更加科学、合理的保护措施。在进行必要的建设活动时，这些技术可以帮助将对古墓葬的干扰降到最低，确保保护工作的有效性和科学性。

（三）旅游开发的挑战及应对策略

旅游开发在古墓葬保护中既是机遇也是挑战。旅游业的发展不仅能够带动地方经济，还能提高公众对文物保护的重视程度。然而，旅游活动对古墓葬的破坏也是不容忽视的。

大量游客的涌入给古墓葬的结构带来了巨大的压力。人流量的增加不可避免地会对墓葬遗址造成物理性损伤。例如，地面踩踏、墙壁摩擦等都会对古墓葬的保存状况产生负面影响。游客的频繁出入和活动可能导致古墓葬的土壤结构松动，墙壁上的彩绘和雕刻因摩擦受损，甚至有可能使一些脆弱的遗迹完全消失。这种物理损伤是直接且不可逆的，对文物的长久保存构成了严重威胁。

旅游基础设施的建设往往对古墓葬产生不利影响。为了满足游客的需求，相关部门需要修建道路、停车场、厕所等设施，这些建设活动可能会破坏墓葬周边的环境，甚至造成墓葬本体的损害。施工过程中的震动和土石的挖掘，可能对古墓葬的结构稳定性产生负面影响。此外，为了吸引游客，某些地方可能会对古墓葬进行不当的修复或装饰，违背了文物保护的原则，破坏了其历史真实性和学术研究价值。这不仅影响了古墓葬的原貌，还可能为未来的学术研究设置障碍。

相关部门为应对旅游开发带来的挑战，需要制订详细的保护规划和旅游开发方案。在这些规划中，应充分考虑古墓葬的承载能力，合理控制游客数量，避免因过度旅游所导致的不可逆损害。为了确保古墓葬的长期保护，可以借鉴国际上的成功经验，采用分时段、分批次的游客管理策略，确保每批游客的数量不超过遗址的承受能力。同时，应加强对旅游基础设施建设的管理，确保施工过程不影响古墓葬的安全。相关部门可以采用现代科技手段进行监测和评估，及时发现并解决潜在的问题，保障古墓葬在旅游开发中的安全。

加强公众教育，提高游客的文物保护意识也至关重要。通过宣传和教育活动，让游客了解古墓葬的历史和文化价值，增强他们在参观过程中的责任感。可以在景区内设置信息展示牌、播放教育影片，甚至邀请专家进行现场讲解，从而提升游客的保护意识。此外，可以引导游客遵守相关规定，如不随意触碰墓葬遗址、不在墓葬附近乱扔垃圾等，从而减小人为破坏的可能性。只有在保护与开发之间找到平衡，才能实现旅游业和文物保护的双赢。

三、古墓葬保护技术的创新与应用

（一）新材料的应用

古墓葬保护技术的创新与应用，得益于新材料的引入，这一进步显得尤为重要。这些新材料具备传统材料无法比拟的特性，如更高的耐久性、抗腐蚀性和环境适应性。现代材料科学的发展，为文物保护提供了更加坚实的技术基础。例如，纳米材料的运用极大地提升了防护涂层的性能，使其在极端环境下依然能够有效地保护古墓葬中的壁画、雕刻等珍贵文物。纳米颗粒由于其细小的粒径，可以渗透到微小的裂缝中，从而提供更加全面的保护。

新材料的应用不仅局限于物理保护，还涵盖化学保护。通过对古墓葬中有机和无机物质的深入研究，研究人员开发出了一系列专用的保护剂和固化剂。这些材料能够在不改变文物原有外观和质地的前提下，提供持久的保护效果。合成树脂材料已被广泛应用于古墓葬中的木质结构修复，这显著延长了木质文物的寿命。合成树脂的优点在于其高强度、透明性和可操作性，使其成为修复和保护古老木质结构的理想选择。

新材料在古墓葬信息的保存和传承方面也发挥着重要作用。采用新材料制造的保护装置和存储介质，不仅可以有效防止文物的物理损坏，还能在数字化保存过程中提供更高的精度和稳定性。3D打印技术结合耐久材料，可以实现对古墓葬结构和文物的精确还原与展示，为研究和教育提供了宝贵的资源。3D打印技术不仅能够复制文物的形态，还能通过数字模型保存文物的细节和颜色信息，为未来的研究工作提供详细的数据支持。

为了确保新材料在古墓葬保护中的有效应用，相关领域的跨学科合作显得尤为重要。材料科学家、考古学家和文物保护专家需要紧密合作，共同探索新材料在不同保护场景中的最佳应用方法。大量的实验和现场测试是必不可少的，以确保新材料在实际应用中的安全性和可靠性。这一过程不仅能推动文物保护技术的进步，也能为未来的研究提供宝贵的数据和经验，确保古墓葬文物在未来能够得到更好的保护和传承。

（二）修复技术的进步

古墓葬作为重要的历史文化资源，其保护与修复技术的发展在文物保护领域中占据至关重要的地位。随着科技的不断进步，修复技术的创新不仅能够有效地延续古墓葬的文化价值，还能提升其研究和展示功能。修复技术的进步主要体现在材料选择、工艺流程和技术手段的创新方面。

在材料选择方面，传统修复材料往往存在耐久性差、易受环境因素影响的问题。近年来，随着材料科学的发展，新型修复材料不断涌现。这些材料不仅具备良好的物理化学特性，还能与古墓葬原材料相兼容。例如，纳米材料在修复中的应用，能够提供更高的稳定性和耐久性，并且其微观特性可以更好地模拟古墓原材料的结构和性质，减少修复过程中对原有文物的破坏。这些新型材料的使用不仅延长了文物的寿命，还为修复工作提供了更多选择。

工艺流程的改进是修复技术进步的重要表现。传统的修复工艺往往复杂且耗时，现代修复技术通过引入先进的机械和自动化工具，大大提高了修复工作的效率和精度。激光清洗技术作为其中的代表，可以在不接触文物表面的情况下，去除其表面的污垢和附着物，避免了传统清洗方法可能带来的二次损伤。此外，3D 扫描和打印技术的结合，使得修复人员可以在虚拟环境中进行预处理和模拟，确保修复方案的科学性和合理性。这些技术的应用使修复工作变得更加科学和高效。

技术手段的创新亦是古墓葬修复技术进步的关键。信息技术和生物技术的融合，为古墓葬的修复提供了新的思路和方法。数字化技术的发展，使得古墓葬的三维数据采集、存储和处理变得更加便捷和准确，通过建立数字档案，可以实现对古墓葬信息的长期保存和动态监测。生物技术，如微生物修复技术，通过利用特定的微生物对古墓葬材料进行修复和加固，既保护了文物的完整性，又避免了化学药剂可能带来的环境污染。这些技术的创新为修复工作提供了更多的可能性和更高的质量。

（三）监测技术的发展

古墓葬作为历史文化遗产的重要组成部分，其保护离不开现代监测技术的发展。近年来，随着科学技术的进步，数字化监测技术在古墓葬保护中的应用越来越广泛。

1. 高精度的三维激光扫描和无人机航拍技术

通过高精度的三维激光扫描和无人机航拍技术，能够全面、精准地记录古墓葬的现状数据。这些数据不仅为保护决策提供了科学依据，还可用于后期的虚拟重建与展示，使古墓葬的保护与传承更加高效和精确。

2. 环境监测技术

环境监测技术在古墓葬保护中也扮演着重要角色。温湿度、微生物、气体成分等环境因素对古墓葬的保存状况有着直接影响。通过安装智能监测设备，可以实时监控古墓葬的环境状况，及时预警潜在的风险因素。例如，温湿度监测技术可以帮助管理者了解古墓内外的气候变化，从而及时采取相应的调控措施，以避免因温湿度变化导致的文物损坏。此外，微生物监测技术可以有效识别并控制可能对古墓葬造成腐蚀的微生物，确保文物的长期保存。

3. 地质监测技术

地质监测技术的发展也为古墓葬的保护提供了新的手段。古墓葬往往埋藏于地下，地质结构的变化将直接影响其稳定性。利用地质雷达、地震监测等技术，可以实时监测古墓葬周围的地质变化，提前预警地质灾害的发生。例如，通过地质雷达技术，可以探测古墓周围的土壤层次和地下水位变化，及时采取加固措施，从而防止地基沉降或坍塌对古墓造成破坏。

4. 数据分析与管理平台

在古墓葬保护的过程中，数据分析与管理平台的发展也起到了关键作用。通过建立综合性的监测数据库，将各种监测数据进行整合与分析，可以实现对古墓葬保护的科学管理。这种数据驱动的保护模式，不仅提高了保护工作的效率和精准度，还为后续的保护与修复提供了宝贵的数据支持。例如，通过对长期监测数据的分析，可以发现古墓葬环境变化的规律，从而制定更加科学的保护策略。

四、多元参与机制在古墓葬保护中的作用

（一）政府的主导作用

古墓葬作为历史文化遗产的重要组成部分，其保护与开发利用不仅关系到文化传承，更涉及国家形象与民族认同。在这一过程中，政府的主导作用至关重要。

政府应当制定全面、科学的法律法规，明确各级政府及相关部门在古墓葬

保护中的职责和权限，从制度上保障古墓葬的有效保护。通过法律法规的约束，可以有效防止文物破坏和不当开发，确保古墓葬的原真性和完整性得到维护。这些法规应包括考古发掘、文物修缮、使用和展示等各个环节，确保每个步骤都在法律框架内进行。

在财政支持方面，古墓葬保护涉及考古发掘、修复、研究以及后期的维护和管理，这些都需要大量的资金投入。政府应设立专项资金，保证各项保护工作的顺利开展。此外，通过税收优惠、财政补贴等方式，鼓励社会力量参与到古墓葬保护中来，共同推动保护工作的可持续发展。这不仅能减轻政府的财政压力，还能激发社会各界对文物保护的热情。

在技术和人才培养方面，古墓葬保护是一项专业性极强的工作，要求从业人员具备丰富的考古知识和保护技能。政府可以通过设立专业培训机构、开展学术交流等方式，提高从业人员的专业素养。同时，应当积极引进和推广先进的保护技术和方法，不断提升古墓葬保护的科学化水平。这一措施不仅有助于保护工作的有效开展，还能促进相关领域的学术研究和技术进步。

在宣传和教育方面，政府应当加强宣传和教育，提升公众的文物保护意识。通过组织展览、开设讲座、开展公众考古等活动，让更多人了解古墓葬的文化价值和保护的重要性，从而增强全民参与保护的积极性。这种全民参与的氛围，不仅能提高保护工作的效率，还能为文物保护事业注入持久的动力。

（二）社区的参与

文物保护事业的发展离不开社区的积极参与。作为文物所在地的直接利益相关者，社区不仅能提升保护工作的效果，还能促进自身的文化认同与自豪感。尤其是在古墓葬的保护过程中，社区居民的参与起着不可替代的作用。以下将对社区参与在古墓葬保护中的重要性和具体形式进行详细探讨。

在保护古墓葬的过程中，社区居民对当地的文化传统和习俗有着深入的了解。这种了解能够帮助制定更加符合实际的保护方案，减少外来干预所带来的文化冲突。通过社区参与，文物保护工作者可以更好地尊重和融合当地的文化特点，使保护方案更加科学和合理，有效降低文物保护过程中可能出现的矛盾和冲突。

社区教育是实现社区参与的一种重要方式。通过对社区居民进行文物保护意识的普及教育，可以使其理解保护古墓葬的重要性，并自觉参与到保护行动中来。社区教育可以通过举办讲座、发放宣传材料、组织参观等多种形式进行。这些活动不仅能增强居民的保护意识，而且能提高他们的知识水平，使其在日常生活中更好地保护和传承文物。

社区志愿者的参与在古墓葬的日常保护中发挥着重要作用。志愿者可以帮助监控古墓葬的日常保护情况，及时发现和报告潜在的破坏行为。这种及时性和主动性是专业保护人员难以实现的，志愿者的参与可以大大提高文物保护工作的效率和效果。此外，志愿者的积极参与还可以增强社区居民的责任感和归属感。

古墓葬的保护与开发利用可以为社区带来一定的经济利益，如旅游业的发展带动了当地的经济增长。在这种情况下，社区居民不仅是保护者的身份，而且有可能是利益的受益者。通过合理的利益分配机制，确保社区居民从文物保护中获得实际的经济利益，可以进一步激发其参与的积极性，形成保护的良性循环。经济利益的驱动使得社区居民更加重视和积极参与文物保护工作。

社区居民是利益相关者，因此其意见和建议应在保护方案的制定与实施过程中得到高度重视。通过建立社区参与的机制，如社区听证会、意见征询等，可以确保保护工作具有广泛的民意基础，减少矛盾和冲突的发生。社区居民的参与不仅能提高保护工作的科学性和合理性，还能增强其对保护工作的认同感和支持度。

（三）社会组织的贡献

古墓葬作为重要的历史文化遗产，其保护工作至关重要。社会组织作为连接政府、学术机构和公众的桥梁，在古墓葬保护中发挥了独特而重要的作用。

社会组织通过广泛的社会网络和资源动员能力，吸引更多公众参与到古墓葬保护的工作中来。这不仅可以增加公众对文物保护的认知和重视，还能为保护工作提供更多的志愿服务和物资支持。通过组织志愿者活动、宣传教育活动和公众参与项目，社会组织能够有效地提高公众的文物保护意识，使更多人了解古墓葬保护的重要性，从而形成一个全民参与的保护环境。

社会组织常常具有灵活高效的组织结构和运作机制，能够迅速响应和处理突发事件。在古墓葬遭遇自然灾害或人为破坏时，社会组织可以迅速集结专业团队和志愿者，进行应急救援和抢救性保护工作。他们的迅捷反应和高效行动，往往弥补政府部门在应急处置中的不足。例如，在发生地震、洪水等自然灾害时，社会组织能够迅速调配物资和人力，开展紧急保护和修复工作，从而减少文物损失。

在古墓葬保护的研究和宣传方面，社会组织也作出了重要贡献。许多社会组织通过举办讲座、展览、研讨会等形式，积极开展文物保护的宣传教育活动，提高公众的保护意识。同时，一些专业性较强的社会组织还积极参与古墓葬的考古研究和保护规划，为科学保护提供了大量的数据和建议。这些组织通过与学术机构合作，开展深入的研究工作，推动古墓葬保护技术的进步和完善。

社会组织还通过筹集资金和资源，支持古墓葬保护项目的实施。许多社会组织通过募捐、慈善活动等方式，筹集大量的资金，用于古墓葬的修缮和保护工作。这些资金不仅缓解了政府财政的压力，还为许多急需保护的古墓葬提供了及时的帮助。社会组织的筹资能力和资源动员能力，使得更多的古墓葬保护项目得以顺利实施和进行。

第三节　科学的开发利用模式

一、古墓葬科学开发利用的基本原则

（一）保护优先原则

保护优先原则是古墓葬开发利用中的核心理念，旨在确保在任何开发和利用活动中，古墓葬的历史、文化和科学价值不受损害。古墓葬作为不可再生的文化遗产，承载着丰富的历史信息和文化内涵，其保护依赖严谨的科学方法和有效的管理措施。保护优先原则要求在开发利用之前，首先要进行详尽的考古调查和研究，确保对古墓葬的结构、文物和环境有全面的了解，并制定相应的保护方案。

在开发利用的各个环节，保护优先原则需要得到严格贯彻。在开发前期应进行充分的文物调查、勘探和评估，确保对古墓葬的整体状况有清晰的认识。这些前期工作包括地表调查、地下勘探以及文献研究，目的是全面掌握古墓葬的分布、规模、保存状态以及潜在的科学价值。通过这些详尽的调查和评估，为后续古墓葬的保护和开发提供科学依据。

在开发过程中，严格遵循文物保护的技术规范是保护优先原则的重要体现。在施工过程中必须采取必要的防护措施，避免对古墓葬本体及其周边环境的破坏。例如，可以设置隔离带来保护遗址，使用无损检测技术监控施工对古墓葬的影响，确保施工活动不对古墓葬造成损害。这些技术规范和防护措施不仅保护了古墓葬，也为工程顺利实施提供可靠保障。

在展示和利用过程中，同样需要贯彻保护优先原则。开放参观的古墓葬应控制参观人数和参观时间，避免人流过多对古墓葬造成损害。同时，还需加强对古墓葬环境的监控，防止因湿度、温度等环境因素对古墓葬造成的不利影响。这些措施可以通过先进的监控设备和科学管理手段实现，确保古墓葬在展示和利用过程中得到有效保护。

保护优先原则不仅关注古墓葬本体的保护，更注重其文化内涵和历史信息的保护。在开发利用过程中，应注重对古墓葬历史价值和文化内涵的深入挖掘与展示。通过多种形式的教育和宣传活动，可以提高公众对古墓葬保护的认识和参与度。这不仅有助于古墓葬的保护，也能发挥其在现代社会中的文化和教育价值。

（二）合理利用原则

合理利用原则是古墓葬科学开发利用的重要基础之一。有效的合理利用不仅能确保古墓葬的历史价值和文化内涵得到充分展示，还能在开发过程中避免对遗址造成不可逆转的破坏。在具体实践中，合理利用原则要求在开发利用中充分考虑古墓葬的保护需求，避免过度商业化开发，同时注重文化传播与教育功能相结合，实现文物保护与社会效益的双赢。

对古墓葬的多方面价值进行全面评估是合理利用原则的重要环节。通过科学的评估，能够确定古墓葬的历史、文化、艺术和科技等方面的价值特征与保护重点，为后续的开发利用提供科学依据。这一过程中，需要综合考虑遗址的脆弱性和环境承载能力，避免因过度开发导致遗址结构损毁或环境恶化。科学评估不仅是保护的基础，也是合理利用的前提。

合理利用原则强调开发利用的多样性和创新性。通过合理规划，可以推动古墓葬与现代科技、文化创意产业的融合，创造出多元化的文化产品和服务形式。例如，利用虚拟现实（VR）、增强现实（AR）等技术手段，复原古墓葬的历史场景，为公众提供沉浸式的体验；或通过文化主题公园、博物馆等形式，展示古墓葬的历史文化价值，使其成为社会教育和文化传播的重要平台。多样化的开发利用形式，不仅能吸引更多的公众关注，还能增强文化传播的效果。

加强对开发利用过程的动态监测与管理是合理利用原则的关键要求。建立科学的监测体系和管理机制，可以及时发现并解决开发利用过程中所出现的问题，确保古墓葬的保护工作始终处于可控状态。应当建立多方合作机制，吸引专业机构、学术团体、社会组织等多方面力量共同参与，推动古墓葬的科学保护与可持续利用。动态监测与管理不仅能保护古墓葬的完整性，还能为未来的开发利用提供宝贵的经验。

合理利用原则的贯彻实施是实现古墓葬保护与开发利用协调发展的关键。通过科学评估、创新开发、多方合作，不仅能有效保护古墓葬的历史文化价值，还能为现代社会提供丰富的文化资源和教育资源，推动文物保护事业的持续发展。合理利用原则为古墓葬的科学保护与可持续利用提供了方向指引，为文物保护与社会效益的双赢奠定了坚实基础。

（三）可持续发展原则

古墓葬作为宝贵的文化遗产，其保护和开发利用应当遵循可持续发展的原则。在进行古墓葬的开发利用时，必须考虑其长期的保存和价值的延续。下面将探讨在古墓葬保护与开发利用过程中应遵循的关键原则和措施。

古墓葬的现状评估是制定科学保护措施的重要前提。通过详细评估古墓葬的历史、艺术和科学价值，可以更好地理解其独特性和重要性，从而制订有效的保护计划。评估不仅限于物理结构的保护，还包括对周边自然环境的保护，以防止环境破坏对古墓葬产生不利影响。这种综合评估能够确保古墓葬的长期保存和价值传承。

在开发利用古墓葬时，必须避免过度开发和商业化倾向。过度的商业化开发可能会破坏古墓葬的原始风貌和文化内涵，甚至导致不可逆的损失。为此，在进行旅游开发和文化展示时，应采取限流措施，控制游客数量，避免因人流量过大而对古墓葬造成损害。同时，通过普及相关文化知识，提高公众的保护意识，使人们在参观过程中能够自觉遵守保护规定。

古墓葬的可持续发展还需要政策法规的保障和社会各界的共同参与。政府应制定和完善相关法律法规，明确古墓葬保护与开发利用的基本原则和具体要求，并加强监督和执法力度。社会各界，包括学术机构、非政府组织和广大公众，应积极参与古墓葬的保护工作，共同推动其科学合理开发和可持续利用。只有通过政策的引导和多方合作，才能真正实现古墓葬的长久保存和可持续发展。

二、古墓葬旅游开发策略

（一）旅游资源的评估

旅游资源的评估是古墓葬开发利用的首要环节，决定了后续开发策略的科学性和合理性。只有通过对古墓葬的文化、自然和社会经济价值进行详细评估，才能确保开发过程中的科学性和可持续性。

1. 系统分析古墓葬的文化价值

对古墓葬的文化价值进行系统分析是评估的首要任务，这包括历史价值、艺术价值和科学价值等方面。深入研究古墓葬出土的文物、建筑结构和历史背景，确保其具有独特的文化内涵和历史意义，从而为开发利用提供坚实的理论依据。历史价值方面，需要考察古墓的年代特征及其在历史进程中的地位；艺术价值方面，应评估古墓中的雕刻、绘画和其他艺术品的独特性和美学价值；

科学价值方面，则需要探讨这些遗迹在考古学、建筑学等学科中的研究价值。

2. 评估古墓葬的自然环境和地理条件

评估古墓葬的自然环境和地理条件是开发旅游项目的重要前提。古墓葬通常位于特定的地理位置，其周边的自然景观和生态环境也成为旅游资源评估的重要内容。通过综合评估古墓葬及其周边环境的气候、地形、水文等自然因素，可以确定其是否具备开发旅游项目的基本条件以及开发过程中可能面临的生态环境保护问题。气候条件的影响需要考虑游客的舒适度，地形因素则影响交通和基础设施建设，水文环境则关系到生态保护和景观美化。

3. 评估古墓葬的社会经济价值

评估应包括对潜在游客市场的调查与分析，了解游客的兴趣点和需求，从而制定针对性的旅游开发策略。通过市场调研和社会经济效益分析，评估古墓葬旅游开发的可行性和潜在收益，确保项目的经济可持续性。市场调研需要分析游客群体的年龄、收入、文化背景等因素，经济效益分析则需考虑门票收入、周边产业带动效应以及长期的经济增长潜力。

（二）旅游线路的设计

古墓葬旅游线路的设计在现代文旅开发中扮演着至关重要的角色，不仅决定了游客的整体参观体验，也直接影响文物保护工作。因此，科学合理的旅游线路设计必须在文化深度与游客互动之间找到最佳平衡点，确保文物的安全、游客的满意以及文旅资源的可持续利用。

首先，旅游线路的规划应充分考虑古墓葬遗址的空间布局和文物分布情况。合理设计参观动线，避免游客集中在单一热点区域，以分散参观压力，减少对文物的直接损害。为此，可采用分时段预约参观和分区游览等策略，通过均衡分布游客流量，有效保护文物的完整性和安全性。这不仅有助于减少对古墓葬的物理损伤，也能为游客提供更舒适的参观环境。

其次，文化解说系统的建设是旅游线路设计中的一个关键环节。通过设置多媒体展示、互动体验区和专业讲解员，能够增强游客对古墓葬文化内涵的理解和认同感。在解说点的布局上，应结合现代科技手段，如增强现实（AR）、虚拟现实（VR）等技术，使游客在参观过程中不仅能亲身感受历史文化，还能通过互动体验深入了解古墓葬的历史背景和文化价值。这种多层次、多感官的解说方式，能让游客获得更为丰富的文化体验。

最后，环境保护和生态效应在古墓葬旅游线路设计中也不容忽视。古墓葬通常位于自然环境较为敏感的区域，设计过程中应避免大规模的硬化建设，尽量采用生态友好的材料和施工方法，以减少对自然环境的破坏。同时，线路设计还需考虑到游客的安全和舒适性，设置必要的休息区和服务设施，提升游客的整体参观体验。通过这种生态友好的设计理念，不仅可以保护古墓葬周边的自然环境，而且能为游客提供一个更加和谐的参观环境。

（三）旅游设施的建设

旅游设施的建设是古墓葬旅游开发的关键环节，对于实现旅游资源的可持续利用和提升游客体验具有重要意义。旅游设施的建设需要遵循文物保护的基本原则，确保不对古墓葬本体造成任何破坏。在设计和施工过程中，必须进行全面的环境影响评估，确保项目的可行性和可持续性。在施工过程中应使用无损技术和材料，避免对古墓葬及其周边环境造成不可逆的损害。

1. 注重与古墓葬文化内涵的融合

设施不仅是为游客提供便利，更是传递文化信息的重要媒介。因此，在规划和设计过程中，应充分挖掘古墓葬的历史文化价值，将其融入旅游设施的设计中。例如，可以在游客中心设置展示区，介绍古墓葬的历史、发掘过程和保护成果；在景区内设置文化步道，通过标识牌和多媒体设备，向游客介绍古墓葬的文化背景和重要遗址。

2. 重视游客的体验和服务质量

现代旅游已不再仅仅是观光，更强调游客的参与感和互动性。因此，应在古墓葬旅游区内建设一系列配套设施，如信息咨询中心、休息区、餐饮服务区等，满足游客的基本需求。可以通过科技手段提升游客的体验感，如设置虚拟现实（VR）体验区，让游客可以身临其境地感受古墓葬的历史氛围；通过智能导览系统，为游客提供个性化的导览服务。

3.考虑环境的承载能力和可持续发展

在确保古墓葬保护优先的前提下，合理规划游客容量，避免因过度开发导致的环境压力。应采用绿色建筑材料和节能环保技术，减少设施建设和运营过程中的能源消耗和污染排放。通过科学规划和合理布局，形成既能满足游客需求，又不破坏古墓葬及其周边环境的旅游设施体系，实现古墓葬旅游的可持续发展。

三、古墓葬的教育与科普功能

（一）历史教育的意义

古墓葬作为历史文化遗产的重要组成部分，承载了丰富的历史信息和文化内涵，其作为历史教育的功能意义非凡。通过对古墓葬的科学研究和合理利用，可以向公众展示历史的发展脉络和文化演变过程，有助于人们更好地理解和认识自己的历史文化。在历史教育中，古墓葬不仅仅是静态的文物展示，更是动态的历史课堂，为学生和公众提供生动、具体的历史知识。

古墓葬的教育功能可以通过多种形式实现。学校可以组织学生参观古墓葬遗址，使学生在实地考察中直观感受历史的厚重感和文化的多样性。通过引导学生观察、思考和讨论，培养他们的历史思维能力和文化认同感。实地考察不仅能够让学生直观地了解古墓葬的布局、结构和藏品，还能通过讲解和互动，使他们更深入地理解历史事件和人物，增强历史学习的趣味性和实效性。

博物馆和文化机构在普及古墓葬知识方面也起着重要作用。通过展览、讲座和互动活动等形式，公众可以更全面地了解古墓葬的历史背景和文化价值。博物馆可以利用现代科技手段，如虚拟现实（VR）和增强现实（AR），让观众身临其境地体验古墓葬的发现和发掘过程，增加对历史文化的感性认知。同时，讲座和互动活动可以邀请专家学者进行深入讲解，解答公众的疑问，提升历史教育的深度和广度。

古墓葬作为特殊的教育资源，还可以促进多学科的交叉融合。历史学、考古学、文物保护学等学科通过对古墓葬的研究和解读，不仅推动了学术研究的深入发展，也为教育工作者提供了丰富的教学素材。教师可以将古墓葬的相关内容融入教学大纲，设计专题课程和研究项目，从而激发学生的学习兴趣和探究精神。例如，可以通过模拟考古发掘、文物修复等实践活动，让学生体验考古学的工作过程，培养他们的动手能力和团队合作精神。

（二）科普活动的形式

古墓葬作为重要的文化遗产，其保护与传承需要社会各界的共同努力。科普活动在这一过程中扮演了不可或缺的角色，通过多样化的形式，有效提升公众对文物的认知和保护意识。

1. 举办讲座

讲座是一种重要的科普活动形式。可以通过邀请考古专家、历史学者及文物保护专业人员进行专题讲座，向公众普及古墓葬的相关知识。讲座内容通常涵盖古墓葬的发现与发掘过程、文物的保护修复技术及其历史文化背景等。这些深入浅出的讲解，使听众能更全面地了解古墓葬的文化内涵和科学价值，从而激发他们对文物保护的兴趣和责任感。

2. 进行展览

展览通过展出古墓葬出土的文物、发掘现场的照片及相关研究成果，直观地向公众展示古墓葬的历史价值和考古发现的过程。展览通常配备详细的解说词和多媒体展示，如互动屏幕、视频播放等，使参观者能够更深入地理解文物背后的故事和考古工作的复杂性。临时展览和巡回展览也能扩大科普活动的覆盖面，吸引更多公众的关注。

3. 组织研讨会和论坛

研讨会和论坛在科普活动中也起着重要作用。通过组织学术研讨会和公众论坛，能够实现学术交流与公众教育的双重目的。研讨会通常邀请国内外的考古学家、历史学家、文物保护专家等，围绕古墓葬的研究、保护与利用进行深入探讨。而公众论坛则面向普通市民，通过互动讨论的方式，解答公众所关心的问题，分享最新的考古发现和研究成果，从而增强公众的参与感和知识储备。

4. 开展现场体验活动

近年来，现场考古体验活动越来越受到欢迎。这种形式通过组织公众特别是青少年到考古现场进行参观和体验，让他们亲身感受考古发掘的过程，了解考古工作的艰辛与乐趣。沉浸式的体验不仅能激发公众对考古学的兴趣，还能有效传达文物保护的重要性，培养他们的文物保护意识和社会责任感。

（三）教育资源的开发

古墓葬作为重要的文化遗产，不仅具有历史和艺术价值，还蕴含着丰富的教育资源。通过开发和利用这些资源，可以促进公众对历史文化的理解和认同，提升文化素养。下面将详细介绍古墓葬教育资源开发的各个方面，以期为相关工作提供参考和指导。

对古墓葬的历史背景、文化意义和考古发现进行系统梳理是教育资源开发的基础。需要建立科学准确的知识体系，包括墓葬的时代背景、墓主身份、陪葬品的种类和意义等内容。这一知识体系的建立有助于形成扎实的理论基础，为后续的教育资源开发提供可靠依据。通过系统的梳理和研究，可以全面展示古墓葬所蕴含的历史信息和文化内涵，帮助公众更好地理解和认知这一重要文化遗产。

结合现代教育技术，设计多样化的教育活动和课程是提升古墓葬教育资源吸引力的重要途径。例如，可以开发基于虚拟现实（VR）和增强现实（AR）技术的沉浸式体验项目，让学生通过虚拟探险深入了解古墓葬的内部结构和文化遗迹。还可以制作数字化的古墓葬模型、动画和多媒体展示，帮助学生更直观地理解古墓葬的构造和历史背景。这些现代技术的应用不仅提升了教育资源的互动性，而且能够激发学生对历史文化的兴趣和探索欲望。

古墓葬教育资源的开发应注重与学校教育体系的紧密结合。根据不同年龄段学生的认知水平和学习需求，设计分层次的教育内容和活动。例如，小学阶段可以通过故事讲述和简单的手工制作活动，引导学生初步了解古墓葬的基本知识和文化价值；中学阶段则可以组织学生进行专题研究和考古模拟活动，培养他们的探究能力和历史思维；高等教育阶段可以开设相关的专业课程和实习项目，为学生提供深入的学习机会和实践平台。通过与学校教育的结合，可以更好地将古墓葬教育资源融入学生的日常学习中，从而提升教育效果。

古墓葬教育资源的开发还应注重社会教育的功能。通过博物馆、文化遗址公园和社区教育中心等平台，开展面向公众的讲座、展览和互动体验活动，普及古墓葬的历史文化知识，增强公众的文化自信。通过多渠道、多形式的教育资源开发，古墓葬不仅能成为学生学习历史文化的重要载体，还能在全社会范围内发挥教育和科普功能，促进文化遗产的保护与传承。社会教育的广泛开展有助于提升公众的文化素养和历史认知，促进文化遗产的保护和传承。

四、古墓葬的文化创意产业开发

（一）创意产品的设计

古墓葬的文化创意产业开发是一种将文化遗产与现代经济相融合的创新形式。通过对古墓葬文化元素的深入挖掘和分析，创意产品的设计可以在保护文物的基础上，赋予其新的生命力和经济价值。以下是关于如何更加详细地进行创意产品设计的要点。

设计师应充分了解古墓葬的历史背景、文化内涵以及艺术特点，将这些元素巧妙融入产品设计中。例如，可以利用古墓中出土的精美器物、壁画、雕刻等元素，设计具有独特文化符号的工艺品、纪念品或时尚饰品。这不仅能够吸引更多的消费者关注和购买，还能在潜移默化中传播和弘扬古墓葬文化。通过对古墓葬中各种艺术元素的分析，设计师可以创造出具有历史感和艺术价值的作品，使现代人能够在日常生活中感受到古墓葬文化的魅力。

创意产品的设计应注重与现代生活的结合。古墓葬文化虽然源远流长，但要让其在当代社会中焕发新的活力，就必须与现代生活方式紧密结合。设计师可以考虑将古墓葬的文化元素应用于现代家居用品、办公文具、电子产品等方面，既满足人们日常生活的实际需求，又能够通过这些产品传递古墓葬文化的独特魅力。例如，可以设计带有古文明图案的手机壳、笔记本封面或家居装饰品，使得古墓葬文化元素成为日常生活的一部分。这样不仅延续了文化的传承，还使其与现代生活方式无缝衔接。

创意产品的设计还应重视科技手段的应用。现代科技的发展为文化创意产品的设计提供了更多可能性。设计师可以运用3D打印、虚拟现实（VR）、增强现实（AR）等技术，将古墓葬的文化元素进行多维度、多层次的展示。例如，通过 VR 技术，消费者可以身临其境地体验古墓葬的内部结构和艺术风貌；通过 AR 技术，可以在现实产品中呈现古墓葬的动态信息。这些先进技术的引入，不仅增强了产品的互动性和趣味性，还极大地提升了文化传播的效果。科技手段的应用使得古墓葬文化不再只是静态的遗产，更是可以动态体验和互动的现代文化产品。

创意产品的设计应注重市场调研和用户反馈。只有充分了解市场需求和消费者偏好，设计出的产品才能真正获得市场认可。设计师需要进行广泛的市场调研，了解不同年龄层次、不同文化背景的消费者对古墓葬文化创意产品的接受度和期望值。同时，在设计过程中应注重用户体验，及时收集用户反馈，不断改进和优化产品设计，以确保创意产品既具有文化价值，又具备市场竞争力。通过与消费者的持续互动，设计师可以不断调整和提升产品质量，使其更加符合市场需求和用户的期望。

（二）文化品牌的打造

文化品牌的打造是古墓葬保护与开发利用的一个重要环节。通过对古墓葬的深度挖掘与文化阐释，能够形成独具特色的文化品牌，提升古墓葬的社会认知度与影响力。

对古墓葬的历史背景、文化内涵和艺术价值进行全面而深入的研究是品牌建设的基础。需要形成系统化的知识体系，为品牌建设提供坚实的理论基础。通过学术研讨会、出版物和多媒体展示等多种形式，向公众传播这一知识体系，使其成为文化品牌的核心内容。只有通过深入的研究和全面的知识传播，才能真正挖掘古墓葬的独特魅力，并为文化品牌的打造奠定坚实的基础。

品牌形象的塑造与传播至关重要。通过设计独特的品牌标识、符号和主题，形成鲜明的品牌识别系统。同时，结合现代传播手段，如社交媒体、网络平台和文化活动等，进行多渠道、多层次的品牌推广。这不仅可以增强品牌的知名度，还能提升公众对古墓葬文化的认同感和归属感，从而形成良性的文化传播效应。品牌形象的成功塑造与传播能够使文化品牌在公众心中占据一席之地。

品牌的打造还需与文创产品的开发紧密结合。通过对古墓葬文化元素的创新性转化，可以设计出一系列具有文化内涵和市场价值的文创产品，如纪念品、书籍、影视作品等。这些产品不仅可以丰富品牌的内容，还能通过市场化运作，形成经济效益，反哺文物保护工作，实现文化与经济的双赢。文创产品的开发使文化品牌不仅停留在理论和传播层面，还能通过实际产品让公众更直观地感受到古墓葬文化的魅力。

品牌的持续发展离不开社会各界的广泛参与与支持。通过建立品牌联盟，与政府机构、企业、学术团体和社会组织等多方合作，形成合力，共同推动品牌的建设和推广。同时，鼓励公众参与品牌的传播和维护，通过互动和反馈，提升品牌的影响力和美誉度。只有在全社会的共同努力下，古墓葬的文化品牌才能真正发挥其应有的价值，实现可持续发展。

（三）市场推广的策略

古墓葬的文化创意产业开发需要科学合理的市场推广策略，以确保文化资源能够在保留文物价值和历史内涵的前提下，实现最大化的社会和经济效益。

1.精准定位目标受众

通过调查研究，了解不同年龄段、不同文化背景的受众需求和兴趣点，可以制订针对性的推广计划。例如，年轻群体通常活跃在社交媒体和新媒体平台上，因此可以通过这些渠道进行广泛宣传。而对于老年群体，更适合通过传统媒体如报纸和电视进行推广。通过这种针对性推广，能够更有效地触及不同受众群体，扩大推广效果。

2.进行品牌定位和形象塑造

古墓葬文化创意产品需要明确的品牌定位，传递独特的文化价值和历史内涵。通过设计具有辨识度的品牌标识、宣传语和视觉形象，可以有效提升产品的市场认知度和美誉度。品牌故事的讲述也是一种强有力的推广手段。挖掘古墓葬背后的历史故事和文化背景，赋予产品情感价值，能够引起受众的共鸣，从而增强品牌的吸引力和忠诚度。

3. 拓展推广渠道

除了传统的广告宣传，还可以通过举办文化展览、学术讲座、研讨会等形式，增加公众对古墓葬文化的了解和兴趣。同时，与旅游景点、博物馆、文创企业等合作，共同开展市场推广活动，形成资源共享和优势互补。通过这种多渠道的推广方式，可以扩大产品的市场影响力和覆盖面，吸引更多的受众关注和参与。

4. 注重反馈和调整

通过定期进行市场调查和受众反馈，了解市场推广的效果和所存在的问题，及时进行调整和优化。例如，可以根据受众的反馈改进产品设计和推广内容，提升产品的市场竞争力。同时，利用大数据分析技术，深入挖掘市场需求和趋势，制定更加精准和有效的推广策略。通过这种动态调整，确保文化创意产业在不断变化的市场环境中实现可持续发展。

五、古墓葬的数字化展示与传播

（一）数字化技术的应用

数字化技术在古墓葬的展示与传播中扮演了关键的角色。通过利用三维扫描和激光雷达等先进技术，考古学家能够对古墓葬进行全方位、精细化的数字化记录。这些技术不仅能精确保存古墓葬的现状，还为后续研究、修复和展示提供了重要的基础数据。例如，三维扫描技术可以生成高精度的古墓葬模型，使研究人员能够在实验室中进行虚拟考古研究，从而减少对文物的干扰，保护其原始状态。

数字化技术在古墓葬的展示方面同样展现出巨大的潜力。借助虚拟现实（VR）和增强现实（AR）技术，古墓葬的历史原貌和文化背景得以生动再现给观众。佩戴 VR 设备的观众可以"身临其境"地参观古墓葬，体验数千年前的建筑风貌和文化氛围。而通过智能手机或平板电脑，AR 技术可以将数字信息叠加在现实场景中，使观众在实地参观时获得更加丰富的解说和互动体验。这种沉浸式的展示方式极大地提升了观众的参观体验。

互联网和社交媒体的普及为古墓葬的传播开辟了新的途径。数字化内容可以通过这些平台快速传播到世界各地，通过建立数字博物馆或在线展览，全球观众都可以随时随地访问古墓葬的数字资源，享受高质量的文化体验。这不仅提升了公众对古墓葬的认知和兴趣，也为文物保护工作赢得了更多的支持和关注。

数字化技术的应用还促进了多学科的合作与交流。考古学、文物保护和计算机科学等领域的专家可以通过数字平台共享数据，开展合作研究，从而推动古墓葬保护与利用的科学发展。例如，通过大数据分析，研究人员可以揭示古墓葬的历史演变规律，为保护策略的制定提供科学依据。数字平台也为公众教育提供了极大的便利，使更多人能够参与到古墓葬的保护与传承中来。

（二）虚拟展示平台的搭建

虚拟展示平台的搭建在古墓葬保护与传承中的应用，代表了前瞻性和创新性的举措。

1. 构建虚拟展示空间

通过运用虚拟现实（VR）、增强现实（AR）等先进技术，构建一个虚拟的展示空间，观众可以超越时间和空间的限制，深入体验古墓葬的历史与文化价值。平台不仅重现了古墓葬的原貌，而且通过互动设计，让观众参与其中，增强对历史文化的感知与理解。这种展示方式既保护了文物的实体，又提升了观众的参与感和体验感。

2. 加强多学科的协作与融合

虚拟展示平台的搭建需要多学科的协作与融合。考古学、历史学、建筑学、计算机科学等多个领域的专家共同努力，从数据采集、三维建模到虚拟环境的创建，每个环节都必须精细工作。在数据采集阶段，考古学家对古墓葬进行详细测绘和记录，确保虚拟展示的准确性和真实性。在三维建模方面，计算机专家利用先进的建模技术，将这些数据转化为高精度的三维模型，确保每个细节都真实再现。

3. 提升体验感和互动性

观众的体验感和互动性设计是虚拟展示平台的重要考量。通过人机交互技术，观众可以在虚拟环境中自由探索，甚至通过虚拟角色进行角色扮演，参与到古墓葬的发掘和研究过程中。这种设计不仅增强了展示的趣味性，还激发了观众的好奇心和探索欲望，从而达到更好的传播效果。同时，平台可以结合教育功能，通过设置知识点解说、互动问答等方式，提高观众的历史文化素养。

4. 持续维护和更新

虚拟展示平台的搭建需要持续维护和更新。随着技术的不断进步，展示平台的功能和效果也需要不断提升。新的考古发现和研究成果需要及时更新到平台中，使其保持科学性和前沿性。相关机构和技术团队必须具有长远的规划和持续的投入，确保虚拟展示平台能够长期稳定地运行，并不断为观众提供新的体验和知识。

（三）数字资源的共享

古墓葬作为珍贵的文化遗产，承载着丰富的历史信息和文化价值。随着数字化技术的发展，数字资源的共享在古墓葬保护与开发利用中显得尤为重要。通过数字化手段，可以高效地整理和储存古墓葬的历史文化信息、实地勘察数据、考古发掘成果等，并实现全球范围内的快速传播和共享。这不仅为学术研究和文化传播提供了便利，还能提升社会公众对古墓葬及其文化价值的认知和关注。

建立全面且标准化的数字化档案库是实现数字资源共享的关键。档案库应包括高精度的三维扫描模型、高清数字照片、详细的考古报告及相关文献资料等多种形式的数字资源。通过互联网平台，这些数字资源可以在全球范围内共享，以供学者、研究人员、学生及公众进行查询和学习。数字档案库的建设还需重视数据的安全性和长期保存，以避免数据丢失和信息泄露，从而确保数字资源的可持续利用。

数字资源的共享不仅限于数据的存储和传播，还包含多媒体展示和互动体验。借助虚拟现实（VR）、增强现实（AR）等技术，可以生动地再现古墓葬的历史场景和文化内涵，提供身临其境的体验。这种互动体验不仅丰富了观众的感知，也增强了他们对古墓葬文化的兴趣和理解。通过社交媒体平台，数字资源可以得到更广泛传播，吸引更多人关注古墓葬的保护和利用，进一步扩大其社会影响力。

跨学科和跨机构的合作在推动数字资源共享的过程中至关重要。考古学、历史学、信息技术等多个学科的协同合作，可以推动数字资源的全面开发和高效利用。各级文物保护机构、博物馆、高校和科研机构之间的合作，也能促进资源的整合和共享。相关人员通过多方协作机制，可以最大化地利用古墓葬数字资源，推动文化遗产保护事业的发展。

六、古墓葬的可持续发展策略

（一）生态保护措施

古墓葬的生态保护措施是实现其可持续发展的关键环节。古墓葬作为文化遗产的重要组成部分，既具有历史文化价值，也需要在保护过程中考虑其生态环境。古墓葬所在的生态环境须得到全面评估，确保保护措施不会对原有的生态系统造成破坏。通过环境影响评估，可以明确古墓葬周边的生态敏感区域，并采取相应的保护策略，如限制人类活动的范围、控制游客流量以及制定严格的环境管理规章制度，这样才能有效地保护古墓葬及其周边的生态环境。

古墓葬保护区的植被恢复和维护工程是生态保护的重要手段。古墓葬所在区域的植被对于防止水土流失、保持土壤湿度以及调节小气候起着至关重要的作用。科学规划植被种植与维护措施，选择适宜本地气候和土壤条件的植物种类，不仅能够增强古墓葬周边的生态抵御能力，还能提升整体景观效果，进一步促进文化旅游的发展。通过科学的植被恢复，不仅保护了生态环境，还为游客创造了更好的游览体验。

水资源管理在古墓葬生态保护中也占有重要地位。合理的水资源管理可以防止地下水位的过度消耗和地表水的污染。建立完备的水资源监测系统，及时监测地下水变化及水质情况，确保水资源的可持续发展。同时，古墓葬保护区内的水体应保持自然状态，避免过度人工干预，从而保持生态系统的自然平衡。水资源管理的科学化和系统化，能够有效地保障古墓葬及其周边生态环境的健康和稳定。

古墓葬生态保护措施的实施，需要借助现代科技手段。通过遥感技术、地理信息系统等技术手段，可以对古墓葬及其周边区域进行动态监测和管理。利用无人机航拍、地质雷达等设备，可以获得高精度的环境数据，为生态保护措施的科学决策提供可靠依据。这些科技手段的应用不仅提升了古墓葬保护的效率和精度，而且为未来的生态保护工作提供了可持续发展的基础。

（二）社区融合策略

古墓葬作为重要的文化遗产，其保护和开发利用不仅需要科学的技术手段，更需要凝聚社区的力量，形成共同参与、共同保护的良好氛围。社区融合策略是将古墓葬保护与社区发展紧密结合，通过多种形式的互动和合作，实现文化遗产与社区的共生共荣。

1. 社区教育

社区教育是实现社区融合的重要途径。通过开展社区讲座、文化遗产宣传活动以及古墓葬参观等方式，可以显著提高社区居民对古墓葬保护重要性的认识。这种方式不仅增强了居民的文化自豪感和责任感，还能提升他们的知识水平，激发他们主动参与文化遗产保护的积极性。通过这种教育模式，将社区居民培养成文化遗产保护的志愿者，从而形成全社会共同保护古墓葬的良好氛围。

2. 社区参与

社区参与是社区融合策略的核心。通过建立社区文化保护组织，可以动员社区居民积极投入古墓葬保护的实际工作中，如环境整治、文物看护和文物修复等。这种参与不仅有效弥补了专业人员不足的问题，还能增强居民对古墓葬的认同感和归属感。社区居民在参与保护的过程中，能更深刻地理解文化遗产的价值，从而形成"保护文化遗产人人有责"的社会共识。

3. 社区融合

社区融合还应注重社区经济的发展。开发与古墓葬相关的文化旅游项目，如导览服务、文创产品开发等，不仅能为社区居民带来经济收益，还能带动地方经济的发展。文化旅游项目的开发需要综合考虑环境承载力和文化遗产的保护需求，避免过度商业化和破坏性开发。这种方式确保古墓葬的可持续发展，同时为社区居民提供了更多的经济收益机会，提升了他们参与文化遗产保护的积极性。

（三）长期发展规划

古墓葬的长期发展规划是确保其在保护与传承过程中实现可持续发展的核心举措。为了确保古墓葬在未来几十年甚至更长时间内持续发挥其重要的社会功能，我们将制订一个系统而详细的发展规划。

1. 明确长远目标

古墓葬作为重要的文化遗产，其保护与利用必须有明确的长远目标。这些目标涵盖了文化传承、学术研究和公众教育等多个方面。在制订规划过程中，必须充分考虑古墓葬的历史、文化和科学价值，以确保其能够在未来长期发挥应有的社会功能。文化传承方面，应建立详细的传承机制，包括文字记载、口述传统和实物保护等，以确保文化信息的完整保存。学术研究方面，规划应鼓励多学科交叉研究，推动对古墓葬的深入理解与发掘。公众教育方面，应制订长期的教育计划，通过多种渠道传播古墓葬的历史文化价值，提高公众对文化遗产保护重要性的认识。

2. 保护措施和管理机制

保护措施和管理机制是古墓葬长期发展规划的重要组成部分。物理保护方面，需要采取结构加固、环境控制和定期维护等措施，确保古墓葬的稳定性和安全性。法律法规和政策体系的建立则是保障保护措施实施的关键，需明确各级政府、科研机构和社会组织的职责分工，通过多方合作，共同推进古墓葬的保护与开发利用。规划中应详细列出各项保护措施的具体实施步骤和时间表，并定期评估其效果，以便及时进行调整和优化。

3. 公众参与和教育推广

公众参与和教育推广是古墓葬长期发展的重要环节。通过文化遗产的展示与宣传，提升公众对古墓葬保护重要性的认识，增强社会各界的文化自觉和文化自信，具体措施包括建立博物馆、开展科普活动、组织文化节庆等，使古墓葬的历史文化价值得到广泛传播。规划中应包括详细的公众参与计划，明确如何通过多种渠道和形式，让更多的人了解和参与到古墓葬的保护和利用中来，形成全社会共同保护文化遗产的良好氛围。

4. 进行科技创新

科技创新在古墓葬长期发展规划中起着关键作用。随着科技的进步，文物保护技术不断更新，数字化手段的应用也越来越广泛。规划应鼓励和支持相关技术的研发与应用，如三维扫描、虚拟现实和人工智能等，提升古墓葬保护的科学水平。建立信息数据库，进行系统性的数据记录和分析，为未来的保护与研究提供坚实的数据支持。科技创新不仅有助于提高保护的效率和效果，还能为公众提供更加直观和生动的文化体验。

第四节 古墓葬保护利用的社会影响与效益

一、古墓葬保护利用的社会意义

（一）文化认同的强化

古墓葬的保护与开发利用在文化认同的强化方面起到了重要的推动作用。古墓葬作为历史文化遗产的重要组成部分，蕴含着丰富的历史、文化和科学信息。这些信息不仅展示了古人的生活方式、社会制度和精神信仰，还揭示了民族的历史发展脉络。文物保护工作者通过对古墓葬的保护与开发利用，可以使公众更直观地感受历史的厚重与文化的深远，从而增强公众的民族自豪感和文化认同感。

在现代社会的快速发展中，文化多样性和全球化趋势给传统文化认同带来了新的挑战。古墓葬的保护与开发利用能够为公众提供一个接触、理解和认同本民族文化的契机。通过古墓葬发掘出的文物、建筑和遗迹，公众能够深入了解本民族的历史和文化传承，进而在全球化背景下保持文化自信和认同。这种理解和认同不仅有助于应对外来文化的冲击，还能促进文化的创新与发展。

古墓葬作为文化教育的重要资源，通过博物馆展览、文化遗址公园等多种形式发挥教育功能。学生、学者以及普通民众在参观和学习过程中，不仅可以获得知识，还能在情感上产生共鸣，从而进一步增强对历史文化的认同感。这种认同感有助于个人形成正确的历史观、价值观，同时也能促进社会的和谐与稳定。文化教育的传递，使得文化认同不仅停留在个体层面，还能在社会群体中达成共识。

（二）历史记忆的延续

古墓葬作为历史和文化的重要载体，记录了古代社会的生活方式、信仰体系、艺术成就和技术发展等多方面的信息。这些信息不仅对考古学研究具有重要价值，更是整个社会历史记忆的重要组成部分。对古墓葬的保护和合理利用，可以使这些宝贵的历史记忆得以延续和传承，帮助现代人更好地理解和认识历史，从而增强民族自信心和文化认同感。

古墓葬的保护和利用在延续历史记忆方面还具有显著的教育意义。通过博物馆展览、文化遗址公园、考古遗址展示等方式，可以将古墓葬中所蕴含的丰富的历史信息向公众开放。这样不仅可以让人们直观地感受古代文明的强大魅力，还能激发人们对历史文化的兴趣和热情，从而达到普及历史知识、培养文化素养的目的。这种以古墓葬为依托的文化教育形式，有助于推动社会的文化进步和文明传承。

现代科技的发展为古墓葬的保护和利用提供了新的手段。利用三维扫描、虚拟现实（VR）、增强现实（AR）等技术，可以对古墓葬进行全方位、多角度的记录和展示。这不仅可以为学术研究提供翔实的数据支持，还能通过数字化平台向公众传播，让更多人能够便捷地了解和欣赏古墓葬的历史文化价值。通过数字技术延续历史记忆，不仅能够保护实体遗址，还能实现文化资源的共享与传播。

古墓葬的保护和利用在延续历史记忆方面具有重要的社会意义。它不仅能够保存和传承宝贵的历史文化遗产，增强民族文化自信，还可以通过多种形式的展示和传播，普及历史知识，培养文化素养，推动社会的文化进步。数字技术的应用更为历史记忆的延续提供了新的可能，使古墓葬的文化价值得以广泛传播和共享。通过这些努力，我们可以更好地保护和利用古墓葬这一宝贵的文化资源，为后代留下丰富的历史记忆。

（三）社会责任的体现

保护和利用古墓葬不仅是文化遗产的传承，更是社会责任的具体体现。古墓葬作为历史文明的重要见证，承载着丰富的文化信息和历史记忆，其保护和利用直接关系到社会的文化传承和历史教育。通过保护古墓葬，我们可以更好地理解和尊重历史，增强社会的文化认同感和归属感。这种历史文化的传承有助于构建一个具有深厚文化底蕴和强大凝聚力的社会。

古墓葬的保护与利用不仅关乎当代，更是对后代的一种责任。保护古墓葬不仅是为了研究和欣赏，也是为了将这些珍贵的文化遗产完整地传递给未来的世代。通过科学的保护手段和合理的利用方式，可以有效防止古墓葬受到自然和人为的破坏，延长其寿命，使其能够持续发挥教育和文化传承的功能。这种责任感不仅体现在文化机构和政府部门的努力中，也需要全社会的共同参与和支持。

古墓葬保护工作的社会责任还体现在对公众文化素养的提升上。可以开展多种形式的公共教育活动，如展览、讲座和考古体验等。这些活动不仅能普及历史知识，还能增强公众的文化保护意识，激发他们对历史文化的兴趣和热爱。通过这种方式，社会公众不仅成为文化遗产的受益者，成为文化遗产的保护者，共同维护和传承人类文明的宝贵财富。

二、古墓葬保护对历史文化传承的贡献

（一）文化遗产的保存

古墓葬的保护在历史文化传承中扮演着不可替代的角色。作为文化遗产的重要组成部分，古墓葬的保存对于历史文化的传承具有重大意义。它不仅是历史的见证，更是古代文明与社会生活的重要物证，为我们提供了丰富的历史信息。通过研究古墓葬，我们可以了解古代的建筑技术、雕刻艺术和社会制度等。因此，对古墓葬的保护不仅是对物质文化遗产的保存，更是对非物质文化遗产的尊重和传承。

在保护古墓葬的过程中，科学技术的应用尤为重要。现代考古学和保护技术的发展，使得我们能够更加精确地揭示和保存这些文化遗产的信息。通过遥感技术和地质雷达，可以在不破坏地下遗址的情况下进行探测，避免因挖掘而对遗址造成的二次破坏。此外，环境控制技术、材料保护技术和修复技术也在文物保护中发挥着重要作用，为古墓葬的长期保存提供了强有力的保障。

古墓葬的保护不仅仅是保存其物质形态，更重要的是通过研究和展示，使公众了解和认同其文化价值。通过博物馆展览、文化遗址公园和数字化展示等形式，可以将古墓葬的历史信息和文化内涵传递给更广泛的观众。这不仅能够增强公众的历史文化意识，还能推动历史文化的传承与创新，让更多人参与到文化遗产的保护与传承中来。

（二）历史知识的传播

古墓葬作为文化遗产的重要组成部分，承载着丰富的历史信息和文化内涵。通过系统发掘和研究古墓葬，能够揭示古代人类社会的生活方式、风俗习惯以及政治经济状况等多方面的内容。这些历史知识不仅为学术研究提供了宝贵的一手资料，也为公众提供了了解和认识历史的窗口，增强了社会对自身文化的认同感和自豪感。

在古墓葬保护过程中，现代科技手段的应用如三维扫描、虚拟现实（VR）和增强现实（AR）等技术，大大提升了历史知识传播的效果。通过这些技术，古墓葬及其文物的原貌得以真实再现，观众可以在虚拟的环境中进行沉浸式体验，感受古代社会的独特魅力。这种直观、生动的传播方式不仅提高了公众的参与度和兴趣，也在潜移默化中增强了历史教育的深度和广度。

古墓葬保护所带来的历史知识传播还体现在博物馆、展览及公共教育活动中。古墓葬出土的文物经过精心修复和展示，成为博物馆的重要展品。通过专题展览、讲座、研讨会等形式，博物馆不仅展示了古墓葬的历史价值，还向公众普及了相关的考古学知识和文化背景。这种互动式的传播方式不仅促进了历史文化的传承，还激发了公众对文物保护的重视和参与热情。

（三）文化交流的平台

古墓葬作为重要的历史遗存，不仅是考古研究的重要对象，也是文化交流的重要平台。古墓葬中出土的各种文物，如器物、壁画、碑刻等，往往反映了当时社会的政治、经济、文化等方面的情况。这些文物不仅具有较高的艺术和历史价值，还展现了不同时期、不同地域之间的文化交流和融合。例如，丝绸之路沿线的古墓葬中出土的文物，证明了古代中西方文化的交流与互动，这为我们理解古代文化的多样性和相互影响提供了珍贵的实物证据。

古墓葬的保护与利用还为现代社会提供了一个研究和展示古代文化交流的平台。通过对古墓葬的科学发掘和研究，可以揭示不同文明之间的交流与融合过程。博物馆和展览会等文化机构通过展出古墓葬出土的文物，向公众展示这些跨文化交流的实例，促进了公众对历史文化的兴趣和认识。这不仅有助于增强民族文化自信，而且有助于促进国际文化交流和理解。

在古墓葬保护利用中的国际合作也是文化交流的重要形式。许多国家和地区通过联合考古发掘、文物保护技术交流和学术研究合作，推动了古墓葬保护的国际化进程。这种合作不仅提升了各国在古墓葬保护和研究领域的技术水平，还加深了不同文化之间的理解和友谊。例如，中国与其他国家在丝绸之路沿线古墓葬保护项目中的合作，不仅促进了相关领域的学术进步，也为各国人民之间的文化交流和相互理解搭建了桥梁。

三、古墓葬开发利用对经济发展的推动

（一）旅游经济的增长

古墓葬的开发利用在旅游经济中占据重要地位，成为地方经济发展的助推器。作为历史遗迹和文化资源，古墓葬吸引了大量游客前来参观和学习。通过对古墓葬的合理开发和保护，能够有效提升旅游景区的吸引力。例如，西安的秦始皇陵兵马俑作为世界知名的古墓葬旅游景点，每年吸引数百万游客，极大地促进了当地的旅游业和相关服务业的发展。

旅游经济的增长不仅体现在门票收入上，还包括旅游相关的配套服务，如餐饮、住宿、交通和纪念品销售等。这些服务业的繁荣带动了地方经济的全面

发展，创造了大量的就业机会，增加了居民的收入。同时，旅游业的发展还促进了地方基础设施的建设和优化，如道路、通信和公共服务设施的完善，从而进一步提升旅游体验和旅游经济的可持续发展能力。

古墓葬旅游还能够带动文创产业的发展。在开发古墓葬旅游资源的过程中，文创产品的设计与销售成为新的经济增长点。通过将古墓葬文化元素融入现代设计中，创造出具有文化内涵和市场价值的文创产品，不仅丰富了旅游体验，也为地方经济注入了新的活力。文创产业的发展还推动了相关领域的创新和创业，进一步促进地方经济的多元化发展。

在全球化背景下，古墓葬旅游经济的增长还具有国际化的意义。越来越多的外国游客对中国古墓葬文化表现出浓厚的兴趣，这不仅增加了旅游收入，还促进了中外文化交流与合作。通过国际旅游市场的拓展，地方经济能够获得更多的外汇收入，提升在全球经济中的竞争力和影响力。

（二）文化产业的带动

古墓葬作为文化遗产的重要组成部分，其开发利用不仅在文化传承上具有重大意义，同时也能为文化产业的发展提供强劲动力。文化产业是经济发展的新兴领域，通过对古墓葬的研究、保护和开发，可以形成一系列与之相关的文化产品和服务，从而带动相关产业的发展。例如，基于古墓葬的历史背景和考古发现，可以开发出版物、影视剧、游戏等文化产品，这些产品不仅丰富了文化产业的内容，也满足了公众对历史文化知识的需求。

古墓葬景区的开发能够直接带动旅游业的发展。古墓葬作为独特的旅游资源，吸引了大量游客前来参观，这不仅促进了当地旅游业的繁荣，还带动了相关的餐饮、住宿、交通等服务业的发展，形成了较为完整的旅游产业链。通过合理的规划和管理，古墓葬旅游还可以实现可持续发展，既保护了文化遗产，又促进了经济效益的提升。

文化创意产业也是古墓葬开发利用的重要领域。基于古墓葬丰富的文化内涵，可以进行多种形式的创意设计，如文创产品、纪念品、艺术品等。这些创意产品不仅具有较高的文化价值和艺术价值，还能通过市场化运作实现经济效益。例如，结合古墓葬的文物元素设计的饰品、工艺品等，不仅受到市场的欢迎，还取得了良好的经济效益。

（三）就业机会的创造

古墓葬作为一种独特的文化遗产，不仅承载着丰富的历史信息，还在现代经济发展中发挥着重要作用。其开发利用在促进经济发展的过程中，创造了大量的就业机会，涵盖了旅游业、专业人才需求以及创意文化产业等多个方面。

古墓葬作为重要的文化旅游资源，吸引了大量游客前来参观。这直接推动了旅游业的发展，需要导游、解说员等直接服务人员，还带动了周边酒店、餐饮、交通等服务行业的就业需求。这些行业的扩展为当地居民提供了更多的就业岗位，提升了整体生活水平。旅游业的繁荣不仅增加了就业机会，还增强了地方经济的活力，促进了相关基础设施的建设和改进。

为了有效保护和开发古墓葬，考古学家、文物保护专家、历史学者等专业人才成为不可或缺的一部分。这些专业人才的引入提升了当地的文化软实力，并促进了相关教育培训机构的发展，带动了教育行业的就业增长。古墓葬的修复与维护工作也需要大量技术工人和管理人员，进一步扩大了就业面。专业人才的汇聚不仅推动了学术研究，还为地方经济注入了新的知识和技术。

古墓葬的开发利用对创意文化产业产生了积极影响。古墓葬相关的文创产品、纪念品的设计与制作，成为一条新的就业途径。通过对古墓葬文化内涵的深度挖掘和现代化再创作，文创产业不仅丰富了文化产品的种类，也创造了大量设计师、工艺师以及营销人员的就业岗位。这种文化与经济的双重效益，为地区经济的可持续发展提供了有力支撑。

四、古墓葬保护利用对环境的改善

（一）生态环境的保护

保护古墓葬不仅是对历史遗迹的保存，更是对其周边生态环境的维护和改善。古墓葬通常位于自然环境优美的区域，这样的环境对于保护遗址来说至关重要。实施科学的保护措施，可以防止人为活动对这些地区生态系统的破坏。通过合理规划和限制游客数量，可以减少对古墓周围植被的损害，保持生态系统的稳定性。

古墓葬的保护工作往往伴随着环境整治和绿化工程的实施。这些工程不仅美化了环境，还能恢复和提升当地的生态功能。在古墓保护区内种植本地植物，不仅有助于恢复自然景观，还能维持生物的多样性，提供野生动物栖息地。这类措施不仅对古墓葬保护有积极效果，也让周边社区受益，从而提升居民生活质量。

在保护古墓葬的过程中，水土保持措施的实施同样重要。古墓所在区域可能因气候变化或人类活动导致水土流失问题。通过科学的水土保持措施，如修建护坡、植树造林等，可以有效防止水土流失，保护古墓地基结构，延长其寿命。同时，这些措施也改善了周边生态环境，避免次生灾害的发生，达到了保护历史文物和维护自然环境的双赢局面。

古墓葬保护工作的科学规划和管理可以成为环境教育的重要平台。设立生态保护教育基地，向公众宣传生态环境保护的重要性和古墓葬保护的意义，提升公众环保意识和文化自觉。这样的教育活动不仅增强了公众对文化遗产保护的理解和支持，也促进了环境保护意识的普及，形成良性的社会影响。

（二）资源利用的优化

古墓葬的保护与利用对文化遗产的传承具有重要意义，同时在资源利用的优化方面也发挥着积极的作用。

古墓葬的保护工作通常需要大量的专业人员、技术设备和资金投入，这些资源的优化配置能够提升整体保护效果，减少资源浪费。例如，通过科学管理和规划，可以实现人员的合理分配，避免人力资源的重复和冗余。先进技术的应用，如3D扫描、无人机勘测等，也能提高工作效率，缩短项目工期，节约成本。通过这些手段，文物保护工作者不仅能够确保古墓葬的有效保护，还能提高资源利用的效率，减少不必要的开支。

古墓葬的保护与利用可以促进相关资源的多样化开发。古墓葬不仅是文化遗产的重要组成部分，也是旅游资源的重要载体。通过对古墓葬的合理开发和利用，可以将其转化为文化旅游资源，带动地方经济发展。在此过程中，必须注重保护与开发的平衡，避免过度商业化和对遗址的破坏。合理利用资源，开发具有历史价值和文化内涵的旅游项目，如博物馆展览、文化体验活动等，能够吸引游客，增加地方收入，同时提升公众对文化遗产的认知和保护意识。

古墓葬的保护与利用还可以推动新型资源利用模式的探索和实践。传统的资源利用方式往往注重开发和利用，而忽视资源的可持续性。古墓葬保护工作的开展促使我们更加关注资源的长期利用和保护，通过建立保护区、引入环保技术等措施，实现资源的可持续管理。例如，利用古墓葬保护区的生态环境，发展生态旅游和绿色农业，实现资源的综合利用和良性循环。这不仅有助于资源的可持续发展，还能为地方经济发展提供新的增长点。

（三）环境管理的改进

古墓葬的保护与利用不仅是文化遗产的保存和传承，还涉及对周边环境的深远影响。环境管理的改进在古墓葬保护中起着至关重要的作用，通过系统的古墓葬保护措施，可以有效提升相关区域的环境质量。古墓葬保护通常需要严格的环境监控和管理，这些措施不仅能够防止文物本身的损坏，还能改善周围的生态环境。例如，合理的绿化和生态修复能够有效减少风沙侵袭和土壤侵蚀等问题，达到保护古墓葬的目的，同时也美化了环境。

古墓葬保护利用中的环境管理改进还体现在废弃物处理和资源利用方面。在保护古墓葬过程中会产生大量的考古废弃物和修复废料，这些废弃物若得不到科学合理的处理，就会对环境造成严重的污染和破坏。实施科学的废弃物处理措施，如分类收集、无害化处理和资源再利用，不仅能够有效降低环境污染，还能优化资源配置，推动可持续发展。这一措施确保了环境的长久健康，同时提升了资源利用效率。

环境管理改进还包括对旅游环境的优化。随着古墓葬的保护和开发，越来越多的游客前来参观，对当地的生态环境造成了压力。实施严格的旅游环境管理措施，如限流措施、环保设施建设和生态旅游规划，能够有效减小游客对环境的负面影响，保护古墓葬及其周边的自然生态系统。这样不仅保护了文物，还确保了游客能够在一个良好的环境中获得更好的参观体验。

五、古墓葬保护利用对社区发展的影响

（一）社区参与的激励

在古墓葬保护利用过程中，社区参与不仅是对文化资源的有效利用，也是增强社区凝聚力和文化认同的重要手段。通过激励社区参与，能够实现古墓葬保护与社区发展的双赢局面。

社区居民的直接参与能够带来丰富的本地知识和文化背景，这对古墓葬的考古研究和保护措施的制定具有重要的参考价值。社区居民对当地历史和文化的深入理解，有助于发现隐藏的文物信息，同时也能在保护工作中提供实际的操作建议。通过他们的参与，考古学家和文化保护工作者可以更好地了解和解释古墓葬的历史背景，制定更加有效和贴近实际的保护策略。

激励社区参与可以促进社区经济的发展。通过合理的开发利用，古墓葬可以成为旅游资源，吸引大量游客前来参观，从而带动当地的餐饮、住宿等相关产业的发展。社区居民可以通过参与旅游服务工作，获得经济收益，改善生活水平。旅游业的发展不仅能为社区带来经济收益，也能为当地居民提供更多就业机会，提升整体生活质量。社区居民的积极参与也能提升他们对文化遗产的认同感和自豪感，从而增强社区的整体凝聚力。

社区参与在提升公众教育和文化传承方面也发挥着重要作用。通过组织社区活动，如考古现场开放日、文物保护讲座等，可以让社区居民体验并了解古墓葬的保护与开发过程，增强他们的文化遗产保护意识。社区居民在参与活动的过程中，不仅能够学习专业的文物保护知识，还能传承和弘扬本地的历史文化，从而形成良好的文化氛围。这种教育和文化传承活动能够为社区注入新的活力，激发更多居民的参与热情。

为了更好地激励社区参与，政府和相关机构应建立完善的激励机制。可以通过设立奖励基金、表彰先进个人和集体等方式，鼓励和认可社区居民在古墓葬保护利用中的积极贡献。同时，可以通过政策支持和资源倾斜，提供必要的培训和技术指导，提升社区居民的参与能力和水平。这些措施不仅能够提高社区居民的积极性，也能确保他们在参与保护工作的过程中具备足够的专业知识

和技能。

（二）文化氛围的提升

古墓葬的保护和利用对于提升社区文化氛围具有深远的影响。作为历史文化遗产的重要组成部分，古墓葬的保护和利用不仅能够增强社区居民的文化认同感和归属感，还能通过各种文化活动丰富居民的文化生活，促进社区文化产业的发展，并对青少年的文化教育产生积极影响。

古墓葬作为历史文化遗产的重要组成部分，其保护和利用对增强社区居民的文化认同感和归属感起到了关键作用。通过参与古墓葬保护项目，居民能够深入了解本地历史文化，激发对历史遗产的敬畏与热爱。在这个过程中，居民们不仅获得了更多的历史知识，还在共同的文化体验中增进了彼此之间的情感联系，形成了良好的文化氛围。这种文化认同感和归属感的提升有助于增强社区的凝聚力，使居民们更加热爱和关心他们所生活的地方。

在古墓葬保护利用的过程中，往往会伴随丰富多彩的文化活动，如历史讲座、考古体验和文化展览等。这些活动不仅丰富了社区居民的文化生活，还为社区带来了更多的文化交流机会。在参与这些活动的过程中，居民们不仅能够获取丰富的历史知识，还能培养自己的文化素养，并提升自身的文化品位和审美能力。通过这些活动，社区居民的文化生活变得更加充实和多样化，整体文化氛围得到了显著提升。

古墓葬的保护和利用还可以有效促进社区文化产业的发展。通过开发与古墓葬相关的文化创意产品、旅游项目等，不仅能够增加社区的经济收入，还能吸引更多外来游客，带动社区的整体发展。文化产业的发展不仅仅是经济上的增长，更是文化活力的彰显。这种文化与经济的双重发展，使得社区在传统与现代文化的交融中焕发新的生机与活力，成为一个充满文化魅力的地方。

对于社区青少年的文化教育而言，古墓葬的保护和利用具有重要意义。通过组织青少年参与古墓葬保护项目，开展历史文化教育活动，可以培养他们的历史责任感和文化传承意识。青少年在这种文化氛围中成长，不仅能够形成正确的历史观和价值观，还能成为未来热爱和保护文化遗产的重要力量。这种文化教育的影响是深远的，它不仅仅局限于知识的传授，更是对青少年心灵和品格的塑造。

（三）社区经济的支持

古墓葬的保护与利用不仅在文化遗产保护方面具有重要意义，还能显著推动社区经济的发展。古墓葬作为一种独特的文化旅游资源，能够吸引大量游客前来参观，从而带动当地旅游业的繁荣。游客的到来不仅直接增加了当地的旅游收入，还推动了住宿、餐饮、交通等相关服务业的发展。这些行业的兴盛创造了大量就业机会，提升了当地居民的收入水平。

通过古墓葬的保护与利用，地方特色产品的开发也得到了极大的推动。以古墓葬为主题的文化创意产品、纪念品等，通过旅游市场的推广，能够形成独具特色的产业链，进一步增加社区居民的经济收益。这些产品不仅丰富了游客的旅游体验，还增强了社区的文化自信和凝聚力，促进了社区文化和经济的双赢发展。

古墓葬保护项目通常需要大量专业人员和技术支持，这为相关服务业的发展提供了新的契机。考古发掘、文物修复、展示设计等领域的专业人员需求增加，不仅可以吸引外来人才，还能提升当地的专业技术水平。此外，这些项目的实施也需要大量的基础设施建设，如博物馆、展示中心、配套服务设施等。这些基础设施的建设不仅改善了社区的基础设施条件，还为当地建筑和服务行业创造了新的发展机遇。

第七章　文物古迹保护利用

第一节　文物古迹的界定与评估

一、文物古迹的定义与分类

（一）文物古迹的基本定义

文物古迹是指具有历史、艺术、科学或者社会价值的遗物、遗迹和建筑物。根据《中华人民共和国文物保护法》，文物古迹包括历史文化遗产、革命历史遗址、古建筑、石窟寺、石刻及其他具有重要历史、艺术和科学价值的文化遗产。这些文物古迹在不同历史时期、地域和文化背景下形成，代表了人类文明的重要成就。

文物古迹不仅限于有形的建筑和器物，还包括无形的文化遗产，如传统技艺、民俗和口头文学等。这些无形文化遗产与有形文物共同构成了丰富的文化遗产体系，反映了人类社会的多样性和创造力。无形文化遗产如传统节庆、音乐、舞蹈、手工艺等，承载了大量的历史记忆和文化信息，与有形文物相辅相成，共同维护了民族文化的独特性和延续性。

文物古迹的保护与传承不仅是对历史的尊重和延续，也是对现代社会文化多样性的支持和发展。保护文物古迹不仅在于保存其物质形态，更在于传承其背后的文化内涵和精神价值。通过科学的保护措施和合理的利用方式，可以让文物古迹在现代社会中焕发新的生命力，成为人们了解历史、感受文化的重要载体。

（二）文物古迹的主要分类

文物古迹的分类是文物保护与传承工作的基础，也是合理制定保护措施和管理策略的前提，其主要可以分为以下几类。

1. 历史文化遗址

历史文化遗址涵盖古遗址、古墓葬、古建筑等，通常具有重要的历史、文化和艺术价值。这类遗址不仅展现了古代的人类活动和社会发展，还提供了宝贵的历史信息。例如，中国的长城、埃及的金字塔、希腊的帕特农神庙等，都是人类文明的重要见证。保护这些遗址需要综合考虑其环境、结构和历史背景，制定科学的保护方案，以防止人为破坏和自然侵蚀。

2. 文物建筑

文物建筑包括具有历史、艺术和科学价值的古代建筑与现代建筑。这类建筑不仅包括古代的宫殿、庙宇、住宅，还涵盖具有纪念意义的近现代建筑，如革命纪念馆、历史博物馆等。保护文物建筑的核心在于维护其原始结构和外观，并在必要时进行修缮和复原，以确保其历史价值和文化意义得以延续。

3. 文化景观

文化景观是由自然环境与人类活动相互作用而形成的具有文化意义的景观，这类景观包括历史花园、传统农业景观等。文化景观不仅是自然美景的体现，更是人类历史文化的重要组成部分。保护文化景观需要综合考虑自然环境与人类活动的协调，既要保护其自然生态系统，又要维护其文化价值和历史意义。

4. 非物质文化遗产

非物质文化遗产是以口头传承、技艺、风俗等形式存在的文化表现形式。包括传统音乐、舞蹈、戏剧、手工艺等，这些都是人类智慧和文化创造的结晶。保护非物质文化遗产不仅需要保存其物质载体，更需要培养传承人和传承机制，确保其文化内涵和技艺得以延续和发展，使其在现代社会中继续发扬光大。

5. 考古遗物

考古遗物是通过考古发掘出土的具有历史、文化和科学价值的物品，包括陶器、铜器、玉器、石器等，这些遗物为研究古代社会、经济、文化提供了重要的实物资料。保护考古遗物需要科学的发掘和研究方法，确保其出土后的保存和修复，并通过展览和研究等方式，使其历史价值和文化意义得以广泛传播。

（三）文物古迹的特征分析

1. 丰富的文化信息和历史价值

文物古迹作为历史文化的重要象征，蕴含着丰富的文化信息和历史价值。每一件文物和古迹都记录着特定的历史事件、社会变迁和文化演变，反映了不同时期人类社会的生产生活方式、思想观念和艺术成就。这种历史价值和文化内涵，使得文物古迹成为了解和研究人类历史的重要资料来源。通过研究这些文物和古迹，我们可以洞悉古代社会的运作方式、人民的生活状态以及文化的发展脉络，从而更好地理解我们的过去。

2. 不可再生性和不可替代性

文物古迹的形成往往需要经过漫长的历史过程，一旦遭到破坏或损毁，便难以恢复其原貌和价值。这种特性决定了文物古迹保护的紧迫性和重要性。如果不加以保护，这些珍贵的历史遗产可能会永久消失。因此，保护和传承文物古迹不仅是对历史文化的尊重，也是我们对后代的责任。

3. 高度的审美价值

许多文物和古迹不仅在历史上具有重要意义，还在艺术上表现出高度的审美价值。古代建筑、雕塑、绘画等艺术作品，通过其精湛的技艺和独特的风格，展示了古代艺术家的智慧和创造力。研究这些艺术作品，可以深入了解古代艺术风格、技艺和创作背景，促进现代艺术的发展。此外，文物古迹中的技术工艺、材料使用等也为科学研究提供了宝贵的实物资料，有助于揭示古代科学技术的发展水平和成就。

4. 丰富的社会价值

作为文化遗产的一部分，文物古迹的社会价值不容忽视。文物古迹对增强民族凝聚力、弘扬民族精神起着重要作用。通过文物古迹的保护和利用，可以促进公众对历史文化的认知和认同，增强文化自信，推动社会文化的传承与发展。文物古迹不仅是过去的遗产，更是现今社会和未来发展的精神财富。

二、文物古迹的历史与文化价值

（一）历史价值的评估

在文物古迹保护与传承中，历史价值的评估方法是至关重要的一环。科学、严谨且系统的评估方法能够确保文物古迹的真实价值得到全面认识和有效保护。

历史价值的评估应基于文物古迹的年代确认。这不仅涉及对文物的材质、制作工艺等物理特征的分析，还包括通过考古发掘、文献资料等手段进行的综合考证。年代确认是历史价值评估的基础，它直接影响到对文物古迹在不同时期的文化背景和社会意义的理解。通过对文物年代的精确定位，可以更好地揭示其在不同历史阶段中的独特地位和作用。

文物古迹的历史价值评估还应考虑其在特定历史事件或历史进程中的重要性。通过对文物背后所承载的重大历史事件、人物活动等进行深入研究，可以揭示文物在历史进程中的独特地位。例如，一座古城墙不仅仅是建筑遗存，更是见证了特定时期的战争、防御技术和城市规划的变迁。因此，文物古迹的历史价值评估需要结合具体的历史背景，挖掘其在历史事件中的角色和作用。

评估历史价值还需要关注文物古迹在文化传承中的作用。许多文物古迹不仅是历史的见证者，更是文化传统的承载体，体现了特定时期和地域的文化特征与社会习俗。通过研究文物古迹的形态、装饰和使用功能，可以了解当时的社会结构和日常生活方式。因此，评估文物古迹的历史价值，需要在宏观历史框架下，结合微观的文化特征进行多维度的综合分析。

历史价值评估的科学性和客观性还需依赖多学科的协同合作。考古学、历史学、文献学等多学科的交叉研究，可以提供更加全面和深入的评估视角。例如，通过考古学的实地勘探和发掘，可以获取文物的原始信息；通过历史学的文献考证，可以验证和补充文物的历史背景；通过文献学的整理和解读，可以揭示文物所包含的文化内涵。综合运用多学科的方法，可以提高文物古迹历史价值评估的准确性和科学性，为其保护与传承提供坚实的理论基础。

（二）文化价值的评估

文化价值评估是文物保护与传承的核心任务之一，其目的是通过科学、系统的方法衡量文物古迹在文化传承中的重要性。文化价值不仅包括文物本身的物质价值，还涵盖其在社会历史、艺术、科学等多个层面的影响。因此，评估文化价值需要多学科的综合运用，结合文物的历史背景、现存状态以及其在文化传承中的独特地位。

评估文物古迹的文化价值需要从历史文献和考古资料出发，分析其在特定历史时期的地位与作用。通过对相关文献的系统梳理，可以了解文物在当时的社会、政治、经济和文化背景下的功能与意义。考古发现的实物证据也为评估提供了重要的参考。这些资料不仅帮助我们理解文物的起源和发展，还能揭示其在历史进程中的演变和变迁。

文化价值评估还需注重文物古迹在艺术和美学方面的独特性。文物的设计、工艺和艺术风格是其文化价值的重要体现。例如，一件精美的瓷器或一座独特的建筑，其艺术价值不仅体现在其外在的美感上，还反映了当时的工艺技术水平和美学理念。评估人员需要通过对文物艺术特点的分析，揭示其在艺术史上的地位和影响。

文物古迹的科学价值也是文化价值评估的重要组成部分。文物往往包含了丰富的科学信息，如古代的天文、地理、医学、建筑等知识。通过对文物科学信息的分析，可以了解古人的智慧和技术水平，为现代科学研究提供宝贵的历史资料。例如，古代的青铜器中蕴含了冶金技术的发展历史，而古建筑则反映了当时的建筑工程学和力学知识。

三、文物古迹的评估指标与方法

（一）评估指标的选择

文物古迹的评估指标体系是文物保护与传承工作的重要基础，科学合理的评估指标选择有助于更好地理解文物的价值与意义。

在选择评估指标时，文物的历史价值、艺术价值和科学价值构成了评估的核心要素。历史价值主要涉及文物所承载的历史事件、文化背景以及社会变迁。

这些因素帮助我们理解文物在特定历史时期的角色和影响。艺术价值则包括文物的美学特征、工艺水平及其在艺术史上的地位，如其艺术风格、表现手法和设计理念。科学价值注重文物在考古学、建筑学等学科研究中的贡献，通过这些研究可以揭示文物背后的技术、材料和工艺流程。

在确定具体的评估指标时，还需要综合考虑文物的完整性、稀有性、真实性和环境关联性。完整性是指文物保存的完好程度，包括结构、形态和功能的完整性，影响其整体价值的评估。稀有性衡量文物的独特性和罕见程度，稀有的文物往往具有更高的收藏和研究价值。真实性强调文物的原始状态和未经人为修改的程度，这直接关系到文物的可信度和历史真实性。环境关联性关注文物与其自然、文化环境的互动关系，这包括文物所处的地理位置、周边环境和与之相关的文化景观。

评估指标的选择还应结合文物的类型与特点。对于建筑类文物，评估时应注重其建筑风格、结构技术及历史风貌的保存情况，这些因素直接影响建筑文物的历史和艺术价值。对于文献类文物，应考察其内容的独特性、版本的稀有性和保存状态，这决定了其在学术研究和文化传承中的意义。对于工艺类文物，还需关注其制作工艺、材质及艺术表现手法，这些因素反映了工艺水平和艺术创作的独特性。

（二）评估流程的设计

文物古迹评估流程的设计是确保文物保护工作科学、系统和有效的重要环节。评估流程的设计必须明确评估目的和目标，涵盖从初步调查到最终评审的各个步骤，确保评估结果的全面性和准确性。文物古迹的评估不仅是对其历史、艺术和科学价值的认定，更涉及保护措施的制定和实施。

1. 前期准备工作

评估团队应包括历史学家、考古学家、建筑学家和文物保护专家等多学科的专业人员。通过联合调研，收集文物古迹的历史背景、现状信息和相关文献资料。实地勘察和测绘工作也是不可或缺的环节，通过详细记录文物古迹的现存状态、结构特点和保存条件，为后续评估提供数据支持。

2. 综合评定

评估流程的核心阶段是对文物古迹价值的综合评定，评估标准应包括历史价值、艺术价值、科学价值和社会价值等多个维度。评估团队需要运用科学的评估工具和方法，如文物定量分析模型、价值评估矩阵等，对文物古迹进行系统评估。同时，应充分考虑文物古迹的独特性和不可替代性，避免简单化或片面化的评估结果。

3. 评审和反馈

评估团队应将评估结果提交给相关文物保护管理机构和专家委员会进行评审。在评审过程中应广泛征求各方意见，确保评估结果的公正性和科学性。评审通过后，评估团队应根据反馈意见对评估报告进行修订和完善，最终形成正式的评估报告，为文物古迹的保护、修复和利用提供科学依据。

（三）评估方法的具体实施

评估方法的具体实施是确保文物古迹评估工作科学、系统、全面的重要环节，文物古迹评估方法的具体实施是确保评估工作科学、系统、全面的重要环节。

建立系统的评估标准和指标体系是文物古迹评估的第一步。评估标准和指标体系应涵盖文物古迹的历史、艺术、科学价值，还需包含其社会功能和使用现状等方面。合理的标准和指标体系能够确保评估工作的客观性和全面性，从而为后续的保护和利用工作提供坚实的基础。这样不仅能全面评估文物的现状，还能预见其未来的保护需求，确保文物古迹在历史长河中得到应有的保护和利用。

评估方法的具体实施需要多学科的协同合作。文物古迹评估不仅仅是考古学、历史学的任务，还需要建筑学、环境科学、材料科学等多领域专家的共同参与。多学科的协作能够从不同的视角和技术手段出发，对文物古迹进行全面的分析和评估。例如，建筑学专家通过结构分析和建筑材料检测评估文物的物理状态，而历史学家通过文献研究和实地考察评定文物的历史背景和文化价值。多学科合作能够全面、深入地了解文物的多重价值，从而为保护和修复提供全面的科学依据。

现代科技手段在评估方法中的应用至关重要。数字化技术、遥感技术、三维扫描和建模技术等现代科技手段的引入，使得文物古迹的评估工作更加精准和高效。例如，三维扫描技术能精确记录文物的现状，提供详细的尺寸、形态等数据，为后续的修复和保护提供参考依据。遥感技术则能够对大面积的古迹进行宏观监测，发现潜在的环境威胁和破坏因素。现代科技的应用使得文物评估工作不仅精准，而且高效，为文物的长期保护提供了坚实的技术支持。

评估方法的具体实施还需充分考虑社会参与和公众监督。公众的参与不仅能够提升文物保护意识，还能为评估工作提供更多的视角和信息。通过开放评估过程、组织公众参与活动和建立反馈机制，能够使评估工作更加透明和公正。此外，社会监督也能够有效遏制评估过程中可能存在的腐败和不公正行为，确保评估结果的可信度和权威性。社会参与和监督能够提升公众对文物保护的责任感，使文物保护成为社会共同的责任和目标。

（四）评估结果的分析与应用

文物古迹评估结果的分析与应用是文物保护与传承工作的核心环节。通过科学、系统的评估，能够准确掌握文物古迹的现状、价值及其潜在威胁。评估结果的分析不仅为保护措施的制定提供依据，还能为文物的合理利用和传承规划提供科学指导。评估结果的应用则涵盖了保护策略的实施、文物的展示与教育等多个方面，是实现文物价值最大化的重要途径。

在评估结果分析阶段，需要对文物古迹的历史、艺术、科学和社会价值进行全面考量。历史价值主要涉及文物的年代、背景和文化意义；艺术价值则关注其独特的风格、工艺和美学特征；科学价值主要体现在文物所能提供的学术研究信息；社会价值则考察文物在当代社会中的教育、文化和经济作用。通过多维度的分析，能够全面揭示文物古迹的多重价值，为后续的保护与利用奠定坚实的基础。

根据评估结果，制定科学的保护方案，包括物理保护、环境监测、修复技术等。物理保护是指对文物本体及其周边环境进行物理隔离和加固，防止自然和人为损害；环境监测则通过现代科技手段对文物所处环境进行长期监控，及时发现潜在的威胁；修复技术的应用则需要结合评估结果，选择最适合的材料和方法，最大限度地保留文物的原貌。这些措施确保文物能够在其原有的环境中得到最有效的保护。

评估结果还为文物的展示与教育提供了重要依据。通过评估，可以确定文物的展示价值和安全性，从而合理安排展示位置和方式。在教育方面，评估结果可以为文物的解说和课程设计提供科学依据，使公众能够更深入地了解文物的历史与文化内涵。利用现代信息技术，如虚拟现实和增强现实，可以将评估结果形象化、互动化，增强公众的参与感和体验感，这也有助于提升公众对文物保护的意识和兴趣。

在文物的传承规划中，评估结果起着关键作用。通过评估，可以预测文物的寿命和可能面临的风险，从而制订长远的保护与传承计划。这包括定期维护、应急预案和传承教育等方面。尤其是在传承教育中，通过对评估结果的分析，可以更好地设计传承内容和方式，培养新一代文物保护与传承人才，确保优秀文化遗产的延续。这些措施不仅有助于当前的保护工作，也为未来的文物保护奠定了坚实基础。

四、文物古迹的保护等级划分

（一）保护等级划分的标准

文物古迹的保护等级划分是文物保护工作中的重要环节，其标准的制定不仅关系到文物保护的实际操作，也直接影响文物保护的效果和意义。保护等级的划分通常依据多方面因素来确定，包括历史价值、艺术价值、科学价值以及其在社会文化中的重要性。

1. 历史价值

历史价值是指文物在反映历史事件、人物、文化现象等方面的独特性和重要性。文物能够提供珍贵的历史信息，见证特定历史时期的社会、政治、经济和文化状况。通过评估文物的历史价值，能够更好地理解和阐释历史，保护具有重大历史意义的文物显得尤为重要。

2. 艺术价值

艺术价值主要考量文物的艺术水平、工艺技巧和美学意义。文物的艺术价值不仅体现在它们的外观和造型上，还包括创作者的技艺和设计理念。高艺术价值的文物往往体现卓越的工艺和美学成就，代表特定历史时期的艺术风貌和文化内涵。

3. 科学价值

科学价值关注文物在考古学、历史学、民族学等学科上的研究潜力和学术意义。文物的科学价值体现在它们能够为学术研究提供重要的实物资料，推动相关学科的发展。通过科学研究，能够揭示文物的制作工艺、使用背景和历史发展进程，为历史文化的研究提供实证依据。

4. 其他因素

在具体操作中，保护等级划分还要结合文物的完整性、稀有性和保存现状等因素。完整性是指文物保持原状的程度，稀有性衡量的是文物的独特性和不可替代性。保存现状则是对文物现存物理状态的评估，包括其是否有损毁、腐蚀和修复等情况。保存状况良好的文物其保护等级通常较高，因为其能够更真实地反映历史和文化信息。

（二）保护等级划分的具体方法

文物古迹的保护等级划分是文物保护工作的重要环节，其科学性和准确性直接决定了保护措施的有效性和资源的合理分配。明确划分保护等级有助于确保文物古迹得到最适宜的保护和管理。

保护等级的划分需要综合评估文物古迹的历史价值、艺术价值和科学价值等多重因素。历史价值可以体现在文物古迹的年代、文化背景以及其在历史进程中的地位和作用。例如，某些古建筑由于其见证了重要的历史事件或是某一时期的代表作，具有不可替代的历史意义。艺术价值则包括文物古迹的艺术造诣、风格特点及其在艺术史上的影响，例如，某些雕塑或绘画作品可能代表了某一艺术流派的巅峰之作。科学价值则涉及文物古迹在考古学、建筑学、材料学等方面的研究潜力和学术意义，例如，某些遗址可能为我们了解古代文明提供了宝贵的实物资料。

为了确保保护等级划分的客观性和公正性，必须采用科学的评估工具和方法。文物普查是基础工作，通过全面调查和登记文物古迹的现状、分布及其保存情况，为后续的定级工作提供翔实的数据支持。文物定级则是根据普查结果，按照既定的评估标准，对文物古迹进行初步的等级划分。专家评审是通过召集相关领域的专家对定级结果进行论证和审核，确保最终划分的科学性和权威性。这样的多重评估手段相结合，可以最大限度地减少主观偏见，确保评估结果的客观公正。

在保护等级划分过程中，还需要充分考虑文物古迹的现状及其所面临的保护压力。对濒危和受损严重的文物古迹，应优先划入高等级保护，以便及时采取有效的保护措施。这些文物古迹由于其脆弱性和重要性，往往需要更严格的保护管理和更多的资源投入。相反，对于保存较好、暂时没有严重威胁的文物古迹，则可划入较低等级保护，以确保资源的合理分配。在此过程中，需要充分考虑文物古迹所在地的自然环境、人文环境以及社会经济发展状况，确保保护与利用的协调统一。

保护等级划分的结果应动态调整和更新。随着时间的推移，文物古迹的状况可能发生变化，其历史、艺术和科学价值的认知也可能有所深化。建立定期评估和调整机制，及时更新保护等级，确保每一件文物古迹都能够得到最适宜的保护。例如，一些新发现的考古证据可能会提升某一遗址的历史价值，进而需要调整其保护等级。通过这种动态管理模式，可以更好地应对复杂多变的保护形势，提升文物保护工作的科学性和有效性。

五、文物古迹的遗产价值评估

（一）遗产价值评估的意义

遗产价值评估是文物古迹保护与利用过程中不可或缺的一环，其意义不仅在于确定文物古迹本身的历史、文化和艺术价值，更在于为其未来的保护、管理和利用提供科学依据。通过遗产价值评估，可以系统地梳理和分析文物古迹的各种价值，从而制定合理的保护措施，确保其在社会发展进程中的持续传承与利用。

评估的过程涉及多学科的综合研究，涵盖历史学、考古学、建筑学、艺术史等领域。这种多学科的交叉研究，既能深入挖掘文物古迹所蕴含的丰富价值，又能提供不同视角的解读和保护策略。例如，通过历史学的分析，可以准确了解文物古迹的历史背景和演变过程；通过艺术史的研究，可以揭示其艺术特色和风格演变。这些研究成果不仅提升了文物古迹的学术价值，也为公众提供了更加全面和深入的认知。

遗产价值评估还具有重要的社会意义。通过对文物古迹进行科学评估，可以增强公众对文化遗产保护的认识和参与感。评估结果的公开和透明，有助于提高社会对文物古迹保护的重视程度，推动公众参与保护行动，形成全社会共同保护文化遗产的良好氛围。评估结果还可以作为国家和地方政府制定文物保护政策和规划的重要依据，确保文物保护工作有序、科学地进行。

（二）遗产价值评估的方法

在文物古迹的保护与传承过程中，遗产价值评估是一个关键环节，涉及多方面的专业知识与技术手段。评估方法的核心在于综合考虑文物的历史、文化、艺术和科学价值。历史价值主要体现在文物在特定历史时期的代表性和重要性，例如，它是否见证了重要的历史事件或具有重要的历史背景。文化价值则反映了文物在特定地域和民族文化中的独特性与传承性，诸如其在传统习俗或文化象征中的地位。艺术价值评估需要考察文物在艺术风格、技艺水平和美学观念上的独特性和精湛程度，确定其在艺术史上的位置和影响。科学价值则涉及文物在考古、建筑、工艺和技术史研究中的重要性与应用前景，分析其在不同研究领域中的参考价值和潜在贡献。

文物古迹的遗产价值评估还需结合其物理状态及环境背景。文物的保存状态直接影响其评估结果，保存完好的文物不仅更具展示和研究价值，还可能在修复和保护成本上具有优势。环境背景包括文物所处的地理位置、气候条件、人为活动等因素，这些都对文物的保存和价值产生重要影响。通过对文物物理状态和环境背景的全面分析，可以更准确地评估其当前和未来的保护需求和价值潜力。例如，位于潮湿环境中的文物可能需要更多的保护措施，而在干燥气候下保存良好的文物可能具有更高的展示价值。

遗产价值评估的方法还应包括多学科的综合分析与多方参与的评估机制。多学科综合分析是指在价值评估过程中应当结合历史学、考古学、建筑学、艺术学、材料科学等各个领域的专业知识，形成全面科学的评估报告。每个领域的专家都能提供独特的视角和专业判断，确保评估的全面性和准确性。多方参与评估机制则强调在评估过程中，应当吸纳来自政府部门、学术机构、非政府组织以及当地社区的多方意见和建议，以确保评估结果的全面性和公正性。例如，政府部门可以提供政策支持，学术机构可以提供专业知识，非政府组织和当地社区则能提供实际操作经验和文化背景。

现代科技手段的应用也是遗产价值评估的重要方法。数字化技术如3D扫描与建模、遥感技术、地理信息系统等在文物测绘、状态监测和数据分析中发挥着越来越重要的作用。这些技术手段不仅提高了评估的精度和效率，还为文物保护与管理提供了更为科学的依据和技术支持。通过科技手段的应用，可以更好地识别文物的潜在价值，并为其保护与利用制定科学合理的方案。例如，3D扫描技术可以精确记录文物的形态和纹理，为后续研究和修复提供翔实的数据支持，而GIS技术则能帮助分析文物与其环境的相互关系，为保护措施的制定提供科学依据。

（三）遗产价值评估的应用

遗产价值评估的应用在文物古迹保护与传承中具有重要意义。通过科学的评估，可以明确文物古迹的历史、文化与艺术价值，为其保护提供理论依据。这种方法有助于制定合理的保护策略，避免由于信息不足或评估不当导致的文物损毁或遗失。精准的评估还能帮助建立优先保护清单，确保有限的资源得到最有效的利用，从而提高整体保护工作的效率和效果。

在文物古迹的修复与维护过程中，遗产价值评估同样发挥着关键作用。评估不仅能够确定文物的现状和损坏程度，还能为修复方案的制定提供科学依据。评估结果可以帮助确定哪些部分需要重点修复，哪些材料和技术最为适用，提升修复工作的效率和效果。此外，评估还可为监测修复后的效果提供基准，确保修复工作的长期有效性和科学性。

通过遗产价值评估，可以明确文物古迹在旅游开发、教育传播等方面的潜力，实现其文化价值的最大化。例如，评估可以确定哪些文物古迹适宜开放参观，哪些适宜用于文化活动，从而在保护文物的同时，最大限度地发挥其社会效益和经济效益。评估结果还可以为制定合理的游客承载量和参观路线提供科学依据，避免过度开发对文物古迹造成的损害。

在国际合作与交流中，遗产价值评估也起着重要作用。评估结果为国际社会了解和认可文物古迹的价值提供科学依据，促进世界文化遗产保护的合作与交流。例如，评估可以为文物古迹申请世界文化遗产提供有力支持，提升其国际知名度和影响力，进而获得更多国际保护资金和技术支持。这不仅提高了文物古迹的保护水平，还促进了不同文化之间的理解和交流。

第二节　文物古迹的保护规划与实施策略

一、文物古迹保护规划的重要性

（一）保护规划的意义

文物古迹保护规划是一项系统性和科学性的工作，其意义不可忽视，下面将详细探讨文物古迹保护规划在多个方面的重要性。

首先，保护规划为文物古迹的保护与利用提供了科学依据和指导方针。通过对文物古迹的历史、文化、艺术、科学等多方面进行全面、深入的研究和评估，可以制订出合理的保护规划，从而确保文物古迹的真实性、完整性和延续性，避免因盲目开发和利用而导致的不可逆的损害。保护规划不仅关注文物古迹的现状，还需要预测未来可能面临的威胁，提出预防措施，从而为文物古迹的长期保存提供保障。

其次，在协调文物保护与社会经济发展之间的关系中，保护规划起到关键作用。在现代化进程中，城市化和经济发展往往对文物古迹的保护带来巨大压力。保护规划通过合理调配资源，制定科学的保护措施，使文物古迹保护与当地经济发展相互促进，形成良性循环。这不仅有助于保留和传承宝贵的文化遗产，还能促进旅游业和相关产业的发展，为地方经济注入新的活力。

再次，文物古迹保护规划有助于提高公众的文化认同感和保护意识。通过规划的宣传和实施，可以增强公众对文物古迹的了解和爱护，使更多人认识到文物古迹不仅是历史的见证，更是文化传承的重要载体。公众参与和支持文物古迹的保护工作，有助于形成全社会共同保护和传承文化遗产的良好氛围。教育机构和媒体的参与，可以进一步扩大保护规划的影响力，使保护意识深入人心。

最后，保护规划为文物保护管理提供了制度保障。规划不仅明确了保护的目标和方向，还制定了具体的保护措施和管理规范，确保文物保护工作有章可循、有据可依。通过建立健全管理机制和法律法规，保障文物古迹的保护工作能够长期、稳定、有效地进行，避免因管理不善而导致的破坏和流失。制度化的管理不仅提高了保护工作的效率，还加大了保护措施的执行力。

（二）保护规划的必要性

文物古迹是人类历史文化的重要见证，承载着丰富的历史信息和文化价值。保护规划的必要性体现在多个方面，涵盖了防止自然和人为损害、提升研究和教育价值、促进可持续利用以及推动法制化进程。

自然因素如气候变化、地质灾害等都会对文物古迹造成不可逆的损害，而人为因素如城市发展、基础设施建设等也可能对文物古迹构成威胁。通过制订科学合理的保护规划，可以有效地预防和减轻这些潜在的损失，从而确保文物古迹的长久保存。例如，针对气候变化的预防措施可以包括加强文物结构的维护和防护，针对城市发展则可以通过合理规划保护区来避免对文物的直接冲击。

文物古迹不仅是历史的见证，也是学术研究的重要对象。系统的保护规划可以为考古学、历史学、建筑学等多个学科的研究奠定坚实的基础。详细记录和科学评估为后续研究工作提供宝贵的数据和资料。展示和宣传能够提高公众对文物古迹的认知和保护意识，发挥其教育功能。通过教育项目和展览，公众可以更深入地了解文物的历史背景和文化价值，从而增强保护意识。

合理的开发利用是实现文物古迹社会效益和经济效益的重要途径。保护规划可以为文物古迹的旅游发展、文化产业以及社区建设提供科学的指导，确保在利用过程中不会对文物本身造成损害。通过保护规划，可以实现文物古迹的保护与利用相协调，推动区域经济和文化的可持续发展。例如，旅游开发需要设置合理的参观路线和游客容量限制，避免过度使用对文物的损害。

文物保护不仅需要科学的规划和技术手段，更需要法律法规的保障。保护规划作为文物保护法律体系中的重要环节，不仅规范了文物保护的具体措施和方法，还为文物保护工作提供了法律依据和执行标准。通过保护规划，可以推动文物保护工作的规范化和法制化进程，提高文物保护的整体水平。制定详细的法律条文和执行标准有助于确保保护措施的落实和持续改进。

（三）保护规划的影响因素

在文物古迹保护规划的制订和实施过程中，受到多种因素的影响，这些因素在不同程度上决定了保护规划的科学性和有效性。文物的历史、文化和艺术价值是保护规划的核心依据。文物本身的独特价值决定了其保护的必要性和方式。例如，对于具有重大历史意义的古迹，其原貌的保护和历史信息的传承是规划的重点。因此，深入研究文物的历史背景和文化内涵是制订保护规划的首要任务。

1. 环境因素

环境因素对文物古迹的保护规划有着重要影响。文物所在的自然环境和气候条件，如湿度、温度、风力等，直接影响文物的保存状况。特别是在极端气候条件下，如高温、低湿或强风等情况下，文物容易受到环境的侵蚀和破坏。因此，保护规划中必须考虑环境监测和调控措施，以确保文物在适宜的环境条件下保存。现代科技手段的运用，如环境监测系统和气候调控设备，可以有效减小环境对文物的不利影响。

2. 社会经济因素

社会经济因素也是影响文物古迹保护规划的重要方面。文物保护需要大量的资金支持，无论是日常维护还是修缮工程，都需要充足的经济投入。因此，政府和社会各界的支持与参与是文物保护工作顺利实施的重要保障。通过多渠道筹集资金，如政府拨款、社会捐助、文化旅游收入等，都可以为文物保护提供坚实的经济基础。同时，保护规划还应考虑文物保护与当地经济发展的协调关系，避免过度开发对文物造成破坏。

3. 法律法规和政策导向

法律法规和政策导向对文物古迹保护规划起着直接的指导作用。国家和地方政府制定的文物保护法律法规，为保护规划提供了法律依据和政策支持。严格的法律保护措施和科学的政策导向，可以有效规范文物保护行为，确保保护规划的科学性和可操作性。保护规划应结合现行法律法规，制定切实可行的保护措施，并通过法律手段保障规划的顺利实施。

二、文物古迹保护规划的基本原则

（一）整体保护原则

文物古迹的整体保护原则是文物保护领域的核心理念之一。在文物保护过程中，这一原则强调应将文物与其所处的自然和人文环境视为一个有机整体，进行综合保护。文物不仅是独立的历史遗存，更是历史文化景观的一部分，其价值不仅体现在文物本身，还体现在其所处环境和相互关系中。整体保护要求我们在对文物进行修缮、迁移等措施时，充分考虑其历史、文化、艺术和科学价值，以及其与周边环境的关系，避免破坏其原始风貌和历史环境。

文物古迹的保护工作需要开展详细的调研和评估，全面了解文物及其周边环境的现状和历史背景。在此基础上，制订科学合理的保护规划，确保文物本体及其环境的协调统一。例如，在古建筑群的保护中，不仅要修缮单体建筑，还要保护整体布局、街区格局以及相关的历史文化景观，保持其原有的历史风貌和文化氛围。通过全面的调研，可以更好地理解文物的历史价值和文化内涵，从而制定更为完善的保护方案。

保护工作的连续性和可持续性是整体保护原则的重要组成部分。文物古迹的保护不是一蹴而就的工作，而是需要长期、连续的努力。在保护过程中，应不断进行监测和评估，及时发现和解决问题，确保保护措施的有效性和持续性。同时，还应注重公众参与和社会力量的引入，形成全民参与、共同保护的良好氛围。通过教育、宣传等手段，提高公众的文物保护意识，使保护工作更加深入人心，形成良性的保护机制。

（二）科学规划原则

文物古迹的保护规划应遵循科学规划原则，以确保保护工作能够有效、有序地进行。这些原则包括以下几个方面。

文物古迹保护规划需要全面、系统的调查与研究。通过考古学方法、文物学分析、历史文献研究等科学手段，获取翔实的数据和资料。这些数据包括文物古迹的历史、文化、艺术及社会价值，为保护规划提供坚实的科学基础。调查和研究的目的是深入了解文物古迹的各个方面，从而制定科学、合理的保护措施。

保护规划必须充分考虑文物古迹的原真性和完整性。原真性要求文物古迹保持其原有的形态、材料和工艺，不因修复或改造而改变其本真面貌；完整性要求文物古迹作为一个整体进行保护，不应将其割裂或拆分。在规划过程中，必须对文物古迹的现状进行准确评估，明确其保护范围和重点，确保其真实性和完整性得到最大限度的保护。

尊重文物古迹的自然环境和社会环境是保护规划的重要原则。文物古迹与其所处的环境密切相关，其价值不仅体现在文物本身，还包括与之相关的环境要素。保护规划应在尊重和保护文物古迹的自然和社会环境的基础上，合理利用周边资源，促进文物古迹的可持续发展。通过这样的规划，可以确保文物古迹在其原生环境中的价值得到充分体现。

保护规划还应充分考虑文物古迹的再利用和展示功能。通过合理的利用和展示，可以提升文物古迹的文化影响力和社会效益。科学规划原则要求在规划过程中，考虑如何将文物古迹与现代社会需求相结合，使其不仅仅作为历史遗存存在，还能在当代社会发挥积极作用。

科学规划原则的实施需要多学科、多领域的协同合作。建筑学、考古学、历史学、环境科学等学科的专家应共同参与文物古迹的保护规划，综合运用各自的专业知识和技能，为文物古迹的保护提供科学依据和技术支持。现代科技手段，如三维扫描、遥感技术、信息化管理等，也应被积极引入，以提高保护规划的科学性和可操作性。

（三）公众参与原则

文物古迹的保护不仅仅是政府和专业机构的责任，公众的参与同样至关重要。公众参与原则的核心在于调动社会各界的力量，共同致力于文物古迹的保护与传承。通过广泛发动公众参与，可以增强文物保护的透明度和社会监督，确保保护工作的公正性和科学性。

政府和文物保护机构应当积极开展宣传教育活动，从而提高公众的文物保护意识。例如，通过学校教育、社区讲座、媒体宣传等多种形式，让公众了解文物保护的重要性和基本知识。教育活动不仅可以提高公众的认知水平，还能激发他们的保护热情和责任感。这种教育不仅限于传统媒体，还可以借助社交平台和网络课程，覆盖广泛的受众群体，真正做到全民教育。

公众参与原则要求建立健全的公众参与机制。政府和文物保护机构应当制定相关政策和法规，鼓励公众参与文物保护的决策和管理过程。例如，可以设立文物保护委员会，吸收社会各界代表参加，听取公众意见和建议。还可以通过公开征集、问卷调查等方式，广泛收集公众对文物保护工作的反馈和意见，确保决策的民主性和科学性。这样的机制不仅可以提高信息透明度，还能增强公众对保护工作的信任感和支持度。

公众参与原则还应体现在具体的文物保护项目中。在文物古迹的修缮、保护和利用过程中，应当邀请公众代表参与监督和评估，确保项目的透明度和公正性。同时，可以鼓励公众参与志愿者服务，参与文物古迹的日常维护和管理工作，形成全民参与的良好氛围。志愿者不仅可以在实际操作中积累经验，还能通过亲身参与进一步提升文物保护意识，从而形成良性循环。

三、文物古迹保护实施的步骤与流程

（一）保护实施的准备工作

文物古迹的保护实施是一项复杂而系统的工程，其准备工作尤为重要。为了确保保护工作的科学性、有效性和可持续性，需要进行一系列详尽而周密的准备。

1. 调查与评估文物古迹的现状

对文物古迹的现状进行详尽的调查与评估是准备工作的基础。这包括详细记录文物的物理状态、历史价值、文化背景以及现存的损毁情况。通过这些数据的收集和分析，可以为后续的保护工作提供科学依据和数据支持。了解文物的现状有助于制定针对性强的保护措施，确保保护工作的科学性和有效性。

2. 对文物所在地进行环境评估

了解文物所处的地理位置、气候条件以及周边环境对文物的影响，可以帮助制定相应的保护措施。例如，在潮湿的环境中，文物可能会受到霉菌的侵蚀；在干燥的环境中，文物可能会出现裂痕。通过环境评估，可以预见可能的威胁，并采取相应的预防措施，以最大限度地保护文物免受环境因素的损害。

3. 成立专门的保护团队

成立专门的保护团队是确保保护工作顺利进行的关键。团队应包括文物保护专家、考古学家、历史学家、建筑师以及相关的技术人员。每个成员应明确自身的职责，并在保护实施过程中保持紧密合作。团队成员的专业知识和技能是保护工作的保障，团队协作是确保保护工作顺利进行的必要条件。

4. 制订详细的保护计划

制订详细的保护计划是保护实施的指南。保护计划应明确保护的目标、步骤、时间表以及所需的资源和预算。计划的制订应遵循科学、合理、可行的原则，以确保整个保护工作的顺利进行。明确的目标和步骤可以使保护工作有条不紊地进行，合理的时间表和预算可以确保保护工作按计划完成。

5. 各方支持和配合

与相关政府部门、社区以及利益相关者的沟通和协调是保护工作顺利进行

的重要保障。通过与各方的沟通和协调，可以争取他们的支持和配合。只有在各方的共同努力下，文物古迹的保护工作才能取得预期的效果。各方的支持和配合是保护工作的保障。

6. 技术培训和设备准备

必要的技术培训和设备准备是保护工作的基础。保护团队成员应接受相关的技术培训，掌握最新的文物保护技术和方法。需要采购和准备必要的保护设备和材料，以确保保护工作的顺利进行。技术培训和设备准备是保护工作的基础保障。

（二）保护实施的具体步骤

文物古迹作为人类文化遗产的重要组成部分，其保护实施需要经过一系列科学、系统的步骤与流程，以确保保护工作的高效和成功，以下是文物古迹保护实施的详细步骤。

1. 文物调查和评估

文物调查和评估是保护工作的基础。首先，对文物古迹的历史、现状、价值和损毁情况进行全面的研究和记录至关重要。这一阶段需要运用科学的调查方法，收集详细的数据，建立完整的文物档案。这些数据和档案不仅为后续的保护工作提供了可靠的依据，也为未来的研究和展示提供了重要的资料。调查过程中应注重细节，从而确保信息的准确性和全面性。

2. 制定保护方案

基于调查评估的结果，制定保护方案是接下来的关键步骤。专家团队需要在充分理解文物现状和价值的基础上，制定详细的保护方案。保护方案应明确保护目标、技术措施、资金预算和时间安排等内容。方案的制定必须遵循科学性、可行性和可持续性的原则，既要考虑到文物的原状保护，又要兼顾其与周围环境的协调。方案应尽可能地具体和全面，以便后续的实施和管理。

3. 实施保护工程

实施保护工程是保护步骤的核心环节。这一阶段包括具体的保护修复工程、环境整治工程等。保护工程应严格按照已制定的保护方案进行，确保工程质量和工艺标准。在此过程中，需要采取有效的监控和管理措施，及时解决出现的问题，保证工程的顺利进行。施工过程中的每个细节都可能影响文物的保护效果，因此，需要高度重视和精心操作。

4. 工程验收与评估

当保护工程完成后，需要进行全面的验收和评估。验收工作包括对工程质量的检查和技术措施效果的评估等。通过验收，文物保护工作者不仅确认保护目标的实现情况，还对保护工作的成效进行总结和反思。这一阶段的工作能够为今后的文物保护积累宝贵的经验和教训，提升整体保护水平。

（三）保护实施的监督与评估

文物古迹保护的监督与评估是保障保护工作科学性和有效性的关键环节。在保护实施过程中，监督机制的建立与完善能够确保保护措施的顺利执行，防止不当操作和决策失误。同时，评估体系的科学构建和有效运行，可以实时反馈保护工作的成效和存在的问题，为后续工作的调整和优化提供依据。

内部监督是保护项目实施过程中不可或缺的一部分，由项目管理团队和专业技术人员对施工过程、材料使用、工艺操作等环节进行实时监控，确保各项工作的开展符合预定的保护方案和技术规范。通过内部监督，能够在保护过程的每个步骤进行把关，确保施工质量，防止可能的疏漏和不当操作。外部监督则是由政府相关部门、文物保护专家和社会公众共同参与，通过公开透明的监督方式，提升保护工作的公信力和社会参与度。外部监督不仅能够引入多方专业意见，提高保护工作的科学性和合理性，还能通过公众监督增强保护工作的透明度，促进社会对文物保护的广泛关注和支持。

评估体系的构建需要综合考虑文物古迹的历史价值、科学价值和艺术价值等多方面因素。评估的对象不仅包括保护工程的质量和技术水平，还应涵盖保护措施的长效性和可持续性。结合定量分析和定性分析的方法，如对文物古迹的物理化学性能进行检测和分析，对保护效果进行长期观测和记录，确保评估结果的客观性和科学性。

评估结果的反馈与应用是保护工作的重要环节。通过评估结果的公开和透明，保护实施过程中存在的问题和不足能够及时发现与解决，进而为后续工作的调整和优化提供依据。评估结果还可以为类似文物保护项目提供经验借鉴，推动文物保护理论与实践的不断发展和完善。同时，评估结果的应用还包括对保护人员的培训和能力提升，确保保护队伍的专业水平和综合素质不断提高。

四、文物古迹保护的实施策略

（一）技术保护策略

文物古迹的技术保护策略是文物保护领域的核心环节之一，其主要目的是通过科学技术手段，最大限度地延缓文物古迹的自然老化进程，防止人为损坏，并确保其历史、艺术和文化价值的长久保存。技术保护策略包括文物的修复、加固、环境控制、数字化保护等多个方面。

1. 文物修复与加固

在修复过程中，必须严格遵循"最小干预"原则，尽量保持文物的原始状态，避免过多的人工干预，以保证其历史真实性。修复材料的选择也至关重要，必须选择与文物原材料物理化学特性相近的材料，以避免在修复过程中对文物本身造成二次损害。现代科学技术的发展，使得修复手段更加多样化，例如，激光清洗技术可以高效去除文物表面的污渍，而纳米材料则可以用于对文物进行微观加固，提升其结构稳定性。

2. 环境控制

文物所处环境的温度、湿度、光照、空气质量等因素都会对文物的保存状态产生重大影响。通过技术手段对环境进行监测和调控，能够有效延长文物的寿命。例如，使用恒温恒湿设备可以精确控制文物库房的温湿度，避免因环境波动导致的物理或化学损伤。安装紫外线过滤装置能保护文物免受光照损害，而空气净化设备则可以减少空气中的有害物质对文物的侵蚀。

3. 数字化保护

数字化保护是近年来文物保护领域的新兴手段。通过对文物进行三维扫描、数字建模和虚拟展示，可以实现文物信息的永久保存和广泛传播。数字化保护不仅能够为文物的修复提供详尽的数据支持，还能通过虚拟现实技术，让公众在不接触文物的情况下，获得身临其境的观赏体验，从而减少文物的物理损耗。数字化手段还可以创建精准的文物档案，为未来的研究和保护工作提供宝贵的参考数据。

（二）管理保护策略

文物古迹是人类文化遗产的重要组成部分，其保护与管理工作至关重要。管理保护策略在文物古迹保护中占据重要地位，其核心在于建立科学、系统的管理体系，以确保文物古迹得以长久保存和合理利用。一个有效的管理保护策略应包括科学的管理制度、严格的保护措施和高效的监督机制等多个方面。

1. 建立与完善文物古迹管理制度

文物古迹管理制度的建立与完善，是确保文物古迹保护工作有序进行的基础。管理制度应涵盖文物古迹保护的各个环节，包括日常维护、修缮方案、环境监控等。具体而言，可以通过制定详细的文物保护条例和管理办法，明确各级管理部门的职责和权限，确保保护工作有章可循。同时，建立文物古迹档案管理系统，对文物古迹进行系统记录和分类存档，有助于明确文物现状，指导后续保护工作。

2. 制定严格的保护措施

严格的保护措施是管理保护策略的核心内容。针对不同类型、不同状况的文物古迹，应采取相应的保护措施。例如，对于脆弱易损的文物古迹，可以采用防护罩、隔离带等物理防护措施，防止人为破坏和自然侵蚀；对于易受环境影响的文物古迹，则需进行环境监测和调控，确保其处于适宜的保存环境中。此外，针对文物古迹的修缮工作，应遵循"修旧如旧"的原则，尽量保留文物的原有风貌和历史信息，避免过度修复和不当处理。

3. 构建高效的监督机制

高效的监督机制是确保管理保护策略落到实处的重要保障。通过建立常态化的监督检查机制，可以及时发现并解决文物古迹保护过程中存在的问题。例如，定期组织文物保护专家进行现场检查和评估，监督保护措施的落实情况，提出改进建议。同时，借助现代科技手段，如无人机巡查、遥感监测等，扩大监督范围，提高监督效率。此外，建立公众参与机制，鼓励社会各界监督文物古迹保护工作，增加透明度和公信力。

五、文物古迹保护的监管与评估

（一）保护监管的内容

文物古迹的保护监管是文物保护工作中至关重要的环节。通过科学、系统的监管，可以确保文物古迹得到有效保护，防止因管理不善或外部因素导致的损毁。

1. 监测文物古迹保存状况

监测工作需要借助现代科技手段，如环境监测仪器、3D建模与扫描技术、红外线检测设备等，系统性地记录文物的物理、化学、生物等方面发生的变化。这些数据不仅为文物保护工作提供科学依据，还能及时发现潜在的问题，采取相应措施加以防范。通过高精度的监测手段，能够准确了解文物的现状及其变化趋势，提前预见并防止可能出现的损坏情况。

2. 监督保护措施的执行情况

文物保护方案的制定往往经过详细的考察和论证，方案的执行过程需要严格按照既定计划进行，任何偏差都可能导致保护效果降低。监管机构应对保护措施的落实情况进行定期检查，确保每一项措施都能切实执行，并根据实际情况对保护方案进行动态调整和优化。通过严格的监督机制，可以确保保护措施的科学性和有效性。

3. 评估日常管理工作

文物古迹的日常管理涉及安全防护、环境控制、游客管理等多个方面。监管机构应建立完善的评估体系，对管理工作的各个环节进行考核。通过定期的评估，发现管理中的不足之处，及时改进，确保文物古迹的保护工作持续、有效地进行。评估不仅是对管理工作的检查，更是对未来工作的指导和优化。

（二）保护监管的方法

文物古迹是人类文化遗产的重要组成部分，其保护工作具有极高的历史、文化和社会价值。为了确保各项保护措施的有效实施和持续改进，文物古迹的保护监管方法需要综合运用现场监测、技术手段和法律手段等多方面措施。以下将详细阐述这些方法在文物古迹保护中的具体应用和重要性。

现场监测是文物古迹保护监管的基础，通过定期的实地巡查和细致的记录，可以及时发现文物古迹的变化和潜在的威胁。监测内容不仅包括物理损害，如结构损坏、表面腐蚀和生物侵害等，还包括环境因素的变化，如温湿度、光照和污染情况等。通过详细的现场监测数据，管理人员可以制定和调整保护措施，确保文物古迹的长期保存和安全。

现代科技为文物古迹的保护提供了更多高效、精准的工具，技术手段在保护监管中发挥着越来越重要的作用。例如，遥感技术可以用于大范围内的环境监测，及时发现潜在的破坏因素；无损检测技术可以深入文物内部，了解其结构和材质变化，而不会对文物造成任何损害；信息化管理系统则可以整合各类监测数据，进行综合分析和预警，为管理决策提供科学依据。这些先进技术的应用极大地提升了文物保护的科学性和有效性。

法律手段是文物古迹保护监管的重要保障，国家和地方政府应制定并落实相关法律法规，明确各级管理部门和责任单位的权责，确保文物古迹保护的各项措施依法进行。法律手段不仅包括对保护不力或破坏行为的惩罚，还应包括对积极保护行为的奖励和激励。此外，公众参与也是法律手段的重要组成部分，通过法律途径保障公众的知情权、参与权和监督权，可以形成全社会共同参与文物古迹保护的良好氛围。

（三）保护评估的标准

文物古迹保护评估的标准是确保文物保护工作有效性和科学性的关键环节。保护评估应以文物的历史、艺术和科学价值为核心，综合考虑文物的稀缺性、原真性和完整性。历史价值主要体现在文物在特定历史背景下的独特地位和意义；艺术价值则关注文物的美学特征和艺术水平；科学价值则涉及文物所蕴含的学术研究潜力和技术信息。这些价值的综合评估能够更全面地反映文物的重要性，为后续的保护策略提供科学依据。

1. 评估环境和条件

文物保护评估标准应包括对环境和条件的评估，文物所在环境的稳定性、气候条件、污染状况等都会直接影响文物的保存状态。具体评估中需要考察文物所处的地理位置、周边环境的开发情况、空气湿度、温度等因素，并结合现代科技手段，如环境监测设备和数据分析工具，进行全面的环境评估。这不仅有助于了解文物当前的保存状况，还能预测未来可能面临的保护挑战，从而制定更加有效的保护措施。

2. 评估保护措施的实施效果

文物保护评估标准应包含对保护措施实施效果的评估。评估保护措施的实际效果是判断保护工作是否达标的重要步骤。具体而言，需要对已实施的保护工程进行定期检查和记录，分析保护材料的耐久性、保护技术的适应性和保护工程的整体效果。通过科学的监测和数据分析，评估保护措施的有效性，并及时调整保护方案，以确保文物在长期保存中的安全性和稳定性。

3. 评估公众参与和社会影响

文物保护评估标准应注重公众参与和社会影响评估。文物作为公共资源，其保护不仅是学术研究的需要，更是文化传承和社会教育的重要内容。评估中应考虑公众对保护工作的认知和参与度，衡量保护项目的社会影响力和教育效果。通过公众调查、社会反馈等方式获取相关数据，为文物保护工作的社会价值评估提供依据，推动文物保护与社会发展的良性互动。

第三节　文物古迹保护利用的可持续发展途径

一、文物古迹保护与可持续发展的关系

（一）保护与发展的协调

文物古迹作为历史文化遗产，不仅承载了丰富的文化信息，而且体现了人类社会发展的各个阶段。保护与发展的协调是文物古迹保护工作中的核心议题之一。通过科学的方法和合理的规划，确保文物古迹在保护的基础上实现可持

续发展，以满足社会、经济、文化等多方面的需求，是一项具有挑战性和重要性的任务。

保护与发展目标的协调是文物古迹保护的首要任务。保护是为了保存文物的真实性、完整性和历史价值，而发展是为了使文物在现代社会中发挥更大的作用，两者相辅相成。科学地规划和管理文物古迹，才能既维护其历史价值，又让其在当代社会中焕发新的生机。合理的规划应当包括对文物的保护措施、利用方式以及未来发展的蓝图，确保文物在现代社会中继续发挥其文化、教育和经济价值。

资源的合理利用在保护与发展中起着关键作用。文物古迹作为不可再生的文化资源，其保护和利用必须遵循可持续发展的原则。在保护过程中，应注重对文物本体及其周边环境的全面保护，避免因过度开发而对文物造成不可逆的损害。同时，在利用过程中，应充分发挥文物的文化、教育、旅游等多重功能，使其在现代社会中焕发新的生机和活力。通过合理的资源配置和利用，既能保护文物古迹的历史价值，又能实现其社会经济效益的最大化。

（二）可持续发展的理念

可持续发展的理念在文物古迹保护利用中起着至关重要的作用。它强调在保护文物古迹的过程中，不仅要关注文物本身的保存，还要考虑到环境、社会和经济的协调发展。这一理念要求我们在进行文物保护时，应尽量减少对自然环境的破坏，避免耗费过多的资源，确保保护工作的长期可持续性。通过合理的规划和科学的方法，尽可能地降低保护过程中产生的负面影响，从而实现文物保护与环境保护的双重目标。

在文物古迹的保护中，社会的参与和利益相关者的共同努力不可或缺。文物古迹作为人类历史文化的重要载体，其保护与利用需要依靠广泛的社会共识和多方参与。政府、学术机构、非政府组织以及普通公众都应在文物保护中发挥积极的作用。通过社会各界的共同参与和协作，形成合力，不仅可以提高文物保护的效率，还能增强社会对文化遗产的认同感和责任感，从而为文物古迹的可持续发展创造良好的社会环境。

经济可持续性是可持续发展理念的重要方面。在文物古迹保护过程中，经济因素不可忽视。传统的保护工作往往需要大量的资金支持，而仅仅依靠政府拨款和公益捐助并不能满足长期保护的需求。因此，探索和发展多元化的经济支持模式，推动文物保护与旅游、教育、文化创意产业的结合，成为实现经济可持续发展的关键。通过合理开发和利用文物古迹资源，既能为保护工作提供必要的经济支持，又能促进当地经济的发展，实现文化遗产保护与经济发展的双赢局面。

（三）保护与发展的双赢

保护与发展的双赢是文物古迹保护利用的重要目标之一。要实现这一目标，需要在文物保护与社会经济发展之间找到平衡点，既要确保文物本体及其历史文化价值不受破坏，又要通过合理的利用方式，实现文物资源的经济和社会效益。文物古迹作为文化遗产，承载了丰富的历史信息，其保护工作不仅是文化传承的需要，更是社会发展的重要组成部分。通过合理的保护措施和科学的管理，可以使文物古迹成为推动地方经济发展的重要资源。

科学的保护手段是文物古迹保护与发展的基础。保护手段的科学性不仅体现在物质形态的保护，如修缮、复原、加固等技术措施，还包括非物质形态的保护，如历史文化信息的记录、传递和展示。现代科技手段的应用，如数字化技术、信息管理系统等，不仅可以提高保护工作的效率，还能为公众提供更为丰富的文化体验，增强人们对文化遗产的认知和认同，从而为文物古迹的保护利用营造良好的社会氛围。

文物古迹的合理利用是实现保护与发展的关键。合理利用不仅需要考虑文物古迹的承载能力和保护需求，还要结合当地的经济和社会发展情况进行规划和设计。旅游业作为文物古迹利用的重要途径之一，既可以带动地方经济发展，又能实现文化传播的目的。但在开发旅游资源时，必须严格控制游客数量和活动范围，避免对文物古迹造成不可逆的损害。此外，还可以通过举办文化活动、建立博物馆和文化展示中心等方式，将文物古迹的历史文化价值转化为社会教育资源，提升公众文化素养。

实现保护与发展的双赢需要各方力量的共同参与。政府部门应当发挥主导作用，制定科学合理的保护与利用政策，提供必要的资金和技术支持。学术机构和专家团队应当积极参与保护规划和技术指导，提供科学依据和技术保障。社会公众和社区居民作为文物古迹的直接受益者和实际参与者，也应当增强保护意识，积极参与保护行动，共同维护文化遗产的完整性和延续性。通过多方协作，共同努力，才能真正实现文物古迹保护与社会经济发展的双赢目标。

二、文物古迹保护的生态友好型策略

（一）生态友好型保护的原则

生态友好型保护的原则是指在文物古迹保护过程中，始终将生态环境的保护放在重要位置，确保文物保护与生态环境和谐共存。这一原则要求在保护文物的同时，尽量减少对自然环境的破坏，避免使用对环境有害的材料和技术，强调可持续发展和资源的合理利用。这不仅有助于文物的长久保存，也有助于区域生态环境的维护和整体美学价值的提升。

1. 环保性原则

在选择文物保护材料和技术时，应优先考虑环保性。传统的保护材料和技术可能包含一些对环境有害的成分，如某些化学防腐剂或清洁剂。而生态友好型保护则提倡使用天然、无害、可降解的材料以及能源消耗较低的技术手段。例如，采用植物提取物进行文物的保护和修复，或应用太阳能、风能等可再生能源进行文物古迹的维护工作。

2. 多样性原则

在文物保护过程中，注重对自然景观和生物多样性的保护是必不可少的。在修复和维护文物古迹时，应尽量保留周围的自然景观和生物栖息地，避免对动植物的栖息环境造成破坏。例如，在修缮古建筑群时，应尽量保留周围的古树名木和自然水系，避免大规模的土地开挖和植被破坏，从而保持文物与自然环境的和谐美。

3. 可持续性原则

在文物保护的规划和实施过程中，充分考虑资源的可持续利用是关键。这包括对水资源、能源和其他自然资源的合理调配与节约利用。通过科学的规划和管理，减少资源浪费和环境污染，确保文物保护工作的长久持续性。例如，在古迹保护区内，应合理规划游客流量，避免因过度旅游开发而对环境造成的压力和破坏。

4. 多主体原则

社会公众的参与和教育在生态友好型保护中也起着重要作用。通过开展生态保护和文物保护相结合的宣传教育活动，提高公众的环保意识和文物保护意识，鼓励社会各界积极参与到文物保护工作中来。公众的广泛参与不仅有助于保护工作的顺利推进，也有助于形成保护生态环境和文物古迹的良好社会氛围。

（二）生态友好型保护的措施

生态友好型保护措施在文物古迹保护中具有重要意义，这不仅有助于保护文物本身的价值，同时也在维护周围环境的平衡与健康。

1. 采用环保材料和技术

采用环保材料和技术进行文物修复是实现生态友好型保护的核心举措之一。传统的文物修复方法可能会使用一些对环境有害的化学物质，而现代科技的发展使得我们可以选用更为环保的替代品。例如，生物可降解材料和无毒无害的修复剂，不仅能够有效保护文物，还能减少对环境的污染。这些新型材料和技术在应用过程中，不仅提高了修复的安全性和有效性，还能更好地保持文物的原貌和历史价值，避免造成二次破坏。

2. 使用绿色能源

在文物古迹的日常维护过程中，绿色能源的使用也是一个重要方面。光伏发电、风能等可再生能源的引入，可以有效降低文物保护过程中的碳排放。例如，一些历史古迹的照明和安防系统可以通过太阳能板和风力发电设备来供电，这不仅减少了对化石能源的依赖，还进一步保护了文物及其周边环境的自然景观。合理的节能设计和高效的能源利用措施，也能在不破坏文物原貌的情况下，实现保护工作的可持续性。

3.综合考虑生态环境

文物古迹保护还需要综合考虑所在区域的生态环境，采取与自然环境和谐共生的保护策略。在进行文物古迹的保护和修复时，应充分评估其周围的生态系统，避免任何可能对自然环境造成破坏的行为。对于需要进行大规模修缮的项目，可以实施生态修复工程，通过植被恢复、水土保持等措施，改善和修复因人为活动而受损的自然环境。这不仅有助于文物古迹的长久保存，还能提升当地的生态水平。

4.公众参与和教育宣传

公众参与和教育宣传是生态友好型保护的重要组成部分。提高公众的环保意识，倡导生态友好的生活方式，可以从根本上减少对文物古迹及其生态环境的破坏。通过开展环保教育活动、建立公众参与机制，吸引更多的人关注和参与到文物保护中来，共同推动生态友好型的保护事业。只有在公众的广泛支持下，文物古迹的生态友好型保护才能真正落到实处，从而实现可持续发展的目标。

（三）生态友好型保护的意义

生态友好型保护策略不仅在文物古迹的保存与修复中起着关键作用，还对环境保护和可持续发展具有深远影响。这种策略强调在文物保护过程中尽量减少对环境的破坏，采用可再生资源和低碳技术，降低保护工作的碳足迹，减少对自然资源的消耗，实现人与自然和谐共生。

1.提高公众的环境保护意识

在实施生态友好型保护策略的过程中，能够显著提高公众的环境保护意识。文物保护过程中引入生态理念，不仅让公众了解文物保护的重要性，更让他们意识到环境保护与文物保护之间的密切关系。这种双重教育效果有助于培养社会各界对生态与文化遗产保护的责任感和参与意识，形成全社会共同参与的保护机制。

2.促进文物保护技术的发展与创新

生态友好型保护策略能够促进文物保护技术的发展与创新。结合传统保护技术与生态技术手段，不仅提高保护工作的效率和效果，也推动相关领域的科技进步。使用环保材料进行文物修复，或引入现代科技手段进行环境监测与评估，可以有效提升文物保护的科学性和精准度。

3. 促进经济的可持续增长

保护工作的生态化要求相关产业提供更多绿色产品和服务，带动相关产业的发展，促进经济的可持续增长。通过发展绿色旅游、生态文化产业等，为地方经济注入新的活力，同时也为文物保护提供更多资金支持，实现经济效益与社会效益的双赢。

三、文物古迹保护与经济发展的协调

（一）经济发展对保护的支持

经济发展为文物古迹保护提供了坚实的财力支持。随着经济的不断增长，政府和社会对文物保护的投入也在逐年增加。充足的资金保障不仅推动了文物保护工程的顺利实施，还使得先进的保护技术和设备得以引进，从而提升了文物保护的科学性和有效性。例如，近年来一些经济发达地区，如北京、上海等城市，投入了大量资金用于文物古迹的修缮和维护工作，使得许多濒临损毁的文物得以重新焕发生机。这些投入不仅延续了历史文化的传承，还为未来的发展奠定了坚实的基础。

经济发展还促进了文物保护的社会参与和公众意识的提升。经济繁荣带动了文化旅游业的发展，人们对文物古迹的关注度和参观需求也随之增加。这种需求不仅能够带来可观的经济收益，还能有效地促进文物保护意识的普及。通过经济收益，文物保护机构可以开展更多公众教育活动，提高社会对文物保护重要性的认识，增强公众的保护责任感和参与度。例如，通过组织文化遗产讲座、展览和参与式体验活动，公众不仅能更深入地了解文物的历史和价值，还能在潜移默化中增加保护文物的主动性。

经济发展对文物保护的支持还体现在科技创新的推动上。现代经济的发展离不开科技的进步，而科技的进步也为文物保护带来了新的可能性。高精度的探测设备、无损检测技术、数字化保护手段等科技手段的应用，大大提高了文物保护工作的科学性和精确性。经济发展为这些先进技术的研发和应用提供了坚实的基础，使得文物保护工作能更好地应对各种挑战。例如，通过使用三维激光扫描技术，可以精确地记录文物的现状，为其保护和修复提供科学依据；无人机和遥感技术的应用，则使得对大型遗址的监测和管理变得更加高效和全面。

（二）保护对经济发展的促进

保护文物古迹不仅仅是对文化遗产的传承，更是经济发展的重要推动力。通过对文物古迹进行保护与合理利用，可以显著提升区域的文化旅游资源，从而吸引大量游客，带动旅游业的发展，进而促进区域经济的增长。旅游业的发展不仅可以直接增加地方财政收入，还能创造大量就业机会，提升居民的生活水平。旅游业带来的经济效益能够为地方政府和社区提供充足的资源，用于进一步的文物保护和基础设施建设，实现经济与文化的良性循环。

文物古迹的保护与经济发展的互动关系还体现在对相关产业链的拉动作用上。文物的保护和修复需要大量的专业技术和材料，这推动了相关产业的发展，如建筑修复、文物修复材料制造等。这些产业的发展不仅为市场提供了高质量的产品和服务，还创造了大量的就业机会，提升了技术水平和科研能力。此外，文物保护带动了文化创意产业的发展，通过文创产品的开发，将文物的文化价值转化为经济价值，进一步激发经济活力。文创产品的销售不仅丰富了市场，也增强了文化影响力。

在现代城市发展中，文物古迹的保护与经济发展可以实现良性循环。文物古迹作为城市文化的重要组成部分，不仅提升了城市的文化品位和吸引力，还增强了城市的竞争力。通过合理的保护与开发，文物古迹可以成为城市品牌的重要元素，增强城市的知名度和美誉度，吸引更多投资和人才，从而进一步促进经济的繁荣与发展。城市文化的丰富性和独特性，使其在激烈的城市竞争中脱颖而出，成为吸引游客和投资者的重要因素。

（三）保护与经济协调发展的策略

文物古迹保护与经济发展的协调策略需要从多个方面入手，兼顾文物保护与经济效益的双重目标，确保两者在相互促进的基础上共同发展。通过科学规划、文化旅游、社区共建和科技创新等多种途径，实现文物保护与经济发展的双赢，推动文物保护事业的可持续发展。

1. 制订科学合理的文物保护规划

制订科学合理的文物保护规划，将文物保护纳入地方经济社会发展的总体规划中。政府和相关机构通过政策引导和资金支持，鼓励社会各界参与文物保护工作，以形成保护与发展的良性互动。设立专项基金、税收优惠等措施，吸引企业和社会资本投资于文物保护项目，从而实现经济效益与社会效益的双赢。

2. 发展文化旅游产业

发展文化旅游产业是实现文物保护与经济协调发展的重要途径。文物古迹作为旅游资源，具有独特的文化和历史价值，可以通过合理开发和利用，吸引游客，带动地方经济增长。在开发过程中，必须保护文物本体及其环境，避免过度商业化和人为破坏。通过制定严格的管理规范和实施有效的监督机制，确保文物资源的可持续利用。同时，提升旅游服务质量，开发文化创意产品，增强游客的文化体验和参与感，从而增加旅游收入，促进地方经济发展。

3. 注重社区共建共享

文物保护与经济发展应注重社区共建共享。社区居民是文物保护的重要力量，也是受益者。政府应鼓励社区居民参与文物保护工作，通过教育培训提高他们的文物保护意识和技能。通过发展地方特色产业，增加社区居民的收入，提高他们参与文物保护的积极性。利用文物古迹的历史文化资源，发展传统手工艺品制作、特色餐饮等产业，既能带动经济发展，又能传承和弘扬地方文化。

4. 重视科技创新

科技创新在文物保护与经济发展中的作用不容忽视。现代科技手段的应用，不仅可以提高文物保护的效率和质量，还能为文物的展示和利用提供新的途径。通过虚拟现实（VR）、增强现实（AR）等技术，可以实现文物的数字化展示，让更多人通过互联网了解和欣赏文物。利用大数据、人工智能等技术，可以对文物进行精细化管理和保护，提高文物保护的科学性和精准性。

四、文物古迹保护与社会参与的互动

（一）社会参与的意义

社会参与在文物古迹保护与利用过程中具有多方面的意义。这不仅仅是一个文化保护问题，更是社会责任和共同发展的体现。

提高公众对文物古迹的认知与重视程度是社会参与的首要意义。通过广泛的社会参与，公众不仅能深入了解文物古迹的历史和文化价值，而且能增强对保护文物的责任感和使命感。这种认知和重视程度的提升，有助于形成全社会共同关注和保护文物的良好氛围，使每个人都成为文物保护的倡导者和守护者。

社会参与能够为文物古迹提供更多资源和支持。文物保护工作不仅需要政府的投入和专业机构的参与，还需要社会各界的共同努力。通过社会力量的发动，可以筹集更多的资金和技术支持，特别是在一些资金短缺或技术匮乏的情况下，社会力量的参与显得尤为重要。此外，志愿者的参与还可以充实文物保护队伍，提升保护工作的效率和效果。

公众的参与往往带来新的视角和创意，有助于推动文物古迹保护与利用的创新发展。通过公众的意见征集和讨论，可以发现更为科学合理的保护方法和利用途径。同时，公众参与还可以促进文物古迹的活化利用，增强其社会功能，使文物保护与现代社会生活更好地融合。创新发展不仅能让文物古迹焕发新的生命力，也能让更多人受益。

社会参与能够促进文物古迹保护的法制化和规范化建设。通过社会监督和公众参与，可以有效防止文物保护中的腐败行为和管理漏洞。公众的广泛参与和监督不仅能够提高文物保护工作的透明度，还能够推动相关法律法规的完善和落实，进而形成更加科学、合理和透明的文物保护机制。法制化和规范化的建设是保护工作的基石，只有在公开和透明的环境下，文物保护才能真正取得成效。

（二）社会参与的方式

在现代社会，文物古迹保护不仅仅是专业人员的责任，更需要全社会的广泛参与。社会的积极参与不仅有助于提升公众的文化遗产意识，还能为文物保

护事业注入更多资源和智慧。社会参与的方式多种多样，主要包括志愿服务、公众教育、社区参与和企业合作等。

1. 志愿服务

志愿服务是社会参与文物古迹保护的重要形式。通过建立文物保护志愿者组织，吸引广大文物爱好者和社会公众参与到文物保护的实际工作中来，可以有效弥补专业人员不足的问题。志愿者在文物调查、修复、展示、宣传等多方面提供支持，不仅丰富了文物保护的力量，还增强了社会对文物保护的关注度。志愿者们的热情和奉献精神使得文物保护工作更具人情味和亲和力。

2. 公众教育

公众教育是提升社会参与度的根本途径。通过组织讲座、展览、研讨会等多种形式的教育活动，能够增强公众对文物古迹保护重要性的认识。学校教育也是公众教育的重要组成部分，通过中小学课程设置和课外活动，使文物保护意识从小在学生心中扎根。公众教育不仅提高了社会参与的积极性，还为文物保护事业培养了未来的接班人。这种教育的广泛普及，能够形成全社会关注和保护文物的良好氛围。

3. 社区参与

社区参与是文物古迹保护中不可忽视的环节。社区居民作为文物古迹所在地的直接利益相关者，具有独特的地理和文化优势。通过开展社区调研、座谈会等形式，了解社区居民的需求和意见，可以制订更符合实际的文物保护计划。同时，社区参与有助于增强居民对文物的认同感和责任感，使文物保护工作更具可持续性。社区居民的主动参与和支持，使得文物保护更加贴近生活，具有更强的生命力。

4. 企业合作

企业合作是社会参与文物古迹保护的有效方式。企业不仅可以通过捐赠和赞助等方式提供资金支持，还可以利用自身的技术和管理经验参与到文物保护项目中。例如，通过企业的技术支持，可以实现文物的数字化保护和展示，提高文物保护的科技含量。企业的参与不仅增加了文物保护的资源，还能通过企业的社会影响力，扩大文物保护的社会影响。企业和文物保护的合作，体现了社会各界共同关注和保护文化遗产的责任感。

（三）保护与参与的互动机制

文物古迹保护与社会参与的互动机制是实现文化遗产保护与传承的关键环节之一。文物作为历史文化的重要载体，其保护不仅需要专业机构的努力，还需社会各界的广泛参与。建立互动机制能有效整合各方资源和力量，实现全面、持续和高效的文物保护。

1. 明确各方的角色和责任

政府应担当政策制定和监督执行的核心角色，确保法律法规的落实和资金的保障。学术机构负责研究和提供技术支持，推动保护技术的不断进步。非政府组织可以发挥其灵活性和创造性，组织多样化的保护活动，促进公众参与。而公众则是文物保护的主体，通过志愿服务、捐款及日常生活中的保护行为，为文物保护贡献力量。

2. 注重信息的透明公开和公众教育

通过新闻媒体、网络平台和文物展示等途径，向社会公众展示文物保护的成果和存在的问题，增强公众的保护意识和责任感。定期举办文物保护知识讲座、展览和体验活动，可以使公众更加深入了解文物的价值和保护的重要性，从而激发其主动参与的热情和行动。

3. 建立科学的激励机制和反馈机制

对于在文物保护中作出突出贡献的个人和组织，应给予表彰和奖励，以激励更多的人投入文物保护事业中。同时，设立意见反馈渠道，广泛听取公众对文物保护工作的建议和意见，及时调整和改进保护策略，使保护工作更加科学并符合实际需求。

4. 注重现代科技的运用

现代科技的发展为文物保护与社会参与的互动机制提供了新的机遇。利用互联网、大数据、人工智能等技术，可以建立起文物保护的数字化平台，方便公众随时随地了解文物信息，参与保护活动。虚拟现实技术的应用，可以让更多人通过网络参观和体验文物，增强互动性和参与感，从而在更广的范围内实现文物保护的社会化和大众化。

五、文物古迹保护的科技支撑与创新

（一）科技支撑的重要性

文物古迹是人类历史和文化的重要载体，其保护工作至关重要。科技在这一领域扮演着关键角色，通过多种手段提升保护的效率和精确度。例如，高精度的三维扫描和建模技术能够对文物进行精细的记录和分析，为后续的保护和修复工作提供翔实的数据支持。先进的探测技术如地质雷达、红外成像和无人机航拍等，提供了非破坏性检测文物内部结构和环境状况的手段，极大地减少了人为因素对文物造成的潜在损害。

科技的应用还提升了文物保护的管理水平。借助大数据和人工智能技术，可以对大量文物信息进行系统管理和分析，实现对文物状态的实时监控和预警。通过建立文物保护数据库，记录和跟踪每一件文物的详细信息和保护状况，便于制定科学合理的保护方案。区块链技术的引入，确保了文物信息的不可篡改性和透明度，提升了文物保护工作的公信力和可信度。

创新科技不仅在保护方面发挥作用，也拓展到了文物的传承和利用。虚拟现实（VR）和增强现实（AR）技术极大地丰富了文物的展示和传播方式，使公众可以身临其境地感受文物的历史和文化价值。这些技术为文物的教育和研究提供了新的视角和方法。此外，数字化展示平台和在线博物馆的兴起，使文物的传播不再受地域和时间的限制，提高了文物的可及性和影响力。

（二）科技创新的应用

科技创新在文物古迹保护中的应用已经取得了显著成效，不仅提升了保护工作的效率和精确度，还为文物的传承与利用提供了全新的手段和方法。在现代科学技术的支持下，文物保护工作迎来了前所未有的发展机遇。

三维扫描、无人机遥感、红外热成像等先进技术已经广泛应用于文物的勘测和监测工作。这些技术能够对文物进行无损检测，并生成高精度的数字模型，极大地帮助专家们深入了解文物的结构和材质状况。这些高精度模型不仅为修复和保护工作提供了科学依据，还使得文物保护的精确性和科学性大幅提升，减少了人为干预对文物造成的二次损害。

数字化技术的应用极大地丰富了文物的展示和传播方式。通过建立数字博物馆和虚拟现实展览，人们可以足不出户便能领略世界各地的文化遗产。增强现实（AR）和虚拟现实（VR）技术的结合，不仅让文物展示更加生动有趣，还能够模拟文物的历史场景，增强观众的沉浸感和互动体验。这些数字化展示手段，不仅拓宽了文物的受众范围，还为文物的教育和研究提供了新的平台，推动了文物在现代社会中的再认识和再利用。

在文物修复过程中，科技创新也发挥了重要作用。现代材料科学的发展，使得专家们能够研制出更为耐久和适配的修复材料，延长修复效果的持久性和稳定性。纳米技术、生物材料等新兴科学的应用，为传统修复方法提供了新的解决方案，进一步提升了修复工作的精确度和科学性。这些科技手段的引入，不仅提高了文物修复的质量，还有效降低了修复过程中的风险，确保文物在修复后能够长久保存。

信息技术的发展为文物的管理和监控提供了强有力的支持。文物数据库的建立，使得大规模文物信息的存储和检索变得更加便捷，提升了文物管理的效率和准确性。物联网技术的应用，使得文物的实时监控成为可能，专家们可以通过远程监控系统，及时掌握文物的环境变化和安全状况，及时采取保护措施。这些科技手段的综合应用，为文物古迹的保护提供了全方位的技术保障，推动了文物保护工作的现代化进程。

（三）科技支撑的注意事项

科技在文物古迹保护中发挥了至关重要的作用，但在运用科技手段时需要注意多个方面，以确保文物的安全与保护工作的有效性。文物保护不仅仅是对历史遗产的简单保存，更是对人类文化记忆的尊重和传承。科技手段的合理应用能够为这一目标提供强有力的支持，但必须注意其使用方法和策略。

1.选择适合的科技手段

不同类型的文物具有不同的材质和结构特性，因此需要依据具体文物的情况选择适宜的科技手段。例如,纸质文物容易受到环境湿度和温度的影响,光谱分析技术能够有效监测其劣化状态;而金属文物易腐蚀,电化学技术可以用于其防腐处理。选择不当的科技手段不仅可能导致保护效果不佳,甚至可能对文物造成二次损害。因此,深入了解文物材质和结构特性,科学选择保护手段,是确保文物安全的第一步。

2. 与传统保护方法相结合

尽管现代科技手段在文物保护中具有显著的优势,但不能完全取代传统的保护方法。例如,在文物的修复过程中,传统的工艺和技术往往能够提供更为细腻和精准的处理。科技手段应作为辅助工具,提供科学的数据支持和监测手段,从而使传统保护方法更加精准和高效。科技与传统方法的有机结合是实现文物保护可持续发展的关键。这种方式能够更好地发挥二者的优势,确保文物得到有效的保护。

3. 充分考虑文物的长期保存环境

科技手段不仅涉及具体的修复和保护措施,还包括对文物保存环境的监测和调控。例如,智能环境监测系统可以实时监测文物保存环境中的温湿度、光照强度、空气污染物等参数,从而及时调整环境条件,避免文物因环境因素劣化。通过科技手段对文物保存环境的精细化管理,可以大大延长文物的寿命。这种细致入微的管理方式,为文物提供了一个稳定、安全的保存环境,是文物长期保存的基础。

4. 注重人才培养和团队建设

科技手段的有效应用离不开专业技术人员的操作和维护,因此需要不断培养具备专业知识和技能的人才。同时,文物保护需要多学科的合作和支持,形成跨学科、跨领域的团队,共同推进科技在文物保护中的应用。通过建立完善的人才培养机制和团队合作机制,可以确保科技手段在文物保护中发挥最大效能,实现文物保护的可持续发展。只有这样,才能在科技与人文的共同努力下,将珍贵的文化遗产完整地传承给未来。

第八章　田野文物的保护与开发

第一节　田野文物的特点与保护现状

一、田野文物的定义与分类

（一）田野文物的基本定义

田野文物，广义上是指那些散布在自然环境中、未被人工大规模干预或破坏的历史文化遗存。这些文物往往具有较强的原始性和地域性，能够提供关于古代人类生活、生产和文化的宝贵信息。具体而言，田野文物包括古遗址、古墓葬、古建筑、古代道路以及其他散落在野外的历史遗迹。它们不仅是历史文化的见证，更是文化传承的重要载体。

田野文物涉及其保护和研究的多学科交叉特性。考古学、人类学、历史学、地理学等学科都对田野文物的研究有着重要贡献。这些学科的交叉融合，使得田野文物的研究内容更加丰富多彩，也为其保护提供了多元化的视角和方法。文物保护工作者需要运用这些学科的理论和方法，科学地进行田野调查、发掘和保护工作，以确保这些文物能够得到妥善的保存和有效的利用。

田野文物保护也应包括对其自然环境的保护。田野文物往往处于自然环境中，与周边的自然景观和生态系统形成一个整体。因此，在进行田野文物的保护和开发时，必须注重对其周边环境的保护，避免因人为干预而对文物及其环境造成不可逆的破坏。这就要求文物保护工作者在进行实际操作时，必须坚持科学、合理、可持续的原则，确保田野文物能够在其自然环境中长期保存。

（二）田野文物的类型划分

田野文物，作为文物保护的重要组成部分，其类型划分具有重要的学术价值和实际意义。通过对田野文物进行系统的分类，有助于科学地进行文物保护工作，同时为考古学、历史学等相关学科的研究提供坚实的基础。以下是田野文物的详细分类及其具体内容。

田野文物可以按照物质形态分为遗址类文物和遗物类文物。遗址类文物主要包括古代人类活动的遗址，如古代村落遗址、墓葬遗址、军事遗址等。这类文物通常具有较大的规模和丰富的文化信息，对于研究古代人类的社会结构、经济状况和文化习俗具有重要价值。遗物类文物是指在田野考古中发现的各类实物，如陶器、青铜器、铁器、石器等。这类文物虽然规模较小，但直接体现了古代文化、技术和艺术水平，具有极高的研究价值。

田野文物还可以按历史时期进行分类。根据时间跨度，可以将其分为史前文物、古代文物和近现代文物三大类。史前文物主要是指人类文明产生之前的遗物和遗址，如旧石器时代和新石器时代的遗物与遗址。古代文物涵盖从夏商周到明清各个历史时期的文物，这段时期的文物数量众多、种类丰富，是研究中国古代历史与文化的核心资料。近现代文物主要是指清末以来的各类文物，这些文物不仅记录了中国近现代历史的发展脉络，还反映了中外文化交流的多样性。

田野文物也可以按照功能进行分类。根据文物在社会生活中的功能，可以将其分为生活类文物、生产类文物等。生活类文物主要包括古代人的衣食住行等日常用品，如陶罐、青铜器具、纺织品等，这些文物是研究古代人们生活方式的重要资料。生产类文物是指与古代生产活动相关的工具和设施，如农具、手工业器具、水利工程遗址等，这些文物反映了古代生产技术和经济活动的状况。

田野文物还可以按照地域分布进行分类。由于地理环境、气候条件和历史发展的不同，不同地区的田野文物在数量、种类和保存状况上存在差异。通过对不同地区田野文物的分类研究，可以更加全面地了解中国古代文化的多样性和区域性特点。例如，北方草原地区的文物与南方稻作文化地区的文物在种类和特征上有显著差异，这反映了不同地域的文化背景和生活方式。

（三）田野文物的独特性

田野文物因其独特的地理环境和历史背景，具有显著的独特性。位于开阔自然环境中的田野文物，相较于城市文物，更容易受到自然环境的影响和损坏。气候变化、风化、地震等自然因素对它们的保存状况有着直接影响。因此，保护田野文物需要综合考虑这些环境因素，制定科学合理的保护措施，以确保其长期保存和研究价值。

田野文物通常位于人烟稀少的地方，得以在长期的历史演变中较为完整地保存，未受到过多的人为破坏。这一特性使田野文物在研究历史、文化、社会等方面起着重要价值。它们提供了大量原始资料，对于考古学研究、文化遗产保护与传承具有不可替代的作用。完整保存的田野文物能够为学者提供更准确的历史信息，有助于更深入地理解过去的社会结构和人类活动。

田野文物的文化多样性也是其独特性的重要体现。不同地区的田野文物反映了各自独特的文化传统和历史背景，包括古代建筑、墓葬、遗址、农业遗迹、民族村落等多种类型。这种多样性为我们认识和研究人类历史提供了丰富的资料，有助于了解不同文明之间的交流与互动以及各地独特的文化发展历程。

田野文物的不可移动性使得其保护工作必须在原址进行，不能像博物馆文物一样进行异地保护。这要求文物保护工作者不仅要具备丰富的专业知识，还需具备应对复杂环境的能力，能够在现场进行科学的保护和修复工作。原址保护的难度和挑战性增加了保护工作的复杂性，也确保了文物与其所在环境的历史关联得以保存。

二、田野文物的地域分布与特征

（一）田野文物的地理分布规律

田野文物的地理分布规律是理解其保护与开发的重要基础。田野文物作为一种独特的文化遗产类型，往往与其所处的自然环境和人文环境密切相关。由于不同地区的地理条件、气候类型和历史背景的差异，田野文物的分布呈现鲜明的地域性特征。例如，黄河流域和长江流域是中国古代文明的重要发源地，这两个区域内的田野文物数量众多，类型丰富，年代跨度大。黄河流域的文物多集中在古代农业文明的遗址，如仰韶文化和龙山文化遗址；而长江流域则以新石器时代的遗址和青铜器时代的遗址著称。

在不同的地理区域，田野文物的分布规律受到自然地理因素的影响。在山地和丘陵地区，田野文物多分布在河谷和山间盆地，这些区域通常是古代居民聚落和活动的主要场所；平原地区的田野文物则往往分布在水源丰富、土壤肥沃的地方，这些地区适合农业发展，是古代文明的重要发祥地。此外，沿海地区的田野文物分布则受到海平面变化和海岸线变迁的影响，这些文物的保护面临着特殊的挑战。

田野文物的地理分布规律还与人类活动的历史密切相关。迁徙、贸易和战争等人类活动在不同历史时期对田野文物的分布产生了重要影响。例如，丝绸之路沿线分布着大量的古代遗址和墓葬群，这些田野文物见证了古代东西方文化的交流与碰撞。在一些历史上频繁发生战争的地区，田野文物的分布往往带有鲜明的军事特征，如古战场遗址和防御工事遗址等。

（二）田野文物的自然特征

田野文物是历史文化的重要载体，通常位于自然环境中，其自然特征受到多种因素的综合影响。科学分析这些自然特征对于制定有效的保护策略至关重要。

1. 地理位置

地理位置对田野文物的自然背景有着决定性影响。地形地貌、土壤类型等地理因素与文物的保存状态息息相关。位于山地、丘陵或河谷地带的田野文物，因地形的复杂性而具有独特的保护和展示价值。地形特征不仅影响文物的保存环境，还决定了文物的可达性和观赏性，这些因素在文物保护和利用中需要重点考虑。

2. 气候条件

气候条件是影响田野文物自然特征的重要因素之一，不同气候带对文物保存有不同的影响。干燥气候有助于有机物质的保存，如沙漠地区的干燥环境有助于保存木质和纺织品等有机文物；而湿润气候可能导致文物的腐蚀和劣化，如热带雨林地区的高湿度可能加速文物的腐烂和霉变。因此，田野文物保护策略必须充分考虑当地气候条件，采取相应的防护措施。

3. 植被覆盖

植被覆盖对田野文物的自然特征有显著影响。植被起着保护、遮阳和防风等作用，但也可能对文物产生侵蚀。例如，树根的生长可能破坏地表下埋藏的文物，某些植物的化学分泌物也可能对文物产生腐蚀。同时，植被覆盖影响文物的可见度和可访问性。在保护田野文物过程中，合理管理和控制植被覆盖既要防止植被对文物的侵害，又要利用植被的保护作用。

4. 水文条件

水文条件是田野文物自然特征的重要组成部分。地下水位、洪水频率、土壤湿度等水文因素对田野文物的保存有直接或间接的影响。位于河流、湖泊附近的田野文物，常常受到水位变化和洪水冲刷的威胁。这些水文条件必须在文物保护计划中予以重点考虑，通过防洪、排水等工程手段加以应对，以确保文物的长期保存。

（三）田野文物的文化特征

田野文物作为历史文化的重要载体，蕴含着丰富的文化特征。其文化特征往往与所处的地理环境和历史背景密切相关。在不同的历史时期和地理区域，田野文物展现独特的文化属性。例如，黄河流域的田野文物中可以看到中华文明早期的农业文化痕迹，而西南地区的田野文物则显现出浓厚的少数民族文化元素。这种地域差异不仅反映了我国历史文化的多样性，也为研究区域文化提供了宝贵的实物资料。

田野文物的文化特征还体现在其艺术风格和工艺水平上。无论是建筑、雕塑，还是器物、壁画，都具有极高的艺术价值。这些文物不仅展示了古代匠人的高超技艺，也体现了当时的审美观念和文化内涵。例如，古代墓葬中的壁画不仅是装饰，更是一种文化象征，记录了当时的社会生活和艺术成就。通过对这些艺术作品的研究，可以深入了解古代社会的文化面貌和精神世界。

许多田野文物如碑刻、铭文、陶器上的文字等，都具有重要的历史文献价值。

这些文字记录了历史事件、人物事迹、社会制度等，为研究历史提供了第一手资料。例如，秦始皇陵兵马俑上的铭文，不仅记录了当时的军事组织和装备情况，还为研究秦代的社会结构和政治制度提供了宝贵的信息。这些文物的历史记载功能，使其成为研究历史的重要实物证据。

田野文物对现代文化也有深远的影响。许多田野文物经过保护和展示，成为现代文化的重要组成部分，影响了当代人的文化认同和价值观。例如，长城作为田野文物的代表，不仅是中华民族的象征，也是世界文化遗产，激发了无数人对历史文化的兴趣和认知。通过对田野文物的保护和传承，不仅保留了珍贵的文化遗产，也为当代文化的发展注入了新的活力。

三、田野文物的历史与文化价值

（一）田野文物的历史意义

田野文物作为人类历史的重要载体，记录了不同历史时期人类社会的生产生活状况、文化习俗以及社会变迁的痕迹。从考古学的角度来看，田野文物的发现与研究为我们提供了丰富的原始资料，帮助我们了解古代文明的发展历程。通过对田野文物的发掘和分析，历史学家能够重建古代社会的经济、政治和文化等各个方面，从而使我们更全面地认识和理解人类历史。

田野文物不仅仅具有学术研究价值，更是文化传承的重要媒介。它们承载着丰富的民间传说、历史事件和文化习俗，这些都是民族文化的重要组成部分。通过对田野文物的保护和研究，我们能够更好地传承和弘扬民族文化，增强民族自豪感和文化认同感。同时，田野文物还可以为现代文化创作提供灵感和素材，促进文化产业的发展。无论是文学、艺术还是影视作品，田野文物都为创作者提供了一座内容丰富的宝库。

田野文物的历史意义还体现在其对区域历史文化的独特贡献上。每个地区都有其独特的历史背景和文化氛围，田野文物作为地方历史的见证者，记录着区域内特有的文化特征和历史事件。通过对田野文物的研究，我们可以揭示地方历史的发展脉络，挖掘出区域文化的独特性和多样性。这不仅丰富了地方历史文化的内涵，也为地方文化的保护和传承提供了重要依据。

在全球化背景下，田野文物还具有促进文化交流和理解的特殊意义。不同文化背景下的田野文物展示了人类文明的多样性和丰富性，促进了不同文明之间的交流与对话。通过对田野文物的研究和展示，我们可以加深对其他文化的理解和尊重，推动国际间的文化合作与交流，促进世界和平与发展。田野文物不仅是过去的见证，更是未来合作共赢的桥梁。

（二）田野文物的文化内涵

田野文物作为历史文化遗产的重要组成部分，具有深厚的文化内涵。田野文物不仅记录了古代社会的生产、生活和精神面貌，还反映了古代人们的农业生产技术、手工业发展水平以及日常生活的各个方面。通过研究出土的农具、陶器和建筑遗址等，我们可以了解古代农业和手工业的发达程度以及当时人们的生活方式。这些文物提供了一个窗口，使我们能够更直观地感受古代社会的实际状况。

田野文物承载了丰富的历史信息，是研究古代社会制度、经济结构和文化交流的重要资料。许多田野文物，如古墓葬、遗址和碑刻等，记录了历史事件、人物和风俗习惯，为我们提供了宝贵的第一手史料。这些文物不仅帮助我们还原历史场景，还能佐证文献记载，弥补历史记载的不足。借助这些文物，我们能够更全面、准确地理解古代历史，揭示过去的社会运作机制和人际关系。

田野文物的文化内涵还包括其对当代社会的影响和启示。研究和保护田野文物，不仅有助于我们理解和传承古代文化，还能激发民族自豪感和文化认同感。在全球化背景下，田野文物作为文化遗产的重要组成部分，具有重要的文化外交价值，能够促进不同文化之间的交流与理解。通过这些文物，我们可以加强与其他文化的联系，促进国际间的文化交流和合作。

（三）田野文物的学术价值

田野文物作为历史文化的见证者，承载着丰富的学术价值。它们不仅为考古学研究提供了宝贵的第一手资料，还在多学科研究领域中发挥着重要作用。

第一，田野文物为考古学研究提供了详细的资料。例如，这些文物的出土地层、位置、排列方式等信息，可以为考古学家解析古代社会结构、经济状况、文化交流等提供重要线索。通过对陶器、石器、青铜器等出土文物的分析，学者们可以了解古代工艺技术的发展水平及其演变过程，揭示特定历史时期的生产力水平和社会组织形式。这些信息不仅有助于我们认识历史，还能为现代社会的发展提供借鉴。

第二，田野文物对人类学、民族学等学科也有着重要贡献。通过对这些文物的研究，可以深入了解不同民族和文化的起源、迁徙、融合与发展。保存完好的遗址和墓葬，往往能够提供极其丰富的文化信息，帮助学者们重构古代人类的生活方式、社会制度等方面的细节。这些研究有助于我们理解人类文明的多样性和复杂性，为当代社会的文化交流和融合提供历史参照。

第三，田野文物在环境考古学和历史地理学中同样具有重要意义。通过研究田野文物的分布和环境背景，学者们可以追溯古代生态环境的变化，分析人类活动对环境的影响。对古代农作物种子、动物遗骸等遗存的分析，能够重建古代农业生产模式，探索人地关系的演变。这些研究不仅有助于我们了解古代环境与人类活动之间的互动，还能为现代环境保护和可持续发展提供历史借鉴。

第四，田野文物的学术价值还体现在其对文物保护学和修复学的贡献上。每一件田野文物的出土和保存，都伴随着一系列的保护与修复工作。这些工作不仅需要高超的技术，还需要深入的学术研究。通过对田野文物保护修复案例的总结和研究，可以不断提升文物保护技术水平，推动文物保护事业向前发展。这些研究和技术的进步，不仅有助于保护人类文化遗产，还为未来的学术研究奠定了坚实的基础。

四、田野文物的保存现状、主要问题及影响因素

（一）田野文物的保存状态

田野文物作为历史文化的见证者，其保存状态直接关系到文化遗产的传承与保护。由于田野文物通常暴露在自然环境中，长期受到风雨侵蚀、温度变化、动植物干扰等自然因素的影响，保存状态普遍堪忧。许多田野文物因缺乏有效的保护措施，出现了严重的风化、腐蚀和结构损坏，甚至部分文物已经濒临消失。非法盗掘和人为破坏也进一步加剧了田野文物的损毁程度，导致许多珍贵的历

史遗存遭受不可逆转的破坏。

田野文物的保存状态还受限于现有的保护技术和资金支持。由于田野文物分布广泛且数量庞大，现有的保护资源往往难以覆盖所有重要遗址。许多田野文物所在地缺乏专业的保护人员和设施，导致保护工作无法系统化、科学化进行。这些地区的文物保护多依赖当地社区和志愿者的力量，缺乏统一的管理和技术支持，难以有效应对复杂的保护需求。

田野文物的保存状态还受到环境变化的威胁。随着全球气候变暖和极端天气事件的增多，不少田野文物面临更加严峻的自然环境压力。例如，频繁的洪水、干旱和地震等自然灾害，不仅直接对田野文物造成破坏，还可能带来次生灾害，加速文物的劣化过程。应对这些环境变化对田野文物保护提出更高的要求，需要进一步加强科学研究和技术创新，制定更加有效的保护策略和应急预案。

面对田野文物保存状态的严峻形势，亟须加强多方合作，提升保护水平。政府、科研机构、非政府组织和公众应共同参与，形成合力，推动田野文物保护工作的全面开展。通过加强法律法规的执行力度，提升技术水平，增加资金投入，开展广泛的社会宣传教育，才能有效改善田野文物的保存状态，确保珍贵的历史文化遗产得以传承和利用。

（二）田野文物保存中存在的问题

田野文物保存过程面临诸多挑战，需要各方共同努力来保护这些珍贵的历史遗产。

1.自然环境的侵蚀

田野文物长期暴露在自然环境中，易受到风雨、日晒、温度变化以及动植物生长等多种自然因素的影响。这些因素导致文物表面风化、开裂、腐蚀等现象，极大地影响其保存状况。例如，石刻类文物在风化作用下表面逐渐剥落，金属类文物因氧化而锈蚀，木质文物则面临虫蛀和腐朽的威胁。这些问题使得田野文物的保存变得异常困难。

2.人为因素的破坏

盗掘活动是田野文物面临的主要威胁。盗掘者通常以经济利益为目的，对文物进行非法开采和交易，导致文物破坏和流失。此外，现代农业和建设活动中的不当操作，如挖掘、平整土地等，也会对田野文物造成不可逆的损害。一些地方的村民由于缺乏文物保护意识，甚至将田野文物视作普通石材或建筑材料随意搬运和使用，这些行为都对文物的保存造成了极大的威胁。

3. 保存中的管理和保护机制不足

许多田野文物所在地的文物保护机构人力和资金短缺，导致对文物巡查和监测力度不足。缺乏专业的保护和修复技术，使得一些受损文物无法得到及时有效的抢救。一些地区对田野文物的保护法规和政策执行力度不够，未能形成有效的监督和保护体系。由于管理机制的缺陷，田野文物的保护工作常常流于形式，实际效果不尽如人意。

4. 公众的认知和参与度较低

田野文物多位于偏远乡村和荒野地带，当地居民对文物价值的认识和保护意识普遍不足。缺乏系统的宣传和教育，使得公众对田野文物的重要性认识不足，进而缺乏保护的自觉性和积极性。文物保护是一项长期的社会工程，需要广泛的公众参与，只有提高公众的文物保护意识，才能形成全社会共同保护田野文物的良好氛围。

（三）田野文物保存的影响因素

田野文物的保存受到多种因素的影响，既包括自然环境因素，也包括人为因素。

1. 自然环境因素

自然环境因素主要包括气候条件、地质环境和生物侵蚀等。气候条件如温度、湿度的变化会导致文物材质的风化和损坏，尤其是在极端天气条件下，田野文物更容易受到侵蚀和破坏。地质环境中的土壤酸碱度和水分含量也会对文物的保存产生直接影响，例如，酸性土壤会加速金属制品的腐蚀，而高含水量的土壤则容易导致有机物的腐烂。生物侵蚀则包括微生物、植物根系和动物活动对文物的破坏，这些生物因素常常在不经意间对田野文物造成不可逆的损害。

2. 人为因素

人为因素是田野文物保存的一大挑战。盗掘、非法交易和破坏性开采等行为，不仅直接损害文物的完整性，还可能导致文物的丢失和散落。农业和建设活动的影响也是不容忽视的，田野文物常常位于农业用地或建设用地之中，机械化作业和地面施工常常对文物造成破坏。由于缺乏有效的保护措施和管理制度，一些地方的田野文物在开发过程中没有得到应有的保护，导致文物在开发利用过程中遭到破害。

3. 管理因素

田野文物的保存还受到保护管理水平的影响。当前，许多田野文物保护工作仍停留在较低的技术水平，缺乏系统的保护规划和科学的管理手段。一些地方的文物保护部门由于资金、技术和人力资源的限制，难以实施有效的保护措施，导致文物在保存过程中出现诸多问题。公众的文物保护意识不强，也使得田野文物在保存过程中面临更多风险。文物保护需要社会各界的共同参与和支持，只有提升全社会的文物保护意识，才能更好地保护和传承田野文物。

五、田野文物的保护现状与成效

（一）田野文物保护的现行措施

田野文物的保护是一项高度复杂且系统性的工作，涉及多方面的措施和手段。保护田野文物不仅是对历史文化遗产的尊重和传承，也是对文化多样性和人类文明的维护。以下是对田野文物保护的现行措施的详细描述。

1. 建立和完善法律法规

法律法规的建立和完善是田野文物保护的基础。在国家层面，已制定了多部关于文物保护的法律法规。这些法律法规为田野文物的保护提供了重要的法律保障，明确了文物保护的责任主体和具体要求，规范了文物保护的程序和方法。此外，各地方政府也出台了相应的地方性法规和政策，以确保田野文物保护工作的顺利进行。法律法规的完善不仅为文物保护提供了法律依据，还增强了公众对文物保护的认知和参与度。

2. 应用现代科技

现代科技的应用显著提升了田野文物保护的效率和效果。利用遥感技术和地理信息系统（GIS），可以对大面积的田野文物进行高效的监测和管理，从而及时发现和评估文物的保护状况。无人机技术的应用使得田野文物的勘测和巡查更加便捷和全面，能够及时发现和处理潜在的威胁，减少人为破坏的风险。此外，三维扫描技术和虚拟现实（VR）技术的引入，使得田野文物的数字化保护成为可能，既能减少对文物本体的直接干扰，又能为后续的研究和展示提供丰富的数据支持。这些技术手段的应用不仅提高了文物保护的科学性和准确性，还为文物保护提供了更大的可能性以及手段。

3. 鼓励社区参与和公众教育

社区参与和公众教育是田野文物保护的重要措施。通过组织社区居民参与文物保护工作，能够增强他们的文物保护意识，并形成共同保护的氛围。社区居民作为田野文物的直接接触者和守护者，他们的参与和支持对文物保护具有重要意义。同时，开展丰富多样的公众教育活动，如宣传讲座、展览等，可以提高社会大众对田野文物保护重要性的认识。公众教育不仅是对文物保护知识的普及，更是对文物保护意识的培养，进而推动全社会共同参与到文物保护工作中来。

4. 加强国际合作与交流

国际合作与交流在田野文物保护中发挥了不可忽视的作用。通过与国际文物保护机构的合作，可以借鉴国外的成功经验和先进技术，提升我国田野文物保护的整体水平。国际合作不仅能够促进不同国家和地区在文物保护领域的交流与合作，还可以为田野文物的长期保护提供更为广泛的支持。此外，国际合作还可以促进跨国文物保护项目的开展，共同应对文物保护中的全球性挑战，为田野文物的长期保护提供更多的可能性和支持。

（二）田野文物保护的注意事项

田野文物保护工作在实际操作中面临许多挑战和复杂情况，必须遵循一系列严格的注意事项，以确保文物的真实性、完整性和可持续性。以下是田野文物保护的关键要点及其详细说明。

1. 注重对环境的了解和评估

环境因素如气候、土壤、水文、植被等都可能对文物产生深远影响。因此，在保护项目启动之前，必须进行详细的环境评估，并制定相应的保护措施。例如，在湿度较高的地区，应特别注意防止文物受潮霉变；而在干燥地区则应防范风蚀对文物的破坏。通过细致的环境评估，文物保护工作者能够提前发现潜在的风险，采取预防措施，确保文物在自然环境中的长期保存。

2. 注重文物的脆弱性和特殊性

每一件田野文物都有其独特的材质和结构特征，在保护过程中需要根据具体情况采取相应的技术手段。例如，对于易腐蚀的金属器物，可以采用防锈涂层和隔离措施；对于陶瓷类文物，则应避免剧烈震动和温度急剧变化。针对特殊材质的文物，如纺织品和纸质文物，还需要采取特殊的防紫外线和防虫蛀措施，确保文物在自然环境中长期保存。

3. 注重科学研究和公众教育

田野文物保护不仅是物质形态的保护，还需兼顾科学研究和公众教育。作为文化遗产的载体，田野文物的文化内涵同样重要。在保护过程中，应充分利用现代科技手段，如数字化技术和信息化管理，记录和展示文物的详细信息，方便后续研究和公众教育。同时，积极开展科普教育活动，增强公众的文物保护意识，动员社会力量共同参与到田野文物的保护工作中来。通过科学研究和公众教育，能更好地传承和弘扬文化遗产。

4. 建立健全法律法规和管理制度

通过完善的法律法规，可以为田野文物的保护提供坚实的法律保障，明确各级政府和相关机构的职责与义务。此外，还应建立科学、规范的管理制度，包括文物保护的规划、实施、监测和评估等环节，确保保护工作的有序进行。例如，可以通过设立专项基金，支持田野文物的保护和研究项目；通过定期培训，提高相关人员的专业技能和保护意识。完善的法律和制度保障是田野文物保护工作顺利开展的重要基础。

（三）田野文物保护的成效评估

田野文物保护的成效评估是文物保护工作的重要环节，通过科学、客观的评估机制，可以全面了解保护措施的有效性和存在的问题，从而为进一步的保护与利用提供依据。成效评估通常涉及对文物保存状况、保护措施的执行情况以及社会效益等多方面的考察。

1. 评估保存状况

田野文物的保存状况评估是成效评估的核心部分。通过对文物的物理状态、结构完整性以及环境影响等方面进行系统的检测和分析，可以判断文物在经过保护措施后的保存效果。例如，通过高精度的 3D 扫描技术和光谱分析技术，可以精确记录文物的形态和材质变化，从而为后续的保护工作提供可靠的数据支持。这些技术手段不仅能捕捉微小的变化，还能对文物的未来保存提出科学预测，确保保护工作的针对性和有效性。

2. 评估执行情况

保护措施的执行情况是成效评估的重要内容。评估团队需要对保护措施的实施过程进行详细的记录和分析，包括保护方案的制定、技术手段的应用以及执行过程中的问题和改进措施。例如，评估某一田野文物的保护过程中是否充分考虑了当地的自然环境和社会经济条件，是否采取了适宜的技术手段以及是否有效解决了保护实施中的各种难题。这些评估可以帮助识别和纠正保护工作中的不足，优化后续的保护策略。

3. 评估社会效益

田野文物保护的社会效益评估不可忽视。文物保护不仅仅是对文化遗产的物理保护，还涉及文化传承和社会教育的功能。通过对文物保护项目的公众参与度、教育效果和文化影响力等方面的评估，可以全面了解保护工作的社会价值。例如，通过公众调查和访谈，了解当地居民和游客对文物保护工作的认知和满意度，从而评估保护项目在提升文化认同和社会凝聚力方面的贡献。这样的社会效益评估有助于增强公众对文物保护的支持和参与，促进文化遗产的可持续发展。

第二节　田野文物保护的基本原则、关键技术与措施

一、田野文物保护的基本原则

（一）保护优先原则

田野文物作为重要的文化遗产，其保护工作必须遵循保护优先原则。这一原则的核心在于确保田野文物的原始状态和历史价值在任何开发和利用活动中不受损坏。无论是考古发掘、旅游开发还是其他形式的利用，都必须在文物保护的前提下进行。保护优先原则不仅体现了对文物本身的尊重，也是在延续历史文化的脉络与记忆。

保护优先原则要求文物保护工作者在进行田野文物的调查和记录时，必须详细、准确地收集相关数据，这包括对文物的地理位置、环境状况、保存状态等信息的全面掌握。通过科学的调查方法，确保文物信息的完整性和真实性，为后续的保护和研究提供可靠的基础数据。详细的数据收集和记录是科学保护的前提，使得每一件文物都能在尽可能原始的状态下被保存和研究。

在任何可能对文物产生破坏或影响的行动之前，进行严格的风险评估和可行性研究是保护优先原则的重要内容。通过科学的评估和研究，确保各项措施都能有效避免对文物的损害。无论是考古发掘还是建设活动，都需要经过详细的风险分析，制定周密的保护方案，以确保文物在任何情况下都不会遭受不可逆的破坏。

保护优先原则还涉及对文物保护环境的关注。田野文物通常暴露在自然环境中，面临气候变化、自然灾害等多种外部因素的威胁。因此，保护工作不仅要关注文物本身，还要重视其所处的环境。通过建立防护设施、控制周边环境的变化等科学有效的防护措施，最大限度地减小外界因素对文物的影响，确保其长期保存。这种全面的保护视角是确保文物能够在自然环境中得到有效保存的关键。

文物保护不仅是专业工作者的责任，也需要全社会的共同努力。保护优先原则强调公众参与和社会监督的重要性。通过广泛宣传文物保护的重要性，增强公众的文物保护意识，建立健全的社会监督机制，可以形成全社会共同参与、支持和监督文物保护工作的良好氛围。这种公众参与和监督，不仅有助于提高文物保护工作的透明度和公信力，还能汇聚更多智慧和力量，为田野文物的保护与传承提供强有力的支持。

（二）科学保护原则

文物的科学保护原则强调以科学的方法和技术为基础，确保文物在保护过程中不受二次损害。这一原则的核心在于通过科学研究和技术应用，最大限度地保持文物的原貌及其历史、艺术和科学价值。科学保护原则要求保护工作者对文物进行全面的研究和分析，包括材料、结构、工艺、环境等方面，以制定最为适宜的保护方案。

在保护过程中必须采取科学的检测和监测手段。通过物理、化学和生物等多种检测方法，了解文物的材料成分和保存状态，评估其受损程度及原因。使用高精度的仪器设备，如 X 射线、红外光谱、电子显微镜等，对文物进行无损检测，获取详细的内部结构和成分信息。这些科学手段不仅可以揭示文物的真实状况，还能为后续的保护修复工作提供科学依据。

保护措施的可逆性和可测试性是科学保护原则的重要方面。在采取保护措施时，应选择那些对文物影响最小且可逆的技术和材料，以便在未来科技进步的情况下，可以对保护措施进行调整或撤销。保护措施的实施应经过严格的实验和测试，确保其有效性和安全性。例如，在选择修复材料时，要经过实验室测试，验证其物理化学特性与文物原材料的兼容性，确保其在长期保存中的稳定性。

对保护环境的科学管理也是科学保护原则的关键内容。文物的保存环境，如温湿度、光照、空气质量等，对其长期保存有着至关重要的影响。科学保护原则要求对文物保存环境进行严格监控和管理，建立科学的环境控制系统，确保文物在最适宜的条件下保存。例如，通过安装恒温恒湿设备、紫外线过滤装置等，调控保存环境中的各项参数，减少外界环境对文物的侵蚀和损害。

（三）综合管理原则

田野文物的保护与开发是一项复杂而重要的任务，需要多学科和多部门的紧密协作。为了确保这一过程顺利进行，综合管理原则显得尤为关键。

1. 建立健全管理机构与法规体系

建立健全管理机构与法规体系是田野文物保护的基础。管理机构的职责不仅包括文物的日常维护和巡查，还需制定详细的保护措施，开展保护知识宣传和教育，提高公众的保护意识。法规体系应涵盖文物保护的各个环节，从考古发掘到修复，再到展示和利用，确保每一步都有法可依、有章可循，避免因管理不到位而造成文物损毁。

2. 整合各种资源

田野文物保护工作需要整合各种资源，实现最优配置和高效利用。除了人力、物力和财力的配合，还要注重信息资源和技术资源的共享。例如，利用遥感技术、地理信息系统（GIS）和三维激光扫描技术，可以对田野文物进行全面、准确的记录和分析。这些现代科技手段不仅提高了工作效率，还减少了对文物的直接接触和破坏，最大限度地保护了文物的原貌。

3. 加强多学科、多部门的协作

多学科、多部门的协作是综合管理原则的重要组成部分。田野文物保护不仅仅是考古学家的任务，还需要生态学、环境科学和建筑学等多个学科的共同参与。在保护古代遗址时，需要考虑遗址的生态环境和周边社区的发展需求，制定既能保护文物又能促进当地经济发展的综合方案。地方政府、文化部门、科研机构和社区居民也应共同参与，形成齐抓共管的良好局面。

4. 探索可持续发展途径

田野文物保护应与当地社会经济发展相协调，探索可持续发展途径。在保护文物的同时，要充分考虑当地居民的利益和需求，避免因保护工作而影响他们的正常生活。例如，通过发展文物旅游和文创产品，将文物资源转化为经济资源，既保护了文物，又促进了地方经济的发展，形成文物保护与社会发展的双赢局面。

二、田野文物的现场保护技术

（一）现场考古保护技术

在田野文物保护中，现场考古保护技术发挥着至关重要的作用。这些技术不仅是文物保护的基础，也是文物研究、展示与传承的前提。

现场考古保护技术包括对文物出土环境的监测与记录。通过高精度的测绘和摄影技术，考古学家能够详细记录文物的原始位置、埋藏状态及周边环境。这些信息为后续的研究与保护提供了重要依据。例如，使用全站仪、无人机和三维扫描仪等现代设备，能够精准地记录文物的空间数据，形成详细的三维模型。这些数据信息不仅有助于科学研究，还能在文物展示和教育中发挥重要作用。

田野文物的出土过程需要严格的保护措施。在文物出土的瞬间，通常会遇到空气、湿度和温度的骤变，这可能导致脆弱文物的损坏。现场考古保护技术需要采取有效的措施，对出土文物进行即时保护。例如，使用特殊的保护材料包裹文物，控制现场的温湿度，避免文物因环境骤变而受到损伤。针对特别脆弱的文物，如纺织品和纸质材料，可能需要在现场临时搭建保护棚，以稳定其出土环境。

对于一些结构较为脆弱的文物，如陶器、青铜器等，在现场出土后可能会出现碎裂或结构松散的情况。考古学家需要使用专业的修复工具和材料，对这些文物进行临时加固。这些初步的修复工作包括使用纱布、夹板等材料对文物进行支撑，使用防腐剂对金属文物进行表面处理等。临时加固不仅能保证文物在运输中的安全，还为后续的详细修复和研究提供了基础。

现场考古保护技术的应用还需要整合多学科的知识与技术。化学分析技术能够帮助判断文物的材质与腐蚀情况，从而制定科学的保护方案。生物学技术可以识别文物表面的微生物种类及其对文物的影响，进而采取针对性的防护措施。通过多学科的协同合作，现场考古保护技术能够更加全面、科学地保护田野文物。这些技术的应用不仅提升了文物保护的质量，也为文物的长期保存与研究提供了坚实保障。

（二）应急保护技术

应急保护技术在田野文物的保护工作中占据至关重要的地位，特别是在突发自然灾害或人为破坏事件发生时，能够迅速有效地采取措施，最大限度地减少文物损害。下面将详细探讨应急保护技术的核心要素和具体应用。

应急保护技术的核心在于快速反应和科学评估，确保在最短时间内采取最佳的保护措施。对文物现场的快速评估包括损害程度、环境变化以及可能的进一步威胁，评估结果直接决定了应急保护的具体方案。这一过程需要专业人员具备敏锐的观察力和丰富的经验，以便在短时间内做出准确判断。

在应急保护技术的实施过程中，使用现代科技手段如无人机、遥感技术和地理信息系统（GIS）等，可以快速获取文物现场的详细信息，提供准确的评估数据。这些技术手段不仅能够迅速覆盖大面积的考古遗址，还能在不直接接触文物的情况下获取精准的三维数据，从而制定有效的应急保护方案。特别是无人机和遥感技术的应用，使得保护人员能够在短时间内掌握现场全貌，提高应急响应的效率。

基于物理和化学原理的保护材料和技术，如防水防潮材料、抗震加固技术等，也在应急保护中发挥了重要作用。防水防潮材料可以有效防止洪水和潮湿环境对文物的侵蚀，而抗震加固技术则能增强文物结构的稳定性，减少地震造成的破坏。这些技术手段的应用，需要结合具体文物的材质和结构特点，选择合适的保护措施。

应急保护技术的有效性还依赖于应急预案的制定和人员的培训。应急预案需要针对不同类型的突发事件，如洪水、地震、火灾等，制定具体的应急处理流程和措施。定期演练和培训使得相关人员能够熟练掌握应急保护技术，确保在突发事件发生时能够迅速响应，正确实施保护措施。特别是对于田野文物保护人员，应急培训不仅包括技术操作，还涵盖了紧急情况下的协调和决策能力，以确保整体保护工作的高效进行。

（三）现场环境控制技术

现场环境控制技术在田野文物保护中起着至关重要的作用。这些技术主要包括温湿度控制、光照管理、空气质量监测等方面，通过综合应用这些技术，能够有效延长文物的寿命，保持其完整性和原始状态。

1. 温湿度控制

温湿度的变化会直接影响文物的保存状态，尤其是木质、纺织品等有机材料。在高湿环境下，这些材料容易受潮腐烂，而低湿环境则会导致干裂。因此，合理的温湿度控制非常重要。使用恒温恒湿设备，可以将环境温湿度保持在稳定的范围内，从而减少因温湿度波动对文物造成的损害。

2. 光照管理

自然光中的紫外线对文物具有极强的破坏性，长期暴露在强光下的文物容易褪色、老化。为了减少紫外线对文物的直接照射，可以使用遮阳棚、遮光布等设备，同时采用柔和的人工光源。这样既能减少光照对文物的损害，又能保证文物在展示时的清晰度和观赏性。

3. 空气质量监测

田野环境中的污染物如尘埃、化学气体等，都可能对文物产生侵蚀作用。因此，现场应配备空气净化设备，定期监测空气中的有害物质含量，确保环境质量达标。同时，采取防尘措施，如设置防尘网、定期清理现场，可以有效避免尘埃对文物造成的二次伤害。

4. 生物侵害防控

田野环境中常见的生物侵害如虫蚁、菌类等，会对文物造成不同程度的损坏。为了防止生物对文物的侵蚀，可以使用无害的杀虫剂、设置物理屏障等。这样不仅能有效控制生物侵害，还能避免对文物和环境造成二次污染。

三、田野文物的修复与维护技术

（一）修复技术的分类

田野文物的修复技术是文物保护工作中的重要环节，其分类方法多种多样，通常根据文物材质、损坏类型以及修复目标的不同而有所区分。

修复技术按文物材质进行分类，可以被分为石质文物修复、金属文物修复、木质文物修复、陶瓷文物修复等。每种材质的文物由于其物理和化学性质的不同，修复技术和方法也各有特点。石质文物修复常涉及物理清洁、注浆加固等技术，目的是去除表面污垢和加固松散的石材结构。金属文物修复则可能需要物理清洁和化学稳定处理等工艺，如通过清除锈蚀和应用保护性涂层来防止进一步的氧化。木质文物修复通常包括防腐处理和结构加固，目的是延缓木材的老化和腐朽过程。陶瓷文物修复则常采用补缺、粘接和表面清洁等方法，以恢复其完整性和美观度。

修复技术依据损坏类型，可以分为结构修复、表面修复和颜色修复等。结构修复主要是针对文物的形态破损，如断裂、缺损等，常采用粘接、填补、补全等技术来恢复文物的原始形态。表面修复则针对文物表层的剥落、风化等问题，采用表层加固、涂层修复等技术，以保护表层和恢复其原貌。颜色修复注重恢复文物的原始色彩，常用色彩修复、涂绘等方法，使文物看起来更加接近其历史时期的原貌。

从修复目标出发，修复技术还可分为保护性修复和展示性修复。保护性修复旨在防止文物进一步遭受损坏，延长其保存时间，通常采用最小干预原则，尽量保持文物的原始状态。展示性修复则更注重文物的美观和展示效果，可能会进行较多的补全和装饰，以恢复文物的历史原貌，满足公众的观赏需求。例如，展示性修复可能会对缺失部分进行详细的补全和装饰，使其在展览中呈现更加完美的状态。

（二）修复技术的具体应用

田野文物的修复技术应用广泛且复杂，需要根据具体情况选择合适的方法。田野文物修复技术的应用不仅是为了保护文物本身，还为了更好地呈现其历史价值和文化意义。不同材质的文物需要不同的修复技术，每种技术都有其独特的操作方法和科学依据。

1.石质文物修复

对于石质文物而言，常用的修复方法包括填补、粘接和加固。填补技术主要用于修复石质文物的缺损，通过使用与原材质相匹配的材料进行填充，确保视觉上的完整性和结构上的稳定性。黏结技术则是在文物断裂部位进行连接，需选用无色透明且耐久的黏结剂，以保证不影响文物的外观。加固技术通常应用于文物结构不稳定的情况，通过使用支撑架或加固材料来增加文物的整体稳定性。这些技术的选择和应用必须根据具体的损坏情况和石质材料的特性来决定，以达到最佳的修复效果。

2. 金属文物修复

金属文物的修复主要集中在防锈处理和复原两个关键环节。金属文物长期暴露于田野环境中，容易受到氧化和腐蚀的影响。防锈处理通常包括清除表面锈蚀、涂覆防锈剂以及封存保护。清除锈蚀可采用机械或化学方法，机械方法如砂纸打磨，而化学方法则使用弱酸性溶液溶解锈蚀物，涂覆防锈剂以形成保护层。封存保护则利用封存剂将文物与外界隔离，以防再次氧化。复原技术涉及对文物形态的恢复，需严格按照历史记载和科学检测进行操作，以确保复原后的文物符合历史原貌。

3. 陶瓷文物修复

陶瓷文物的修复技术涉及碎片拼接和缺损填补。碎片拼接要求将破损的陶瓷文物碎片重新组合，并使用无色透明的粘接剂进行固定。拼接过程中需确保每一片碎片的位置准确，以恢复文物的原始形态。对于缺损部分，填补技术需要使用与原材质和颜色相匹配的填补材料，通过手工雕刻和打磨，恢复其外观和形态的完整性。这些修复技术不仅要求高超的手工技艺，还需要深厚的材料学知识，以确保修复后的陶瓷文物既美观又稳定。

4. 木质文物修复

木质文物的修复侧重防虫处理和裂隙修复。木质文物长期暴露在田野环境，容易受到虫蛀和裂隙的影响。防虫处理包括使用化学药剂杀虫和封闭处理，确保文物内部无虫害。裂隙修复则需通过填补和粘接技术进行，将裂隙部分填充并粘接，使其恢复原有的坚固性和美观性。木质文物的修复不仅要求材料学和化学方面的知识，还需具备丰富的经验和细致的操作，以确保修复效果的长期稳定。

（三）维护技术的要点

田野文物的维护技术是文物保护工作的核心之一，维护技术的有效实施，能够延长文物的生命周期，减缓其自然退化的进程。田野文物由于其特殊的环境暴露特点，容易受到自然因素如风化、雨蚀、植物根系侵蚀等的影响，因此，维护技术的运用必须结合具体的环境条件，采取科学合理的措施。

建立定期的监测与评估机制是田野文物维护的重要环节。通过现代科学技术手段，如遥感监测、地理信息系统（GIS）和三维激光扫描，对田野文物的保存状况进行实时监测和数据分析。这些技术方法可以及时发现并评估文物的病害问题。定期监测不仅有助于掌握文物的动态变化，还为后续的维护和修复工作提供科学依据，从而制定更加精准的维护策略。

针对田野文物的具体病害，应采取针对性的维护措施。例如，对于由于水蚀引起的地基不稳问题，可以采用排水系统的改造和加固措施，防止水分侵蚀文物基础。对于植物根系侵蚀，可以通过植物清理和根系隔离技术，阻止植物对文物结构的破坏。在实施这些维护措施时，必须严格遵循"最小干预"的原则，尽可能减少对文物原状的改变，以保持其历史真实性和完整性。

在田野文物的维护过程中，还需要注重环境保护与文物保护的协调发展。田野文物常常处于自然环境中，其周边生态环境的变化会直接影响文物的保存状态。在进行文物维护的同时，应采取措施保护和恢复文物周边的自然环境，避免大规模的人为干扰。通过科学规划和合理管理，使文物保护与环境保护相互促进，共同实现可持续发展。

四、田野文物的日常维护与管理

（一）日常维护的基本流程

文物的日常维护是保护田野文物的重要环节，确保文物在自然环境和人为活动中免受损害。以下是详细的日常维护流程。

1. 建立日常检查制度

建立系统的日常检查制度是日常维护的核心步骤。定期对文物进行全面检查，包括外观、结构、环境等方面，详细记录文物的状态变化和潜在问题。检查过程中应使用专业设备，如高分辨率相机、湿度计和温度计等，确保数据的准确性和全面性。通过系统的检查制度，可以及时发现文物的潜在问题，从而进行及时的维护和修复，避免问题恶化。

2. 制定相应的维护措施

针对检查中发现的问题，制定相应的维护措施是非常必要的。对于轻微的损害，如表面灰尘和污渍，可以通过温和的清洁方法进行处理，避免使用过于刺激的化学物质，以免对文物造成二次伤害。对于结构性损伤，如裂缝和剥落，应及时进行加固和修复，必要时可请专业修复人员进行处理，以确保修复工作的科学性和有效性。科学的维护措施可以有效延长文物的寿命，保持其原有的历史和艺术价值。

3. 控制环境

环境控制是日常维护的重要内容。合理调控文物保存环境中的温度、湿度和光照等因素，能够有效延缓文物的自然老化过程。使用环境监测设备，实时监控环境参数的变化，并根据监测数据进行适时调整。例如，在湿度过高的季节，使用除湿设备降低环境湿度，防止文物受潮发霉；在光照强烈的情况下，使用遮光设施减少紫外线对文物造成的损害。通过科学的环境控制，可以为文物提供一个稳定且适宜的保存环境。

4. 建立文物维护档案

建立详细的文物维护档案，对每次维护工作进行记录和存档是确保维护工作系统性和连续性的关键。维护档案应包括文物的基本信息、检查记录、维护措施、环境监测数据等内容，以便后期的维护和管理工作。档案的建立不仅有助于追溯文物的维护历史，还能为后续的保护工作提供科学依据，确保文物保护的连续性和系统性。科学、系统的档案管理可以大大提高文物保护工作的效率和质量。

（二）维护管理的标准化

在田野文物的保护过程中，维护管理的标准化是确保文物长期保存和有效保护的重要措施。通过系统化的日常检查、修缮和记录，标准化的维护管理，能够减少人为因素对文物的损害，提高保护工作的科学性和可操作性。

1. 制定详细的维护管理标准

这些标准应该详细规定文物日常检查的频率和内容、修缮工作的具体步骤和要求，以及环境监测的指标和方法。通过这些详细的标准，能够确保不同区域、不同类型的田野文物在维护过程中遵循统一的规范，避免因操作不当导致的文物损坏。

2. 建立完善的档案记录系统

每一件田野文物的维护和管理工作都应详细记录，包括日常检查的结果、修缮工作的具体情况、环境监测的数据等。这些档案不仅是文物保护工作的基础数据，也为后续的研究和保护提供了重要参考。档案记录应采用信息化管理手段，利用数字化技术提高数据的存储和检索效率。

3. 维护管理人员的培训和管理

文物保护工作需要专业的技术和知识，只有经过系统培训的人员才能胜任标准化的维护管理任务。因此，应制订培训计划，定期对维护管理人员进行专业知识和操作技能的培训，确保他们掌握最新的文物保护技术和标准。同时，建立严格的管理制度，对维护管理工作进行监督和考核，确保各项工作按标准执行。

（三）日常管理的技术支持

田野文物的日常管理不仅依赖于人员的专业技能和管理制度的完善，更需要先进技术的支持。通过多种高科技手段的综合应用，我们能更有效地保护这些历史遗产，并确保其可持续利用。

1. 地理信息系统

地理信息系统（GIS）在田野文物管理中扮演着重要角色。GIS技术能够对文物的分布、现状和环境进行精准监测与记录。管理人员利用GIS技术，可以实时掌握文物的地理位置、环境变化和潜在风险因素。这些数据为文物保护提供了科学依据，使得保护措施更加精准和有效，确保文物在其原始环境中得到妥善维护。

2.遥感技术

遥感技术作为田野文物日常管理的重要工具，通过卫星影像和高空摄影等手段，对文物周边的自然环境进行全面监控。例如，植被覆盖、水资源分布和地质灾害等环境变化，都可以通过遥感技术及时发现。这样的监控系统能够提前识别潜在威胁，使管理人员能够迅速采取防护措施，避免文物遭受不可逆的损害。

3.信息化管理系统

信息化管理系统的应用极大地提高了田野文物的管理效率。通过建立文物保护数据库，详细记录文物的历史背景、修缮记录和环境状况等信息，实现信息的系统化和数字化管理。这样的数据库不仅方便了日常管理和维护工作，还为研究和决策提供了重要的数据支持，使各项工作能够有条不紊地进行。

4.现代监测设备

现代监测设备如环境传感器和无人机也为田野文物的日常管理提供了有力支持。环境传感器能够实时监测文物所在地的温湿度、空气质量等参数，及时发现异常情况，确保文物处于适宜的环境中。而无人机则用于定期巡检和拍摄，特别是在交通不便或人力难以到达的区域，提供了高效便捷的监测手段，确保每一处文物都在监控和保护之中。

五、田野文物的数字化保护与记录

（一）数字化保护的技术手段

在现代文物保护领域，田野文物的数字化保护技术占有重要地位。现代科技的发展为文物保护带来了革命性的变化，数字化技术手段不仅提高了文物保护的科学性和精准度，还拓宽了文物展示和教育的途径。

1.三维激光扫描技术

三维激光扫描技术是田野文物数字化保护的重要工具。通过发射和接收激光束，该技术能够高精度地测量文物表面的距离和形状，从而生成高分辨率的三维模型。这些模型不仅为科学研究提供了详尽的数据支持，还可以用于文物的虚拟展示，使公众能更加直观、详细地了解文物的形态特征和历史背景，极大地提升了公众对文物的认知与兴趣。

2. 数字图像处理技术

数字图像处理技术在田野文物保护中同样表现出色。通过高分辨率的数字摄影技术，文物的细节特征得以记录，再通过计算机算法进行图像处理和增强，可以发现和分析肉眼难以察觉的破损与变化。这些处理过的图像数据在文物修复过程中提供了重要的参考依据，提升了修复工作的精准度和科学性，确保修复后的文物能够更好地保存和展示。

3. 虚拟现实和增强现实技术

虚拟现实（VR）和增强现实（AR）技术的引入为田野文物的展示与教育开辟了新的途径。通过 VR 和 AR 技术，观众可以在虚拟环境中与文物互动，甚至"亲身"体验文物的历史场景。这不仅保护了脆弱的实物文物，还增强了观众的沉浸感和参与度，使文物保护成果能够更广泛地传播和普及，极大地促进了公众对文物的了解和兴趣。

（二）数字化记录的流程

数字化记录的流程是田野文物保护与传承中的重要环节。

1. 数据采集

全面的文物数据采集是数字化记录的基础工作。利用高精度的扫描仪、摄影设备和激光扫描技术，对田野文物进行全面的三维扫描和高分辨率摄影，获取文物的外形、纹理、颜色等详细数据。这些数据不仅包括文物的宏观结构，还应涵盖其微观特征，以便后续的精确分析和研究。

2. 数据处理和整合

数据处理和整合是数字化记录流程中的核心步骤。采集到的原始数据往往是庞大而复杂的，需要通过专业的软件进行处理和整合。数据处理包括去噪、对齐、纹理映射和三维重建等步骤。经过处理后的数据应能够真实还原文物的原貌，并具有高保真度和高精度，确保记录的科学性和可用性。

3. 数字化存储和管理

数字化存储和管理是确保田野文物数据长久保存和方便检索的关键。数据存储需要采用符合国际标准的格式，以便跨平台的共享和交流。同时，应建立完善的数据库管理系统，对文物数据进行分类、标注和索引，确保数据的系统性和规范性。数据库还需具备良好的安全性，防止数据丢失和被篡改。

4. 数字化展示和应用

数字化展示和应用是数字化记录的最终目的。通过虚拟现实（VR）、增强现实（AR）等技术，可以将数字化的田野文物生动地展示给公众和研究者。数字化展示不仅有助于文物的保护和宣传，还能促进公众对文化遗产的认知和理解。此外，数字化记录的数据还可以用于学术研究、文物修复和复制等多方面的应用，发挥广泛的社会和学术价值。

（三）数字化保护的实际应用

数字化保护在田野文物的保护与记录中具有重要的实际应用价值。通过数字化保护技术，可以对田野文物进行高精度的三维扫描和建模，这不仅保留了文物的原始形态，还能记录其细微的细节。三维扫描技术利用激光扫描、光学扫描及摄影测量等方法，将文物的形态数据转化为数字模型，供后续研究、展示和修复使用。例如，在中国的敦煌莫高窟，通过数字化技术保存了大量壁画和雕塑的细节，避免了因自然因素和人为破坏导致的不可逆损失。

虚拟现实（VR）和增强现实（AR）技术的应用在田野文物的数字化保护中也越来越广泛。VR 和 AR 不仅能为公众提供身临其境的观览体验，还能为研究人员提供一个动态、互动的平台，以探索文物的历史和文化背景。例如，通过 AR 技术，可以在移动设备屏幕上重现文物的原貌，或展示其在不同时期的演变过程。这种互动性和可视化的方式，不仅提升了公众的参与感，还为专家提供了新的研究视角，有助于揭示文物背后的更多信息。

数字化保护在文物的修复和复原过程中发挥着重要作用。通过数字化技术，可以对文物进行非接触式的分析和诊断，识别文物的材质、病害及其成因，制定科学的修复方案。例如，通过高光谱成像技术，可以识别文物表面的颜料成分和劣化区域，为修复提供精确的数据支持。此外，数字化保护还可以模拟修复过程，评估不同修复方案的效果，确保在实际操作中选择最优方案，最大限度地保留文物的原貌和历史信息。

保护田野文物的数字化记录也为未来的研究和教育提供了宝贵的资源。数字化记录不仅保存了文物的形态和结构，还包含其发现地点、历史背景和学术研究等各种信息，能够形成一个完整的数字档案。这些数字档案可以通过互联网共享给全球的研究机构和公众，促进文物保护领域的学术交流和公众教育。例如，许多博物馆和研究机构都已经建立了在线数据库，供全球用户访问和研究，极大地扩展了文物的保护范围和影响力。

第三节　田野文物的旅游开发与文化传播

一、田野文物旅游开发的意义与价值

（一）旅游开发的文化价值

田野文物作为历史遗产和文化信息的重要载体，具有巨大的文化价值。旅游开发不仅是保护和传承这些文物的重要途径，更是将其文化价值转化为社会大众易于理解和接受的资源的有效手段。通过旅游开发，田野文物的历史、艺术和科学价值能够以生动、形象的方式传递给游客，使其在休闲娱乐的同时获得知识和情感上的双重收获，从而有效增强公众的文物保护意识和热情。

文物保护和管理需要大量的人力和物力资源。旅游开发能够为田野文物的保护提供经济支持，通过经济收益反哺文物保护工作。合理规划和科学管理可以确保旅游开发不仅不会破坏文物的原貌，反而能够促进文物的修缮和维护工作。此外，旅游开发还能带动当地经济的发展，增加就业机会和促进相关产业的发展，提升当地居民的生活水平，从而形成保护与发展的良性循环。

田野文物的旅游开发有助于文化传播和交流。作为文化遗产的重要组成部分，田野文物承载着丰富的文化内涵和价值观念。通过旅游开发，文化传播的范围和影响力得以不断扩大，不同地区、不同民族的文化得以相互交流和融合。田野文物的旅游开发不仅提升了当地文化的知名度和美誉度，还促进了文化的多样性和包容性，为构建和谐社会贡献巨大力量。

旅游开发能够提升田野文物的科研价值。田野文物作为重要的文化遗产，其研究价值自是不言而喻。通过吸引更多的游客和研究人员，旅游开发可以促进文物研究的深入开展。保护和展示文物需要科学的管理和技术支持，这为文物研究提供了更多的素材和数据，能够推动相关学科的发展和创新。

（二）旅游开发的经济效益

田野文物的旅游开发具有显著的经济效益。这不仅体现在直接的旅游收入上，也包括间接的经济带动效应。作为旅游资源，田野文物能够吸引大量的游客前来参观和体验，从而带动了门票收入、住宿、餐饮、交通等相关产业的有序发展。游客的消费行为直接转化为地方的经济收入，增加了地方财政的税收，促进了经济的持续增长。

文物景区的建设和维护需要大量的劳动力，从而为本地居民提供了就业机会，降低了失业率，提高了居民的生活水平。同时，旅游开发还促进了当地手工艺品、特色产品的生产和销售，形成了独特的经济产业链条。这些产业链条不仅丰富了当地的经济结构，还大幅提升了地方品牌的知名度和价值。

为了满足游客的需求，地方政府和相关部门会投入大量资源用于道路建设、景区服务设施的完善以及环境保护等各个方面。这些基础设施的改善不仅提高了游客的舒适度和满意度，也提升了当地居民的生活质量，推动了区域经济的整体发展。

（三）旅游开发的社会影响

田野文物的旅游开发不仅是文化资源的有效利用，更是促进地方经济发展和社会进步的重要手段。旅游业作为现代服务业的重要组成部分，具有较强的带动效应。田野文物旅游通过吸引游客，可以带动当地的住宿、餐饮、交通等相关产业的发展，从而增加就业机会，提高居民的收入水平，逐步改善当地的生活条件。旅游开发还可以推动地方基础设施的建设和改善，包括道路、通信、医疗等公共服务设施的完善，有助于提升整体社会福利。

田野文物旅游开发在文化交流与认同感的增强方面也具有重要意义。游客通过深入了解和体验当地的历史文化，可以增强文化认同感和归属感。这种文化交流有助于促进不同地区、不同民族之间的理解与友好关系的建立，推动社会的和谐发展。在全球化背景下，田野文物旅游不仅是文化的再现，更是文化的传播与对话的渠道，能够有效促进不同文化间的交流与融合。

然而，旅游开发也可能带来一些负面社会影响。大量游客的涌入可能会对当地的生态环境和文物本体造成压力，甚至产生破坏。旅游业的过度商业化倾向可能导致传统文化的异化和流失。因此，在进行田野文物旅游开发时，需要制定科学合理的规划，严格确保旅游开发与文物保护之间的平衡，避免因开发不当而对社会、文化和环境带来各种负面影响。

田野文物旅游开发还具有重要的教育意义。通过旅游活动，公众可以更直观地接触和了解历史文化遗产，增强历史意识和文化保护意识。特别是对于青少年而言，这种体验式学习方式能够激发他们对历史文化的兴趣，提高他们的文化素养和社会责任感。田野文物旅游开发不仅是经济发展的关键手段，更是文化传承与教育的重要途径。

二、田野文物旅游线路的设计与推广

（一）旅游线路的策划

田野文物的旅游线路策划不仅是一项技术性工作，更是一门艺术。田野文物作为历史和文化的重要载体，承载着丰富的历史信息和文化内涵。为了设计出具有吸引力和教育意义的旅游线路，首先需要全面了解所涉及的田野文物的历史和文化价值。这不仅包括文物的时代背景、所涉及的历史事件，还包括对其背后的文化、民俗等多个方面的研究。通过深入的考古调查和学术研究，策划者可以掌握文物的详细信息，为线路策划提供科学依据，同时也为文化解说提供丰富的素材，使游客在旅游过程中能够深入了解文物的历史和文化内涵。

文物保护与旅游开发之间的平衡是旅游线路策划的核心。旅游线路的设计需要充分考虑文物的现状和承载能力，避免过度开发对文物本体和周边环境造成损害。为了减少对文物的冲击，可以采取多种措施，如分流游客、限制游客数量、设置参观时间段等方式。此外，还应当设置专业的保护设施和管理制度，如安装监控设备、建立文物保护区等，以确保文物在旅游开发过程中得到有效保护。通过这些措施，不仅可以保护文物的完整性，还能延续其历史和文化价值。

提升游客体验是旅游线路策划的目标。为了满足不同游客的需求，可以设计多样化的线路。例如，短途的文化体验线路可以让游客在有限的时间内深入了解某一特定文物，而长途的综合文化线路则可以串联多处田野文物，形成完整的文化旅游体验。线路设计中可以结合现代科技手段，如虚拟现实（VR）、增强现实（AR）等技术，增强游客的沉浸感和互动性。这不仅能提升旅游的吸引力，还能让游客在游览过程中获得更多的知识和体验。

文化传播功能也是旅游线路策划的重要方面。通过科学的旅游线路设计，可以将田野文物的历史与文化信息传递给游客，增强他们的文化认同感和历史责任感。在推广旅游线路时，可以利用多种传播渠道，如社交媒体、电视节目、专题展览等措施，扩大文化传播的覆盖面和影响力。此外，还可以与学校、社区等机构合作，开展文化教育活动，促使田野文物的价值得到更广泛的认知和传承。

（二）旅游线路的推广策略

在现代旅游业中，田野文物的保护与传承不仅关乎文化遗产的保存，更是旅游线路推广的核心要素。有效的推广策略能够有效提升田野文物的知名度和吸引力，从而带动整个区域的旅游经济发展。以下将简单介绍几种关于田野文物旅游线路推广的详细策略。

1. 建立多样化的宣传渠道

建立多样化的宣传渠道是推广田野文物旅游线路的关键措施。线上宣传渠道方面，可以充分利用社交媒体平台如微信、微博、抖音等，通过发布精美的图片、视频和游客体验分享，吸引更多潜在游客的关注。同时，官方网站和各大旅游平台也可以提供详细的旅游线路信息和预订服务，便于游客获取相关信息。线下宣传渠道包括传统媒体如报纸、广播和电视，通过专题报道和广告投放，进一步扩大宣传覆盖面。此外，组织各类文化活动和展览，如文物展览、文化讲座和现场考古展示等，可以让更多人亲身体验田野文物的独特魅力，增强互动性和参与感。

2. 精准定位目标受众

推广策略的成功离不开目标受众的精准定位。不同年龄层、职业背景和文化兴趣的游客对田野文物的需求和期待各不相同。针对年轻人群体，可以设计互动性强的活动，如文物探秘、考古体验等活动，增强他们的参与感和趣味性；而对于中老年群体，可以侧重于深度文化解读和历史背景介绍，通过讲解和展示，提升他们对田野文物的兴趣和认同感。此外，还可以根据游客的文化兴趣，推出专题线路，如古代文明线路、考古发现线路等，以满足不同游客的多样化需求。

3. 与地方政府和相关机构紧密合作

与地方政府和相关机构的紧密合作是推广田野文物旅游线路的重要保障。通过与政府部门、文物保护机构和旅游公司等多方协作，共同制订推广计划和实施方案，确保资源整合与利益共享。政府在政策支持、资金投入和基础设施建设等方面的保障，对田野文物旅游线路的推广起着至关重要的作用。旅游公司则可以借助其市场经验和推广网络，提升田野文物旅游线路的知名度和吸引力。同时，与文物保护机构合作，可以在推广过程中注重文物保护与开发的平衡，确保文化遗产得到有效保护。

4. 注重可持续发展原则

田野文物作为不可再生的文化资源，其保护与开发应遵循可持续发展理念，避免因过度开发而导致的文化遗产破坏。推广过程中应严格控制游客数量，采取限流措施，保护文物本体及其周边环境。同时，还可以通过宣传教育，让游客了解并尊重田野文物的文化价值和保护意义，形成全民参与、共同保护的良好氛围。通过可持续的推广策略，既能实现旅游业的经济效益，又能确保文化遗产的长久保存。

（三）旅游线路的实施效果

田野文物旅游线路的实施效果不仅是评价文物资源开发与利用的重要指标，也是保护与传承文化遗产的关键内容。这些效果可以通过多个维度进行衡量，以确保全面评估。

首先，游客数量的增长可以直观反映田野文物的吸引力和市场接受度。游客数量的增加不仅能带动地方经济发展，还能促进文物保护资金的投入。这是因为更多的游客就意味着更多的收入，可以用来维护和修复文物。同时，人流量的增加也表明田野文物在市场中有较高的知名度和认可度，从而充分验证了旅游线路设计的有效性。

其次，游客的满意度和体验质量是评估旅游线路实施效果的重要指标。通过系统分析游客反馈，能够评估旅游线路设计的合理性和景点信息的传达效果，以及导览服务的质量等方面。游客的满意度不仅有助于提高旅游线路的口碑，还能为未来的文化传播策略提供宝贵的参考意见。高质量的游客体验将增强游客的文化认同感，促进其对田野文物的深层次理解和欣赏。

再次，对地方文化的传播情况也是评估旅游线路实施效果的重要方面。田野文物作为文化遗产的重要组成部分，其价值不仅在于历史和艺术，还在于其所承载的丰富的文化内涵。通过旅游线路的推广，使更多游客了解和认知田野文物背后的文化故事和历史背景，是实现文化传播的核心目标。文化传播的效果可以通过游客对相关知识的掌握程度、参与文化活动的积极性以及文化认同感的提高来评估。

最后，旅游线路的实施效果必须慎重考虑对田野文物保护的影响。过度的旅游开发可能会对文物本体及其环境造成不可逆的损害。因此，在评估旅游线路实施效果时，必须平衡旅游开发与文物保护之间的关系。确保在实现经济和文化效益的同时，文物的原真性和完整性得到有效保护。这可以通过定期的文物状况监测和环境影响评估来实现，确保田野文物在旅游开发过程中得到科学、合理的保护与管理。

三、田野文物旅游产品的设计、开发与推广

(一)旅游产品的设计原则

田野文物作为历史文化的重要见证者,其旅游产品设计必须兼顾保护与传承的双重目标。旅游产品应严格确保文物的原真性与完整性,避免因旅游开发对文物本体造成不可逆的损害。设计者需要深入研究文物的历史背景、文化价值和现状,时刻遵循"最小干预"原则,以确保文物能够长期保存。

在设计田野文物旅游产品时,文化内涵的挖掘与展示至关重要。旅游产品不仅是观光体验的关键载体,更是文化传播的重要媒介。设计者应通过多种形式,如解说词、展板、导览图和互动体验,将文物背后的历史故事和文化内涵生动地传达给游客。这不仅提升了旅游产品的文化价值,还增强了游客的参与感与认同感。

可持续发展理念在旅游产品设计中也不可忽视。田野文物所在的自然环境往往具有独特的生态价值,设计者应充分考虑生态保护,避免因过度开发而破坏自然环境。通过引入环保材料、推广绿色旅游方式等措施,可以实现旅游开发与生态保护的协调发展,从而保障田野文物及其周边环境的可持续性。

市场需求与游客体验同样是田野文物旅游产品设计中需要重点关注的方面。设计者应通过市场调研,了解游客的需求与偏好,结合田野文物的独特优势,设计出具有吸引力的旅游产品。同时,还通过提供舒适的游览环境、便捷的服务设施和多样的互动体验,可以大幅提升游客的满意度与回头率。

创新和多元化是田野文物旅游产品设计的关键。现代科技手段如增强现实(AR)、虚拟现实(VR)等,可以极大地丰富游客的游览体验。结合当地民俗文化和传统工艺,设计多样化的旅游产品,满足不同游客的需求,提升旅游产品的市场竞争力,是实现创新的重要途径。

(二)旅游产品的开发流程

旅游产品的开发流程是一个科学、系统且复杂的过程,特别是涉及田野文物这一独特文化资源时。科学规划、细致设计以及多方协同合作是确保项目成功的关键。以下为田野文物旅游产品开发的详细流程。

1. 资源评估

在这一阶段，必须对田野文物的历史价值、文化内涵和物理状态进行全面的分析。这不仅包括对文物本身的评价，还需结合市场需求进行初步可行性研究。考虑周边环境、基础设施和游客承载能力等因素也是至关重要的。通过综合评估，能够明确田野文物的独特性和潜在市场价值，为后续的开发奠定基础。

2. 方案构思

概念设计阶段的核心任务是构思出一套完整的旅游产品方案。首先，主题定位要充分挖掘田野文物的独特性，突出其历史文化特色。产品类型应多元化，可以包括文化体验游、教育研学游等形式。其次，项目内容则需兼顾文化性和娱乐性，通过策划丰富多样的活动来吸引游客。一个成功的概念设计不仅能让旅游产品具有吸引力，还能确保其在市场上的竞争力。

3. 详细设计

详细设计与规划阶段旨在将概念设计转化为具体的实施方案。在这一阶段，需要制定详细的项目规划书，设计景区布局、基础设施、服务设施等内容。详细设计还需符合文物保护的相关法规与标准，确保在开发过程中对田野文物的保护措施得当。必须避免过度开发导致的文物损毁，并设置有效的游客管理系统，防止因人流量过大而对文物产生的不良影响。

4. 实施与运营

实施与运营阶段是开发流程的最后一步。在这一阶段，按照详细设计方案进行实际建设，并逐步投入运营。建设过程中需要严格监督和管理，以确保项目按计划进行，且质量合格。运营初期可以通过试运营阶段进行调试与改进，及时发现并解决问题。运营过程中还应注重对游客反馈的收集和分析，不断优化旅游产品和服务质量，提升游客体验。

（三）旅游产品的市场推广

田野文物旅游产品的市场推广是实现文物保护与文化传播的重要环节，具有深远而重要的社会和经济意义。为了实现这一目标，市场推广需要采取多层面的策略和方法。

1. 明确目标受众群体

市场推广需要明确目标受众群体，并深入研究他们的需求和偏好，以便制定有效的营销策略。通过对目标群体的细分，可以采用差异化的推广方式。例如，针对青少年群体，可以利用社交媒体和在线广告等新媒体平台进行宣传，这些平台能够快速触达年轻用户并引起他们的兴趣。而对于老年群体，则可以通过传统媒体如报纸、电视等多种方式进行推广，这些媒体具有较高的可信度和覆盖率。通过精准定位和多元化的推广渠道，能够有效提高旅游产品的市场覆盖率和知名度。

2. 注重品牌的建设与管理

文物旅游产品不仅是一种旅游体验，更是文化品牌的体现。通过品牌建设，可以赋予旅游产品独特的文化价值和情感连接，增强游客的认同感和忠诚度。在品牌建设过程中，可以结合田野文物的历史背景和文化内涵，设计独特的标识、口号和形象宣传片，从而形成鲜明的品牌形象。同时，定期举办各类文化活动和主题展览，进一步增强品牌的知名度和影响力。

3. 建立良好的合作关系

与当地社区和相关利益方建立良好的合作关系是市场推广的关键环节。田野文物旅游开发不仅是文化传播的手段，同时涉及当地经济的发展和社区利益。推广过程中，可以与当地政府、旅游企业、社区组织等多方合作，共同策划和实施推广活动。例如，与当地旅游企业合作，推出联合旅游路线和优惠套餐；与社区组织合作，开展社区文化体验活动和志愿者服务等。通过多方合作，不仅能够扩大市场推广的覆盖面，还能有效增强田野文物旅游产品的社会影响力和经济效益。

4. 不断创新和优化推广策略

随着市场环境的变化和游客需求的多样化，市场推广需要不断进行创新和调整。利用大数据和人工智能等技术手段，进行市场分析和预测，优化推广策略和资源配置；借助互动体验和虚拟现实等新技术，提升游客的参与感和体验感。通过不断的创新和优化，能够保持田野文物旅游产品的市场竞争力和持续发展能力。

四、田野文物在文化传播中的渠道、内容及影响

（一）文化传播的渠道

田野文物作为文化遗产的重要组成部分，不仅反映了历史的真实面貌，还在文化传播中发挥着不可替代的作用。它们通过多种渠道和方式展示和传递历史文化的丰富内涵，为公众提供了深入了解历史和文化的机会。

博物馆和考古遗址公园是田野文物展示和传播的重要场所。通过展览、讲解和互动体验等多种形式，这些机构让观众能够更直观地理解和感受历史文化的魅力。实物展示不仅增加了人们对历史的直观感受，还能激发人们对历史文化的兴趣和认同感。参观者通过亲身体验和观察文物，能够更深刻地体会历史的真实和文化的多样性。

数字化技术的应用为田野文物的文化传播开辟了新的渠道。高精度的三维扫描、虚拟现实（VR）和增强现实（AR）技术，使得田野文物可以在数字平台上进行展示和传播。这不仅突破了时间和空间的限制，使更多人能够接触和了解这些文物，还通过互动体验显著增强受众的参与感和沉浸感。数字化技术还为文物的保护提供了新的手段，使得原本脆弱的文物能够在虚拟环境中得到永久保存和展示。

教育和学术研究也是田野文物文化传播的重要渠道。各类教育机构通过课程设置、田野考古实习和科研项目等方式，使学生和研究者能够深入了解田野文物的历史背景和文化价值。学术研究不仅推动了对田野文物的深入理解和保护策略的制定，还通过学术论文、专著和学术会议等多种形式，将研究成果传播给更广泛的受众。这为社会公众提供了权威、系统的文化知识，提升了公众对田野文物的认识和理解。

田野文物通过文化创意产业的开发，实现了文化传播的多元化。文物元素被广泛应用于影视作品、文创产品、旅游纪念品等领域，形成了丰富多彩的文化创意产品。这些产品不仅提升了人们对田野文物的认知和认同，还通过市场化运作，使文化传播的效果得到了显著的扩大。文化创意产业的兴起，使得田

野文物在现代社会中焕发出了新的生机和活力。

（二）文化传播的内容

田野文物作为历史的见证者和文化的载体，其在文化传播中的内容丰富且多样。通过对田野文物的考古发掘与研究，我们可以了解到古代人类的生活方式、社会结构等诸多方面的内容。这些具体的历史信息不仅丰富了我们的知识体系，也为文化传播提供了翔实的素材。田野文物所展示的历史和文化演变过程，使得我们能够更直观地感受到不同历史时期的社会变迁和文化发展，进一步拓展了对历史的认知和理解。

田野文物在文化传播中扮演着重要的教育角色。通过博物馆展览、文化遗址公园以及田野考古体验活动等形式，田野文物能够直观地呈现给公众。这种直接的接触和体验，不仅能够激发人们对历史文化的兴趣，还能够提升公众的文化素养和历史意识。在青少年教育中，田野文物的教育作用尤为突出，通过实际参观和亲身体验，青少年能够更加深刻地理解历史与文化，从而培养他们的历史责任感和文化认同感。

每一个田野文物都代表着特定的地域文化和民族记忆，通过对这些文物的保护和传播，可以增强当地居民和整个社会对本土文化的认同感和归属感。田野文物在文化传播中具有文化认同和凝聚力的作用。通过对田野文物的研究和展示，能够唤起人们对本土文化的情感共鸣，传递出深厚的文化价值观和民族精神，从而有效促进社会的文化团结和认同。

田野文物在国际文化交流中也具有重要意义。作为文化交流的媒介，田野文物可以通过国际展览、学术交流和合作研究等形式，向世界展示中国悠久的历史和灿烂的文化。这不仅有助于提升国家的文化软实力，也为全球文化多样性的发展作出了贡献。在全球化背景下，田野文物的文化传播内容已经显著超越了地域和国界，成为国际文化交流的重要组成部分。通过这些文物，世界能够更好地了解中国文化，着力促进跨文化理解和合作。

（三）文化传播的影响

文化传播在当今社会中扮演着重要角色，而田野文物在这一过程中具有广泛而深远的影响。田野文物不仅是历史的见证者，也承载着丰富的文化内涵。它们通过展示和解读历史文化，为公众提供了了解和认识自身文化传统的机会。田野文物作为文化遗产的具体载体，通过博物馆展览、文化节庆、教育活动等多种形式，向公众传递了宝贵的历史文化知识。这种传递不仅提升了公众的文化素养和历史意识，还增强了民族自豪感和文化认同感。

随着人们文化遗产保护意识的增强，田野文物的保护与开发也推动了文化创意产业的发展。越来越多的创意产业以田野文物为灵感来源，开发出了一系列文创产品、影视作品和书籍等。这些文化产品不仅丰富了人们的文化生活，也为文化传播提供了新的途径和载体。通过现代科技和新媒体手段，田野文物的历史文化价值得以更广泛地传播和推广，吸引了更多的人关注和参与文化遗产的保护和传承。

在国际文化交流中，田野文物也发挥了重要作用。作为独特的文化资源，田野文物不仅是国家历史文化的象征，也是与世界各国进行文化交流的重要媒介。通过国际展览、学术交流、合作研究等形式，田野文物促进了不同文化之间的相互了解和借鉴，增强了国际文化认同和友谊。这不仅提升了国家的文化软实力，也为全球文化多样性的保护和发展作出了积极贡献。

五、田野文物的文化创意产业发展

（一）文化创意产业的理念

文化创意产业作为一种创造、生产、传播和销售文化产品及服务的产业链，对于推动经济增长和社会发展具有重要意义。它不仅涵盖传统艺术和文化活动，还包括设计、媒体、娱乐和数字内容等多种形式。核心理念在于将文化资源转化为具有市场价值的产品和服务，通过创新和创意实现文化与经济的双重效益，从而提升文化产品的附加值和市场竞争力。

在田野文物的保护与开发中，文化创意产业能够发挥重要作用。田野文物作为历史文化的重要载体，蕴含着丰富的文化信息和社会价值。通过文化创意产业，可以将这些文物资源以创新的方式呈现给公众，使其在保护的同时得到更广泛的传播和利用。例如，通过虚拟现实（VR）和增强现实（AR）技术，可以复原古代遗址的原貌，让观众身临其境地体验历史场景；通过文创产品的开发，将田野文物的元素融入现代生活中，有效增强公众对历史文化的认同感和保护意识。

文化创意产业的理念还强调多元化和包容性。田野文物的文化创意开发不仅要注重保护和传承，还应考虑地域文化的独特性和多样性。通过与当地社区、非遗传承人和艺术家等多方合作，挖掘和展现田野文物背后的故事和文化内涵，形成具有地方特色的文化创意产品和服务。同时，文化创意产业还应注重公众参与，鼓励社会各界共同参与田野文物的保护与开发，实现文化资源共享与社会效益最大化。

（二）文化创意产业的发展途径

文化创意产业的发展途径在田野文物的保护与开发中具有重要意义。其核心在于将文化元素与创意理念相结合，形成独特的文化产品和服务。对于田野文物而言，这意味着将文物的历史价值与现代创意相融合，精心打造出既有文化深度又具市场吸引力的文创产品。例如，可以通过数字化手段将田野文物三维建模，制作虚拟现实（VR）体验，或开发与文物相关的电子游戏，这不仅能够吸引年轻一代的兴趣，还能在保护文物原貌的同时进行文化传播。

文物作为不可再生的文化资源，对其的保护应放在首要位置。因此，在发展文创产品时，应严格遵守文物保护法规，避免对文物本体造成任何损害。同时，可以通过建立文物保护与文创产业协同发展的机制，鼓励科研机构、文物保护单位与创意企业合作，探索创新的保护与开发模式。通过这种方式，不仅能够实现文物保护与文化创意产业的双赢，还能推动文化产业可持续发展。

在文创产品的开发过程中，充分考虑不同受众的需求，开发出多样化的产品形态，如纪念品、教育产品、影视作品等。与此同时，在文创产品的设计中，充分挖掘田野文物所蕴含的地方文化特色，突出其独特性和地域性。通过这种方式，不仅能够增强文创产品的市场竞争力，还能有效传播和弘扬地方文化。

文创产品的成功不仅在于其创意和设计，更在于其市场接受度。因此，需通过多渠道、多形式的市场推广活动，提升文创产品的知名度和美誉度。同时，还应注重品牌建设，打造具有影响力和号召力的文创品牌，以品牌效应带动整个文化创意产业的发展。通过这种方式，不仅能够实现文化创意产品的商业价值，还能进一步推动田野文物的保护与文化传播。

（三）文化创意产业的重要意义

文化创意产业的重要意义在于它能够有效地将文物保护和经济发展相结合，实现文化与经济的双赢局面。通过将文物资源转化为各类文化产品和服务，文化创意产业不仅提升了文物的附加值，还赋予了这些历史遗产在现代社会中的新生命力。这种转化过程增强了公众对文物保护的意识，同时也为市场经济的可持续发展提供了新的动力。

在田野文物的保护与开发过程中，文化创意产业具有显著的教育意义。借助创意设计和科技手段，田野文物的历史、文化背景以及考古发现等诸多信息能够以更加生动的形式呈现给公众。特别是通过博物馆和文化园区的互动展览、虚拟现实等方式，文物的价值和意义得以更直观地展示。这种展示方式不仅能激发公众，尤其是年轻一代对历史文化的兴趣，也在文化传承和教育方面发挥了重要作用。

文化创意产业的发展还对区域经济的繁荣有着积极的推动作用。田野文物所在地通常拥有独特的历史和文化背景，通过开发文化创意产业，可以形成具有地方特色的文化旅游项目，吸引大量游客。这不仅带动了餐饮、住宿、交通等相关产业的快速发展，还增加了当地居民的收入，提高了生活水平。区域经济在这种良性循环中得以整体提升，形成了繁荣发展的局面。

在全球化背景下，文化创意产业的作用还体现在提升国家文化软实力上。通过输出创意产品和服务，田野文物的文化价值能够传播到世界各地，增强国际社会对我国文化的认同感和兴趣。这不仅有助于提升国家形象，还能够在国际文化交流中占据主动地位，着力推动全球文化多样性的进一步发展。

六、田野文物旅游对地方经济与文化的影响

（一）对地方经济的促进作用

田野文物旅游作为一种新兴的旅游形态，已经展现出其显著的经济促进作

用。田野文物旅游带来的直接经济收益主要体现在门票收入、景区内的消费以及相关旅游服务的提供上。游客的到访不仅推动了景区的经济活动，还带动了周边餐饮、住宿、交通等行业的发展，从而形成了一个综合性的经济链条。例如，在一些知名的田野文物景区，旅游业的收入已经成为地方政府财政收入的重要组成部分。通过吸引大量游客，地方经济得以多元化和繁荣。

田野文物旅游的兴起有助于推动地方基础设施建设的不断提升。为了吸引更多游客，当地政府和相关部门通常会加大对交通、通信、公共服务等基础设施的投入和建设。这不仅提升了游客的旅游体验，也改善了当地居民的生活条件，促进了区域内的经济发展和社会进步。基础设施的完善还为其他产业的发展提供了有利条件，进一步增强了地方经济的综合竞争力。优质的基础设施不仅服务于旅游业，也为地方经济的长远发展奠定了坚实基础。

田野文物旅游能够促进地方特色产品和文化产业的发展。旅游者在参观景区的同时，往往也会对当地的特色产品产生兴趣，如手工艺品、特产食品等。通过田野文物旅游的宣传和推广，这些特色产品的市场需求得以不断扩大，推动了相关产业的发展。此外，田野文物旅游还为地方文化产业提供了展示和传播的平台，促进了地方文化的传承与创新，进而带动了文化产业的经济效益。地方特色通过旅游传播，形成了品牌效应，进一步推动了经济发展。

田野文物旅游对地方经济的促进作用还体现在就业机会的增加上。旅游业的发展需要大量的劳动力，从景区管理、导游服务到餐饮、住宿等各个环节，都为当地居民提供了就业机会。这不仅缓解了地方就业压力，还提高了居民的收入水平，进而提升了地方的整体经济实力和社会稳定性。新就业机会的产生，让更多的人留在家乡工作，有效减少了人口流失，促进了地方的可持续发展。

（二）对地方文化的丰富作用

田野文物作为历史文化的重要载体，蕴含着丰富的历史信息与文化内涵，其旅游开发在丰富地方文化方面具有显著作用。不仅能够将沉睡于历史中的文化资源重新激活，并且通过展示与传播，提升地方文化的知名度与影响力。田野文物旅游通过多种形式的文化活动，如文物展览、文化节庆、学术交流等，能够有效促进地方文化的多样性和丰富性。

1. 传承和创新文化

旅游活动为地方文化的传承与创新提供了新的途径。通过旅游，地方文化得以在互动中传承和发扬，同时也为文化创新提供了灵感与素材。游客在参观田野文物的过程中，不仅能够感受到当地浓厚的历史文化氛围，还能促进对地方文化的深度理解与认同，从而激发出更多元化的文化创造力。

2. 保护文化遗产

田野文物旅游有助于地方文化遗产的保护与利用。旅游收益的部分可以用于文物保护与修复工作，改善文物保护的基础设施，提升文物保护的技术水平。通过游客的参与与关注，能够逐步增强公众对文物保护的意识，形成社会广泛参与文物保护的良好氛围。这种保护与利用相互促进的机制，能够实现地方文化遗产的可持续发展。

3. 促进文化交流

田野文物旅游能够促进地方文化的交流与融合。不同地域的游客在参观过程中带来各自的文化背景与视角，形成文化的碰撞与交流。这种互动不仅丰富了地方文化的内涵，也大力推动了不同文化之间的理解与融合，提升了地方文化的包容性与开放性，有助于构建多元共生的文化生态。

（三）对地方社会的综合影响

田野文物旅游的兴起，不仅为地方经济注入了新的活力，还对地方社会产生了深刻的综合影响。这种影响广泛涵盖了经济、基础设施、文化传播和社会治理等多个方面。

田野文物旅游带来了大量的游客，这些游客在当地的消费直接促进了相关产业的发展，如餐饮、住宿、交通等配套服务业的繁荣。从而带动了地方就业率的提高，减少了当地居民的流动性，增强了社区的稳定性。游客的涌入带动了地方商贸的活跃，为小商贩和手工艺者提供了更多的销售机会，进一步提升了地方经济的多样性和发展活力。

田野文物旅游的开发，促使地方政府和社区加大对基础设施的投资和建设力度。道路、通信、水电等基础设施的改善，不仅提升了游客的旅游体验，同时也改善了当地居民的生活条件。这种基础设施的升级优化，不仅是对旅游业的支持，更是对整个地方社会公共服务水平的提升。基础设施的完善，还为其他产业的发展提供了有力的支持，推动了地方经济的全面进步。

田野文物旅游在文化传播方面也发挥了积极的作用。通过旅游活动，地方的历史文化得以广泛传播和弘扬，增强了地方居民的文化自豪感和认同感。在与外来游客的互动中，地方文化得到充分展示和尊重，同时也吸收了外来文化的精华，促进了文化的交流与融合。这种文化互动，不仅丰富了地方的文化内涵，也拓展了地方居民的视野，提升了整个社会的文化层次。

田野文物旅游在社会治理方面也产生了积极的影响。旅游业的发展需要良好的社会治安、卫生环境以及文明的社会风尚，这在无形中推动了地方社会治理水平的提升。地方政府和社区在旅游管理中积累的经验和建立的机制，也为其他社会管理事务提供了参考和借鉴，从而促进了地方社会治理的现代化进程。通过旅游业的发展，地方政府在综合治理能力和服务水平上都得到了显著提升。

第四节　田野文物保护与开发的平衡与协调

一、田野文物保护与开发的矛盾、挑战及解决途径

（一）保护与开发的利益冲突

田野文物作为不可再生的文化资源，其保护与开发之间的利益冲突是一个长期存在且难以调和的问题。保护田野文物的核心在于保持其原真性和完整性，这意味着尽应可能少地干扰、损害文物的原生状态。然而，开发往往意味着对文物及其环境的利用，包括旅游开发、基础设施建设等，这些活动不可避免地会对文物造成一定程度的影响。

田野文物保护与开发的利益冲突在经济利益和文化价值的权衡中表现得尤为突出。开发田野文物能够带来经济收益，如旅游收入、地方经济发展等，这

对于地方政府和相关企业而言具有强大的吸引力。然而，过度开发或不当开发可能导致文物本身的损毁，甚至是永久性的破坏，这不仅损失了文化遗产的价值，也削弱了文物所承载的历史信息和文化意义。

在田野文物保护与开发的实践中，利益相关方的多元性加剧了利益冲突的复杂性。地方政府、开发商、学术研究机构、当地居民等各方的利益诉求不同，导致在保护与开发的具体措施上难以达成一致。例如，地方政府可能更关注经济发展和税收增加，而学术机构则更注重文物的研究价值和保护需求；开发商希望通过项目获取丰厚利润，而当地居民则可能关心环境保护和生活质量的改善。

（二）保护与开发的协调难点

田野文物作为历史文化的实物载体，既具备重要的历史、艺术和科学价值，又蕴含着丰富的文化旅游资源。然而，保护与开发之间的协调难点常常成为田野文物管理中不可忽视的问题。田野文物的保护与开发面临着资源有限、利益多元、技术复杂等多重挑战，导致平衡二者的工作难以推进。

1. 资源有限

资源有限是保护与开发协调的首要难点。田野文物往往分布广泛、数量众多，导致保护工作需要投入大量的人力、物力和财力。而开发活动，尤其是旅游开发，更需要大量的基础设施建设和维护资金。在有限的资源分配下，如何在确保文物得到有效保护的同时实现合理开发，是亟待解决的问题。这不仅涉及政府和社会资金的合理配置，还需要引入多元化的投资模式和长效的管理机制。

2. 利益多元

利益多元使得保护与开发的协调更加复杂。田野文物保护涉及政府、学术机构、地方社区、旅游企业等多个利益主体，各方利益诉求不同，甚至还存在直接冲突。政府和学术机构更多关注文物的保护和研究价值，而地方社区和旅游企业则倾向于开发利用以获取经济利益。如何在多方博弈中找到平衡点，既能保护文物的完整性，又能满足各方合理的经济需求，需要建立健全的协调机制和利益共享模式。

3. 技术复杂性

技术复杂性是保护与开发协调中的重要难点。田野文物的保护需要应用考古学、文物保护学、环境科学等多学科的专业技术，开发利用则涉及旅游管理、经济学、环境保护等多个领域。不同学科之间的技术壁垒和协调难度，增加了保护与开发综合管理的复杂性。推动多学科融合、提升专业技术水平、加强技术应用的创新和协同，是解决这一难点的关键。

（三）保护与开发的解决途径

田野文物作为文化遗产的重要组成部分，其保护与开发之间的矛盾与冲突是不可避免的。因此，探索有效的解决途径便显得尤为重要。为此，制定科学合理的保护与开发规划至关重要。规划应充分考虑田野文物的历史、文化和环境价值，遵循"保护为主、合理利用"的原则，确保在开发过程中不对文物本体及其环境造成不可逆的破坏。这需要详细的调查研究和评估，以便在保护与开发之间找到最佳平衡点。

1. 多方参与与合作

政府部门应加强对田野文物保护的法律法规制定与执行，明确各级政府和相关部门的职责与权限。要鼓励社会力量积极参与文物保护与开发，形成政府、学术界、企业和公众共同参与的多元化保护机制。通过广泛的社会参与，可以提升公众的保护意识，促进保护与开发的良性互动。这种多方合作可以确保资源和信息的共享，从而更有效地保护和利用田野文物。

2. 运用科技手段

科技手段的运用是保护与开发的有力支撑。现代科技可以为田野文物的保护提供先进的技术手段，如遥感技术、地理信息系统 (GIS)、三维扫描与建模技术等。这些技术可以帮助我们更准确地记录、监测和评估田野文物的现状与变化，为制定科学的保护措施提供数据支持。此外，科技手段还可以在文物开发过程中提高利用效率，进而减少对文物的干扰与破坏。通过科技手段的运用，可以实现更高效和精确的保护和开发。

3.持续保护与开发

保护与开发的可持续性是解决这一矛盾的长远目标。可持续的保护与开发不仅要关注当前的利益，更要着眼于未来的可持续发展。应当建立长效机制，确保田野文物在开发利用过程中能够得到持续的保护。例如，通过开发旅游资源，促进当地经济发展的同时，利用部分收益用于文物的保护与修缮，实现经济效益与社会效益的双赢。这样的做法不仅能够保护文物，还能带动地方经济的发展，形成良性循环。

二、田野文物保护与开发的平衡原则

（一）可持续发展原则

田野文物作为文化遗产的重要组成部分，其保护与开发过程必须坚持可持续发展原则。可持续发展原则强调在满足当前经济、社会和环境需求的同时，不损害后代满足其需求。这一原则在田野文物保护与开发中的应用，要求我们在保护文物原貌和历史价值的前提下，科学规划、合理利用，避免过度开发带来的各种不可逆损害。

在田野文物的保护与开发过程中，必须进行全面的环境影响评估。通过科学的评估，了解开发活动对周边生态环境、文物本体及其周边环境的潜在影响，从而快速制定出切实可行的保护措施和开发方案。这不仅有助于保护田野文物的原始风貌和历史价值，还能够确保生态环境的稳定性和可持续性。环境影响评估是一个重要的前期步骤，能够提前发现潜在问题，制定相应的缓解措施，从而避免在后期开发过程中出现不可逆的损害。

田野文物的保护与开发需要充分考虑当地社区的文化和经济需求。可持续发展原则倡导在保护田野文物的同时，有效促进当地社区的经济发展和社会进步。通过将文物保护与乡村旅游、文化创意产业等相结合，不仅能够提供新的经济增长点，还能增强当地社区对文物保护的参与感和归属感，从而形成保护与开发的良性循环。在这一过程中，当地居民不仅是受益者，也是重要的保护者和参与者，能够在保护文物的同时，实现社区的整体发展。

在田野文物保护与开发过程中，应当重视公众教育和参与。通过组织公众参与文物保护活动，开展保护知识的宣传教育，提高公众对田野文物保护重要性的认识。公众的广泛参与，不仅可以增强保护意识，还能带动更多资源投入到文物保护事业中，从而真正实现保护与开发的双赢。通过公众的参与，形成更广泛的社会监督与支持力量，有助于确保保护措施的有效实施和长久维持。

（二）利益共享原则

田野文物保护与开发是一项复杂而重要的工作，涉及多方利益相关方的参与和合作。利益共享原则在这一过程中具有重要的指导意义，有助于实现社会效益、经济效益和文化效益的最大化。以下是对利益共享原则在田野文物保护与开发中的具体应用和意义的详细描述。

利益共享原则强调在文物保护与开发过程中，各利益相关方应共同受益，实现多方共赢。这一原则要求政府、社区、开发商和公众等多方主体在文物保护与开发的各个环节中，充分参与并分享研究成果。通过共同参与和利益共享，可以激发各方的积极性，形成一种良性互动的合作机制，推动文物保护与开发的可持续发展。

公平性和透明度是利益共享原则的核心。在田野文物保护与开发过程中，必须确保资源分配和利益分配的公平公正，避免资源垄断和利益失衡。具体措施包括建立透明的决策机制和利益分配机制，确保各方的利益诉求得到充分表达和考虑，还应特别关注社区和当地居民的利益，避免开发活动损害他们的生活和文化权益。通过建立公平透明的机制，可以增强各方对文物保护与开发工作的信任和支持。

利益共享原则在实践中需要与法律法规相结合。文物保护与开发涉及的利益关系复杂，需要通过法律手段进行规范和保障。各级政府应制定和完善相关法律法规，明确各方的权利和义务，建立健全的利益分配和纠纷解决机制。同时，还应加强对法律法规的宣传和普及，提高各方主体的法律意识和遵法守规的自觉性，以确保利益共享原则在田野文物保护与开发中得到切实落实。

科技手段是实现利益共享原则的重要支撑。现代科技，特别是信息技术的进步，为利益共享原则的实现提供了新的手段和方法。例如，通过大数据分析和信息共享平台，可以更加准确地评估各方的利益诉求和影响，优化资源配置和利益分配。通过技术手段，可以实现更高效、更透明的利益共享，显著提升田野文物保护与开发工作的科学性和公信力。

（三）共赢发展原则

共赢发展原则在田野文物保护与开发中具有重要意义。其核心理念是通过多方合作，达到保护与开发的双重目标。在田野文物的保护过程中，往往需要协调多方利益，包括地方政府、文物管理部门、开发商和当地社区等各种利益主体。通过建立多方参与的平台，能够确保各方利益诉求得到充分考虑，从而实现文物保护与经济发展的共赢。

1. 建立科学的保护开发规划

科学规划不仅包括对田野文物的全面普查和评估，还涉及对文物景区周边环境的保护和利用。通过合理规划，可以有效避免盲目开发带来的文物损毁，同时促进当地经济的可持续发展。具体而言，应根据文物的历史、文化、艺术和科学价值，制定详细的保护措施，并在开发过程中严格执行。

2. 强调利益共享和责任共担

地方政府和文物管理部门应加强与开发商的合作，通过签订合作协议明确各方的权利与义务。在开发过程中，开发商应承担文物保护的责任，并在利益分配上充分体现对文物保护的支持。例如，可以通过设立文物保护基金、提供技术支持等方式，确保文物保护工作能够有效开展。

3. 社区参与和公众教育

田野文物所在的社区居民是文物保护的重要力量，通过加强社区参与，可以提高文物保护的社会认同感和参与度。具体措施包括设立社区文物保护志愿者队伍、组织文物保护宣传活动、开展公众教育项目等。这不仅有助于增强社区居民的文物保护意识，还能促进社区经济发展，进而实现文物保护与社区发展的双赢。

三、田野文物保护与开发的协调机制

（一）协调机制的建立

田野文物的保护与开发是一项复杂而系统的工程，需要建立科学、合理的协调机制，以确保保护与开发之间的平衡与协调。通过完善相关法律法规、多部门协作、公众参与和科技应用等多方面措施，可以有效实现田野文物的可持续利用和传承。

1. 明确法律法规和政策指导

明确的法律法规和政策指导是田野文物保护与开发的基础。国家和地方政府应制定相应的法律法规，明确保护与开发的原则、程序和责任，以提供法律保障。政策的制定需要综合考虑地方特色和文物的实际情况，避免一刀切的做法，确保文物保护工作有法可依。通过法律和政策的规范，可以为田野文物的保护提供坚实的基础。

2. 构建多部门协作机制

多部门协作机制是实现田野文物保护与开发的重要途径。田野文物的保护与开发涉及多个部门，如文化、旅游、建设等部门。因此，需要建立跨部门的协作机制，确保各部门顺畅沟通、协调配合。设立专门的协调机构或工作组，定期召开协调会议，讨论和解决实际问题，确保各项工作能够有序推进，有助于实现保护与开发的有机结合。

3. 公众参与和社会监督

公众参与和社会监督在田野文物保护中具有重要意义。田野文物作为公共文化遗产，公众的参与和监督至关重要。应通过宣传教育、公众咨询、志愿者活动等多种途径，增强公众对田野文物保护与开发的认识和参与意识。建立公众监督机制，接受公众和社会团体对田野文物保护与开发工作的监督，以确保工作透明、公正，促进社会各界共同参与文物保护。

4. 应用科技手段

科技手段的应用为田野文物保护与开发提供了新的可能性。现代科技在文物保护与开发中发挥着越来越重要的作用。利用遥感、地理信息系统（GIS）、

无人机等多种技术手段，可以提高田野文物普查和监测的效率和准确性。数字化技术的应用可以为田野文物的虚拟展示和远程保护提供新的途径，丰富文物保护与开发的手段和方法，有效提升保护工作的科学性和效率。

（二）协调机制的运作

田野文物保护与开发的协调机制是确保各方利益在法律框架内得到平衡与协调的关键系统。其运作涉及多个层面和环节，需要综合考虑法律法规、沟通合作、科技应用、资金支持和专业人才等多个方面。

政府部门应建立健全相关法律法规，明确各部门职责，形成多层次、多维度的监管体系。通过法律手段，全面保障田野文物在开发利用过程中不受到破坏，并确保开发行为符合可持续发展的要求。这不仅能够规范各方行为，还能提供法律依据和保障，使保护与开发活动有章可循，依法进行。

文物保护部门、地方政府、开发企业以及社区居民之间的沟通与合作至关重要。各方应建立良好的沟通渠道，通过定期召开协调会议、制订共同的目标及行动计划来促进合作与理解。在这一过程中，信息透明、决策民主化便显得尤为重要。各方应共享信息，公开讨论，形成共识，并在具体项目实施过程中，及时调整和优化方案，以应对可能出现的各种问题和挑战。

在协调机制的运作中，科学技术的应用扮演着至关重要的角色。现代科技手段，如地理信息系统（GIS）、遥感技术、3D建模等，可以对田野文物进行精确的记录和监测，为保护与开发提供科学依据。通过技术手段，可以实现对文物的实时监测和预警，防止因开发活动导致的不可逆损害。同时，科技手段也可以用于展示和宣传田野文物的价值，提升公众保护意识，进而形成全社会共同参与保护的良好氛围。

资金支持和专业人才的保障是协调机制有效运作的基础。政府、企业和社会组织应共同筹集资金，建立专项基金，用于田野文物保护及相关研究工作。培养和引进专业人才，组建跨学科团队，确保在保护与开发过程中，能够运用专业知识和技能，科学决策，合理规划，最大限度地做到保护与开发的平衡与协调。

（三）协调机制的评估

田野文物保护与开发的协调机制评估是确保文物保护与开发活动在法律、文化及经济等多方面达成平衡与协调的重要过程。评估机制的建立和完善不仅有助于监控项目的进展情况，还能为未来的保护与开发活动提供宝贵的经验和坚实的数据支持。在这个过程中，科学的指标体系、多方参与机制、动态调整功能以及评估结果的反馈和应用都起着至关重要的作用。

评估机制应包括科学的指标体系，涵盖文物保护状态、开发效益、文化传播效果等多个维度。这些指标需要通过实地调查、定期监测等多种手段获取，以确保数据的准确性和全面性。文物保护状态的评估包括文物的完整性、保存环境和潜在威胁的监测，开发效益评估则关注旅游收入、社区就业和经济增长，文化传播效果评估则通过游客反馈、媒体报道和教育活动等衡量文化影响力。

在评估过程中，重视多方参与机制至关重要。田野文物保护与开发涉及政府部门、专家学者、当地社区及利益相关者等多个主体，评估机制应当通过多方参与的方式，汇集各方意见和建议。这样不仅能够提高评估结果的客观性和公正性，还能增强各方对评估结果的认同感和执行力。定期召开评估会议、组织公众听证会以及建立透明的信息公开制度，都是实现多方参与的重要途径。

评估机制还应具有动态调整功能。随着社会经济的发展和科技的进步，田野文物保护与开发的外部环境和内部条件也在不断变化。因此，评估机制需要具备灵活性和适应性，能够根据实际情况及时进行调整和优化。例如，可以引入新技术手段，如遥感技术、无人机监测等，提升评估的效率和精准度；抑或是根据最新的法律法规和政策要求，对评估指标进行科学更新和完善。

评估结果的反馈和应用是协调机制评估的重要环节。评估不仅仅是为了获取数据，更重要的是要通过评估结果发现问题、总结经验，并指导未来的工作。评估报告应当详细记录评估过程、数据分析及结论建议，并及时反馈给相关部门和利益相关者。通过科学合理的评估机制，田野文物保护与开发工作才能在保护文物的基础上，兼顾经济效益和社会效益，实现可持续发展。

四、田野文物保护与开发的社区参与

（一）社区参与的重要性

田野文物作为文化遗产的重要组成部分，其保护和开发不仅需要专业机构和政府的鼎力支持，更需要当地社区的广泛参与。社区参与在田野文物保护与开发中具有至关重要的作用。通过社区的广泛参与，可以实现文物保护与社区发展的双赢局面，增强居民的文化认同感和自豪感，从而促进文物保护的可持续性。

社区居民往往是最了解文物背景和价值的人群，具有独特的知识和经验，可以为文物保护提供宝贵的见解和建议。社区参与有助于提高田野文物保护的效果。居民的积极参与也可以弥补专业人员数量和资源的不足，他们可以通过志愿服务、监测和报告等多种方式，协助保护工作，及时发现并制止破坏行为。此外，社区参与还可以为文物保护项目提供更多的资金和资源支持。通过组织社区活动、募捐和宣传，吸引更多的社会资源投入文物保护事业，从而提高保护工作的效率和成果。

社区参与在提升田野文物的开发利用价值方面同样起着关键作用。通过社区的积极参与，可以更好地挖掘和展示文物的文化内涵和历史价值，增加文物的吸引力和影响力。例如，可以组织社区导览、文化演出和教育活动等，让更多人了解和体验文物的独特魅力。社区参与还可以有效促进文物与旅游、教育等产业的融合发展，创造更多的经济和社会效益，推动地方经济发展和社会进步。

为了充分实现社区参与的重要性，需要采取一系列有效措施。加强对社区居民的宣传和教育，提高他们对文物保护与开发的认识和参与意识是关键。建立健全社区参与机制，鼓励和支持居民积极参与文物保护和开发工作，显得尤为重要。与此同时，加强政府、专业机构和社区之间的合作与协调，共同推动田野文物保护与开发的可持续发展，也是不可忽视的重要环节。

（二）社区参与的方式

社区参与在田野文物保护与开发过程中起到至关重要的作用。社区成员不仅是文物的直接受益者，也可以成为文物保护的积极参与者和推动者。通过有效的社区参与方式，可以更好地实现文物保护与开发的平衡与协调。

1. 教育与培训

教育与培训是增强社区参与的重要手段。通过开展文物保护知识讲座、培训班及实地考察活动，可以逐步提高社区居民对文物保护重要性的认识，增强他们的保护意识和参与热情。社区教育不仅能够普及文物保护的基本知识，还能培养一批具备专业技能的基层文物保护人才，为长期的文物保护工作奠定良好基础。

2. 建立合作机制

社区参与可以通过建立合作机制来实现。社区可以与文物保护机构、学术研究单位、非政府组织等建立合作关系，共同制订文物保护与开发的计划和策略。在这种合作机制下，社区成员可以积极参与文物普查、保护规划的制定和实施、资源的共享与利用等工作。这不仅增进了社区与各方的紧密联系，也使得文物保护工作更加全面和可持续。

3. 志愿者活动和文物保护项目

社区参与还可以通过志愿者活动和文物保护项目的具体实践来加以体现。鼓励社区居民参与到文物保护的日常管理中，如参与文物的巡查、清理和修缮工作，甚至是参与文化遗产的展示和宣传活动。通过实际行动，社区居民能够感受到自身在文物保护中的重要性和成就感，从而充分激发他们更大的参与热情和责任感。

4. 社区文化活动

社区参与的方式还可以通过社区文化活动来实现。组织和举办与文物相关的文化活动，如文物展览、传统手工艺展示、历史故事讲解等活动，可以增强社区居民对本地文化的认同感和自豪感。这些活动不仅能够吸引更多人关注和参与文物保护，还能促进社区成员之间的互动和凝聚力，形成共同的保护意识和行动。

（三）社区参与的效果

田野文物保护与开发过程中，社区参与扮演着至关重要的角色，不仅能够有效地促进文物的保护，还能合理地推动文物资源的开发利用。社区居民作为田野文物的直接接触者和日常守护者，他们的参与不仅能够增强自身文物保护的意识，还能提供宝贵的本地知识和经验。通过社区参与，文物保护工作的覆盖面和深度得以有效扩大，形成了政府、专家和公众共同参与的保护体系。

1.落实和执行文物保护项目

文物保护项目在社区积极参与下能够得到更好的落实和执行。社区居民的参与可以尽量弥补专业人员在日常监测和维护中的不足，提供实时的反馈和建议，确保文物保护措施的及时调整和改进。社区居民自觉成为文物保护的监督者和宣传者，有效遏制破坏文物现象的发生。这种主人翁意识的提升，使得文物保护工作更具社会基础和持久性。

2.促进文物资源合理开发和利用

社区参与不仅有助于文物的保护，还能促进文物资源的合理开发和利用。社区居民对本地文物的历史和文化背景有深入的了解，他们的参与能够为文物开发提供丰富的文化内涵和创新思路。通过集体智慧，文物开发项目能够更好地结合本地特色，形成独具魅力的文化旅游产品，进而吸引更多游客和投资，推动地方经济的发展和文化传承的延续。

3.提高文物保护和开发项目的可持续性

在提高文物保护和开发项目的可持续性方面，社区参与也显示出重要作用。社区居民作为长期生活在文物周边的人群，他们的参与和支持是项目持续推进的动力源泉。通过广泛的社区参与，文物保护和开发项目能够获得更多资源和支持，并形成合力，共同应对文物保护和开发过程中遇到的各种挑战和问题。

五、田野文物保护与开发的经济效益分析

（一）经济效益的分析方法

在田野文物的保护与开发过程中，经济效益的分析方法显得尤为重要，因为这关系到大量资源的合理投入和利用。科学全面的经济效益分析能够有效指

导资源配置，优化保护与开发策略，实现经济效益和社会效益的双赢。以下是几种常见且有效的经济效益分析方法。

1. 成本效益分析法

该方法通过对项目保护和开发过程中所需的各项成本进行详细评估，并将其与预期收益进行比较，从而判断项目的经济可行性。具体操作包括量化保护措施所需的直接成本、间接成本和机会成本，然后与开发利用所带来的经济收益进行对比。最终，通过计算净现值或内部收益率，为决策提供科学依据。

2. 投入产出分析法

该方法通过建立投入产出表，详细描述田野文物保护与开发过程中各个部门之间的经济关系。通过分析各部门投入与产出的比例关系，可以全面了解整个项目的经济结构以及各个环节的经济效益。这不仅有助于决策者识别出高效益的环节，同时也能发现资源浪费的部分，从而优化资源配置，着力提高整体经济效益。

3. 效益成本比

效益成本比是评估田野文物保护与开发经济效益的重要指标。该方法通过计算项目的总收益与总成本之比，确定项目的经济效益水平。一般而言，效益成本比大于1，表明项目的收益高于成本，具有实施价值；如果小于1，则表明项目的成本高于收益，不具备经济可行性。效益成本比的优点在于计算简单直观，非常便于决策者快速判断项目的经济效益。

4. 社会效益评估

田野文物的保护与开发不仅涉及直接的经济收益，还包括对社会文化、生态环境等多个方面的影响。通过社会效益评估，可以全面了解项目对社会的综合贡献，包括提高当地居民的文化素养、促进旅游产业发展、改善生态环境等内容。这些非经济效益的量化和评估，能够为决策者提供更全面的参考依据，确保田野文物保护与开发的可持续性和长远性。

（二）经济效益的评估指标

田野文物保护与开发的经济效益评估是一个复杂而多维度的过程，需要综合考虑多种因素，以确保经济利益与文物保护的双赢。通过科学的评估指标，管理者可以全面了解文物保护与开发项目的经济影响，进而优化资源配置，提升经济效益。

1. 游客量及其增长趋势

游客量直接反映了田野文物在旅游市场中的吸引力和实际收益。定期监测游客数量的变化，可以合理评估保护措施和开发策略的有效性，进而调整宣传、服务和基础设施建设策略。这不仅有助于了解当前的市场需求，还能预测未来的旅游趋势，从而制定更具前瞻性的管理方案。

2. 旅游收入及其组成结构

旅游收入不仅包括门票收入，还应包括相关的衍生收入，如餐饮、住宿、交通和纪念品销售等。通过统计和分析这些收入来源，管理者能够了解不同收入构成对整体经济效益的贡献，从而优化资源配置。提升经济效益的同时，还需关注旅游企业和当地居民的经济收益，包括就业机会和收入水平的变化，这些都是衡量文物保护与开发项目对当地经济影响的重要指标。

3. 基础设施投资和维护成本的分析

有效的基础设施建设和维护是田野文物可持续利用的重要保障，但也需考虑投入产出比。通过科学的成本效益分析，确保投资的合理性和可持续性，可以帮助管理者评估项目的长期经济效益。同时，评估还应关注环境保护成本与收益的平衡，避免因开发活动对环境造成过度破坏，进而影响文物的长期保护和利用。

4. 社会效益和文化价值的量化评估

这类评估可以通过调查和研究，评估田野文物保护与开发对社会文化发展的贡献，如文化认同感的提升、教育和科研价值的体现等。虽然这些影响难以直接量化，但它们对整体经济效益评估具有重要意义，能够揭示文物保护与开发的深层次经济和社会影响，为决策者提供更全面的参考。

六、田野文物保护与开发的可持续发展策略

（一）可持续发展策略的制定

田野文物的保护与开发需要制定科学、合理的可持续发展策略，以确保文物资源在保护中得到合理利用，并在开发中避免过度消耗或破坏。可持续发展策略的制定应基于文物本身的价值、环境承载力以及社会经济发展需求，综合考虑多方面因素，力求实现文物保护与经济发展的双赢。

1. 全面的资源调查与评估

全面的资源调查与评估是田野文物保护与开发策略制定的重要基础。通过系统的田野调查与科学评估，掌握文物的数量、分布、保存状况及其历史、文化、科学价值，从而为后续的保护与开发提供翔实的数据支持。这一过程不仅需要考古学、文物学等专业人员的参与，还应结合现代科技手段，如遥感技术、地理信息系统等，提升调查评估的精度与效率。翔实的数据可以为保护与开发提供科学依据，尽量减少盲目性和随意性。

2. 健全的法律法规和政策支持

健全的法律法规和政策支持是田野文物保护与开发的重要保障。制定和完善相关法律法规，明确保护与开发的权责界限，规范保护与开发行为，确保各项活动在法律框架内进行。同时，政府应出台配套政策，提供资金、技术支持，激励社会力量广泛参与田野文物的保护与开发工作，形成多元共治的良好局面。法律和政策的保障不仅能有效保护文物资源，还能为合理开发提供指引和约束。

3. 公众参与和教育宣传

公众参与和教育宣传是田野文物可持续发展的关键环节。通过多种形式的教育宣传活动，提高公众的文物保护意识，不断增强社会各界对田野文物保护与开发的责任感和使命感。在保护与开发过程中，应尊重当地社区的利益，听取社区居民的意见与建议，鼓励社区居民参与到田野文物的保护与开发中来，实现文物保护与社区发展的良性互动。公众的积极参与和支持能够为文物保护和开发持续注入动力，营造全社会共同保护文物的良好氛围。

（二）可持续发展策略的实施

田野文物的保护与开发关乎文化遗产的永续传承与地方社会经济的协调发展。为了实现这一目标，需要从政策、技术和社区参与等多方面进行综合考量和实施。

政策层面的支持至关重要，政府和相关部门应当制定并严格执行针对田野文物的保护法规和开发规范。通过立法确保开发过程中不会对文物造成不可逆转的损害，是保障文物安全的基础。长期监测和管理机制的建立，能够定期评估田野文物的保护状态和开发影响，从而及时调整策略。通过这种动态管理方式，政策可以更好地适应实际情况，全面保障文物的持续保护。

技术手段的应用是实现田野文物可持续保护与开发的重要保障。现代科技的进步为文物的监测、保护和修复提供了更多可能性。例如，遥感技术和地理信息系统可以用于监测文物所在地的环境变化，及时发现潜在威胁，并采取相应措施；三维激光扫描和数字建模技术则能够精确记录文物的现状，为后续的保护和研究提供翔实数据。采用环保和低干扰的开发技术，可以最大限度地减小对田野文物及其周边环境的不利影响，促进开发活动与文物保护之间的平衡。

社区参与是田野文物可持续发展策略实施过程中不可忽视的环节。当地社区居民不仅是田野文物的见证者，也是其重要的保护力量。通过宣传教育，提高社区居民的文物保护意识和参与积极性，可以有效增强文物保护的社会基础。社区参与还可以为田野文物的保护和开发提供丰富的本地知识和人力资源，推动保护与开发措施的本土化和适应性。鼓励社区积极参与文物旅游开发和管理，可以实现经济效益与文化传承的双赢，促进田野文物保护与开发的可持续发展。

（三）可持续发展策略的评估

田野文物保护与开发的过程中，可持续发展策略的评估是确保文物长期保存和合理利用的关键环节。建立科学的评估体系，包括环境影响评估、社会影响评估和经济效益评估等多维度的综合考量，是开展评估工作的首要任务。这些评估不仅需要考虑当前的保护与开发效果，还应关注长远的影响和潜在的风险。

1. 环境影响评估

环境影响评估主要关注田野文物所在区域的生态系统变化、自然环境的保护和恢复等方面。通过科学的测量和分析，评估文物保护措施是否对周围的自然环境产生负面影响，确保在开发过程中不破坏生态平衡。例如，可以通过评估文物保护区域内的水土保持、植被恢复以及动物栖息地的保护情况，切实保障文物周围的自然环境不受破坏。这种评估有助于制定和调整保护措施，使其更加符合生态可持续发展的要求。

2. 社会影响评估

社会影响评估旨在衡量文物保护与开发对当地社区、文化以及社会结构的影响。通过调查和访谈，充分了解当地居民对保护与开发项目的态度，评估项目是否尊重当地文化传统，能否促进社会和谐发展。社会影响评估还需关注社区参与度，确保保护与开发项目能够为当地居民带来实际的社会效益，如就业机会和教育资源等，从而促进社会的全面发展。这一过程可以显著增强社区对文物保护的认同感和参与度，提高项目的实施效果。

3. 经济效益评估

经济效益评估关注文物保护与开发项目的经济可行性和收益情况。这既包括项目的直接经济收益，如门票收入、旅游收入等，也包括间接经济效益，如带动相关产业的发展、提高地方经济水平等。通过经济效益评估，可以详细了解项目的投资回报情况，确保项目在经济上具有可持续性。同时，经济效益评估还需综合考虑项目的长期经济影响，避免短期内过度开发导致的资源枯竭和经济损失。这种评估有助于制定合理的经济策略，最终实现文物资源的可持续利用。

参考文献

[1] 祁庆国 . 文物保护与利用专刊 [M]. 北京：北京燕山出版社，2020.

[2] 西北大学文化遗产学院文物保护系 . 文物保护研究、实践与教育 [M]. 西安：西北大学出版社，2019.

[3] 张文革，周勇，吴婧姝，等 . 文物建筑检测鉴定评估指南 [M]. 北京：中国建材工业出版社，2023.

[4] 山东省文物保护修复中心，王传昌 . 走进文物保护新时代——山东省可移动文物保护状况调查研究 [M]. 济南：齐鲁书社，2022.

[5] 靳花娜 . 文物保护管理及其技术研究 [M]. 长春：吉林出版集团股份有限公司，2021.

[6] 李承先 . 中国文物艺术品的鉴定与保护 [M]. 北京：新华出版社，2021.

[7] 巨利芹，乔迅翔，杨彬 . 文物保护区划及地下文物埋藏区研究 [M]. 郑州：河南文艺出版社，2020.

[8] 赵芳 . 文物保护基础及保护技术应用研究 [M]. 北京：文化发展出版社，2021.

[9] 龚德才 . 文物保护基础理论 [M]. 合肥：中国科学技术大学出版社，2019.

[10] 高军 . 守望纪程 [M]. 上海：上海社会科学院出版社，2022.

[11] 王会波，别治明 . 建筑遗产保护与利用研究 [M]. 延吉：延边大学出版社，2022.

[12] 姚义 . 文物鉴赏与科学解读（下)[M]. 北京：中国轻工业出版社，2023.

[13] 唐海波 . 让文物说话 [M]. 宁波：宁波出版社，2020.

[14] 任初轩 . 怎样让文物活起来 [M]. 北京：人民日报出版社，2023.

[15] 张孜江 . 文物保护修复与鉴赏 [M]. 成都：四川大学出版社，2021.

[16] 高守雷，王恩元 . 文物科技分析 [M]. 上海：上海科学技术出版社，2024.